La Bible
de l'humanité

© Éditions Complexe 1998
ISBN 2-87027-726-1
D/1638/1998/21

Jules Michelet

La Bible
de l'humanité

*Introduction
par Claude Mettra*

Bibliothèque Complexe

INTRODUCTION

QUE MA JOIE DEMEURE

par Claude Mettra

Le choral de Jean-Sébastien Bach n'est point en terre étrangère dans le vaste champ de la mémoire que laboure *La Bible de l'humanité*. Ici est chanté un hymne de louange adressé aux œuvres humaines, un psaume prophétique où sont célébrés les vertiges et les enchantements du temps. Car le temps est métamorphose et, dans ces mouvances de l'histoire et de l'être, demeurent les germes de nos résurrections. Mais cette transfiguration des saisons et des cœurs ne s'accomplit point sans peine, et qui veut aborder sereinement les rivages de l'Autre Monde doit chercher sa place parmi les adorateurs du crépuscule. Ceux-ci ont longuement aimé les douceurs des aurores, ils ont chanté joyeusement les matins du monde et, le moment venu, ils ont oublié le rouge des commencements et se sont réjouis des rougeoiments des soleils couchants. Le temps était venu pour eux de se perdre dans le grand Tout, de fondre l'opacité et la singularité du « moi » dans la vaste transparence d'une création sans cesse en mouvement. C'est cette fusion que Michelet chanta dans les premières pages de *La Sorcière* en évoquant la figure du grand Pan. Lorsqu'il s'abandonne aux premières esquisses de ce qui deviendra *La Bible de l'humanité*, il est entré dans son crépuscule. Mais ce temps crépusculaire n'est pas pour lui un temps d'angoisse, mais plutôt un moment d'émerveillement. D'où ce chant joyeux qui parcourt tout ce livre, chant semblable au « péan » où les Grecs célébraient la gloire d'Apollon. Car, tel l'empereur philosophe que Marguerite Yourcenar évoque dans les *Mémoires d'Hadrien*, Michelet veut entrer dans la mort les yeux ouverts et ce ne sont pas des yeux terrifiés que les larmes inondent, mais bien davantage un regard clair où brille peut-être quelque fragment d'ironie.

Dès ses commencements, dès que son regard d'enfant s'est ouvert sur les étranges mouvances de la cité pleine d'énigmes et d'effrois, Michelet a aimé la mort. Mais ce n'était point pour s'abandonner à ses sortilèges équivoques, c'était pour en éclairer le visage et déchiffrer, derrière le masque funèbre, les signes des résurrections à venir. Et pour le guider sur ce chemin où s'annoncent les métamorphoses des corps et des âmes, il s'en va à la recherche de tous ceux qui, dans le passé proche ou lointain, ont été les messagers d'une certaine promesse faite aux hommes de connaître un jour un destin véritablement divin. *La Bible de l'humanité* est la chronique exaltée de cette aventure. Livre écrit presque à l'insu de son auteur, écriture qui se glisse quasi clandestinement dans la texture du quotidien. Dans la trame première de cette œuvre comme dans tous les travaux qui l'ont précédée il y a une hantise, celle de la nuit. Inlassablement Michelet revit toutes les nuits où sa vie a trouvé demeure : nuit matricielle qui le renvoie toujours à la femme et à son énergie féconde, nuit des origines du temps et de l'espace où s'élaborent les songes paisibles et les cauchemars, nuit de la mort annoncée où les fantômes cherchent asile et se cognent les uns aux autres puisque nulle route n'est pour eux balisée. Et ce sont toutes ces nuits qu'il faut exorciser. Comment ne point l'identifier ici à la lame du Tarot qui, selon Paul Marteau, représente « *la sagesse se réfractant dans la matière, sagesse dans laquelle se trouve la vérité très profondément voilée et cachée aux yeux humains. Elle est amour et lumière et, en entrant dans la matière, elle donne la vie.* »

Cette lame représente l'Hermite levant sa lanterne pour éclairer à la fois le monde et lui-même. Mais où trouver la source de la lumière, où découvrir le feu secret qui, se manifestant au grand jour, bouleverse l'image même du monde ?

La figure emblématique de cette tentation de la lumière est celle de Prométhée, le héros voleur de feu qui affronte les puissances divines pour ouvrir l'homme à son destin privilégié. Mais où Prométhée va-t-il trouver l'énergie nécessaire à cette plongée dans les ténèbres où la flamme est enfermée comme l'or est enclos dans la profondeur de la mine ? Nulle part ailleurs qu'en lui-même, dans cette texture profonde de l'âme humaine où l'être n'est plus un « ego » enfermé dans le nœud de ses contradictions, mais bien plutôt le miroir où l'éternité cherche son visage. Dans un écrit tout à fait magique de Malcolm de Chazal, cette dispersion du « moi » dans le vaste éclat du temps retrouvé est dépeint avec une inégalable rigueur : « *Dieu est définissable ainsi : celui qui est sorti de lui-même* » et Satan : « *Celui qui n'est jamais sorti de soi et veut entrer dans tout pour ne jamais sortir.* »

Et le poète conclut ainsi son passage dans l'unité révélée :

« *Le paradis est défini en dernier comme le lieu pour ceux qui sont sortis d'eux-mêmes et l'enfer comme le lieu pour ceux qui ne se sont jamais quittés, qui ne sont pas sortis d'eux-mêmes. Le châtiment pour ceux-ci est de s'habiter à jamais et la récompense pour ceux-là est d'être habités par Dieu.*

Lazare, sors ! Là est tout l'arcane de la vie et la source de la magie. »

En quête de ce paradis, Michelet cherche ceux qui deviendront ses compagnons sur ce chemin ouvert sous les pas du porteur de lanterne. Et il s'agit ici d'une quête de joie. L'écrivain toujours fut hanté par la texture des commencements et il éprouve avec autant de terreur que d'extase le mystère profond de l'aurore du temps. Car notre image des naissances du monde est mouvante : tantôt nous voyons cette naissance comme un abîme, un gouffre rempli de désastres et de monstrueuses incarnations, tantôt comme une grande plage de tendresse où l'espérance se tient au-devant de l'histoire comme le pilote à la proue du navire. Apparition radieuse ou tragique car, si l'on suit l'admirable méditation de Maria Zambrano. « *L'aurore pleure sans pouvoir se contenir et à des heures imprévisibles. Nul ne s'étonne de ses larmes alors que le jour l'a abandonnée sans même la regarder rougir quand sa couronne de nuages s'est avérée fausse et que le manteau incolore qui l'enveloppait s'est retiré, la laissant nue pour un instant. Plus tard, à d'autres heures du jour, elle fond en larmes d'une façon qui ne ressemble à aucune autre. L'aurore ne dépasse pas le jour. Si elle se fait cendre, elle renaît ; si elle s'éteint, elle se rallume. Et sa flamme n'a jamais brûlé entièrement, ce qui serait brûler sans cesse ou ne plus brûler du tout.* »

À la vérité, dans son imagination des commencements, Michelet comme au reste chacun d'entre nous, ne saurait choisir entre la terreur et l'extase. Mais au-delà de cet impossible choix, il est dans le vaste territoire de l'aventure des sentiers qui mènent vers la joie ou au moins vers l'espérance. Il sait que le seul péché vraiment capital n'a qu'un nom : désespoir. Et ce désespoir emprunte bien des masques : le plus sournois sans doute est celui qui se cache sous le vocable tant redouté de notre historien : *à quoi bon ?* Tous ceux qui se trouvent rassemblés dans *La Bible de l'hu-*

manité sont ceux pour qui ce « *à quoi bon* » n'eut jamais de sens. Sans doute, dans son voyage à travers les philosophies d'Occident, avait-il rencontré la parole de Spinoza : « *L'homme n'est pas nécessaire* », parole reprise sur le mode mineur par Claude Lévi-Strauss dans le commencement de *Tristes Tropiques* où il est bien souligné que le monde a commencé sans l'homme et qu'il finira sans lui. Paysage mental dont, voici un demi-siècle, s'inspira l'existentialisme, en donnant couleur à la méditation de Jean-Paul Sartre, qui, pour pessimiste qu'elle soit, renvoie finalement à la conclusion même de l'histoire selon Michelet « *L'homme est ce qu'il fait* » et ce qu'il est, dans l'apparente réalité de l'âme hors de l'histoire, est sans poids réel.

Dans cette lumière toute moderne de ce qu'on appelait dans l'Antiquité le destin « héroïque » de l'humanité baigne ce regard de Michelet sur l'accomplissement religieux de notre espèce. Car c'est bien de religion qu'il faut parler ici. L'historien, dans un certain sens, règle ses comptes avec les dieux. Mais ce n'est point pour leur signifier leur congé définitif. C'est plutôt pour leur trouver une place dans l'intimité même du cœur. Plus qu'un témoin du retour au paganisme antique, dont Michelet fait une admirable esquisse dans les premières pages de *La Sorcière*, il est ici le prophète de ce retour au polythéisme dont la sensibilité moderne connaît aujourd'hui l'urgence.

Au travers de ces expériences spirituelles dont l'écrivain se fait ici le chroniqueur complice, ce qui est en question est bien le chemin qui nous est offert pour fonder les dieux dont nous avons besoin. Et ce qui s'écrit là est l'histoire même de l'imagination, socle premier de toute l'expérience littéraire de Michelet. L'esprit du plus démuni des hommes est envahi d'images, de pensées confuses, de désirs inexprimés. La fonction même de l'écriture est de donner forme à cet ensemble de parcours de l'âme dont nous sommes le territoire. Découvrir les expériences les plus abouties, révéler dans la lumière les tentatives les plus audacieuses de l'esprit pour briser les murs de sa prison, voilà le véritable objet de *La Bible de l'humanité*.

Quelques années après la publication de cet écrit tout dionysiaque, Puvis de Chavannes en peignit symboliquement l'incarnation dans une toile qu'il appela *L'Espérance*. C'est une très jeune fille qui semble toute étonnée de voir ses deux petits seins illuminer son corps tout entier. Elle tient dans la main une branche qui représente l'aspect proprement végétal de son être. Elle sourit, éblouie, au monde. Elle est la vie dans son efflorescence miraculeuse et elle nous murmure qu'au fond de chacun de nous vit une jeune fille toute pareille à elle. Et c'est en songeant à elle que dans la solitude de sa chambre nocturne, ombre parmi les ombres, Michelet interrogea les visages clos des dieux assoupis. Car seule, nous murmure l'écrivain, une très jeune fille, dans la lumière de sa virginité radieuse, peut contraindre les dieux endormis à ouvrir leurs paupières où nous pourrons lire le reflet de ce qui en nous participe du divin.

Cette fascination du divin, qui accompagna Michelet tout au long de son existence, prend une tonalité particulière au cours de l'année 1863, comme si, se sentant menacé par la fatigue, la vieillesse et la mélancolie, il voulait exorciser les forces maléfiques par l'exercice passionné de l'aventure poétique. Le mot de Bible doit être regardé ici dans son acception première : le livre d'avant tous les livres, le livre qui, dans un certain sens, rend toute écriture vaine. Mais dans l'antiquité juive, il est l'expression de la parole de Dieu, il est même la parole de Dieu. Réécrire la Bible, c'est se mettre à la place du principe créateur, c'est surtout être, comme les prophètes, capables d'écouter la parole divine, de lui donner sens et d'amplifier à l'infini le message qu'elle transmet. Et lorsque Michelet en commence la rédaction, il est encore tout entier dans le sillage de *La Sorcière*, publiée en 1862, entreprise où il fut confronté sans aucun masque avec Satan. Or tout le début de cet essai « diabolique » est consacré à une divinité cosmique dont la disparition a sonné le glas de la religion archaïque de la Méditerranée, le dieu Pan. En ressuscitant ce dieu ancien, Michelet redonne vie à la médecine populaire des « bonnes femmes », aux rites orgiaques hérités des fêtes de Dionysos et il jette un regard non dépourvu d'affection sur les transgressions sexuelles dont la plus riche de sens est l'inceste, source de ce savoir magique spécifiquement féminin que les inquisiteurs traqueront avec une cruauté sans failles car, comme le dira le plus célèbre d'entre eux, Lancre : « *Il n'y a bonne sorcière qui ne naît de l'amour de la mère et du fils.* » Or en cette même année 1862 paraît la *Vie de Jésus* d'Ernest Renan. Certes cette œuvre ambitieuse cherche à humaniser, voire à démystifier, le message évangélique, mais elle regarde toujours le Christianisme comme la poutre maîtresse de l'histoire d'Occident. *La Bible de l'humanité* s'efforce au contraire de lire dans le courant chrétien la face épidermique d'une religion dont les racines profondes se nourrissent à d'autres sources. Dans *La Renaissance*, Michelet évoque même les relations singulières du christianisme et de la franc-maçonnerie, puisqu'à ses yeux bien des cathédrales médiévales ont été édifiées par des maçons laïcs.

Confusément, Michelet cherche en réalité ce qu'il nomme une *religion humanitaire*. Dans cette aventure, il règne sur un océan d'images où chacun cherche sa pâture. Tel est celui qu'en 1863 nous décrivent les Goncourt : « *Le visage, rien qu'une ombre, avec autour, la neige de longs cheveux blancs, une ombre d'où sort une voix professorale, sonore, rou-*

lante, chantante et se rengorgeant, pour ainsi dire et qui monte et descend et fait un continuel roucoulement grave. » Le 31 décembre 1863, il écrit à un de ses proches : « *J'avance, malgré la santé, pour la plus grande chose dont je vous ai parlé, mais j'avance péniblement, sous le poids d'un monde.* »

C'est ce monde coloré, violent, mais follement amoureux de la vie que traque Michelet pour redonner violence et couleur à sa propre existence. Comme le rappelle Paul Viallaneix, par qui Michelet est devenu véritablement notre contemporain, *La Bible de l'humanité* est « *une fresque, une vision sur laquelle règne, transfigurant la réalité qu'il embrasse, le génie d'un visionnaire* ».

Claude METTRA

Préface

L'humanité dépose incessamment son âme en une Bible commune. Chaque grand peuple y écrit son verset.

Ces versets sont fort clairs, mais de forme diverse, d'une écriture très libre, – ici en grands poëmes, – ici en récits historiques, – là en pyramides, en statues. Un Dieu parfois, une cité, en dit beaucoup plus que les livres, et, sans phrase, exprime l'âme même. Hercule est un verset. Athènes est un verset, autant et plus que l'*Iliade*, et le haut génie de la Grèce est tout dans Pallas Athènè.

Il se trouve souvent que c'est le plus profond qu'on oublia d'écrire, la vie dont on vivait, agissait, respirait. Qui s'avise de dire : « Mon cœur a battu aujourd'hui. » Ils agirent ces héros. À nous de les écrire, de retrouver leur âme, leur magnanime cœur dont tous les temps se nourriront.

Âge heureux que le nôtre ! Par le fil électrique, il accorde l'âme de la Terre, unie dans son présent. Par le fil historique et la concordance des temps, il lui donne le sens d'un passé fraternel et la joie de savoir qu'elle a vécu d'un même esprit !

Cela est très-récent et de ce siècle même. Jusqu'ici les moyens manquaient. Ces moyens aujourd'hui (sciences, langues, voyages, découvertes en tout genre) nous sont arrivés à la fois. Tout à coup l'impossible est devenu facile. Nous avons pu percer l'abîme de l'espace et du temps, les cieux derrière les cieux, les étoiles derrière les étoiles. D'autre part, d'âge en âge, en reculant toujours, l'énorme antiquité de l'Égypte en ses dynasties, de l'Inde en ses dieux et ses langues successives et superposées.

Et dans cet agrandissement où l'on pouvait s'attendre à trouver plus de discordance, au contraire l'harmonie s'est révélée de plus en plus. Les astres dont le spectre solaire vient de nous faire connaître la composition métallique, semblent peu différer du nôtre. Les âges historiques auxquels la linguistique nous a permis de remonter, diffèrent très-peu des temps modernes dans les grandes choses morales. Pour le foyer surtout et les affections du cœur, pour les idées élémentaires de travail, de droit, de justice, la haute Antiquité, c'est nous. L'Inde primitive des Védas, l'Iran de l'Avesta, qu'on peut nommer l'aurore du monde, dans les types si forts, si simples et si touchants qu'ils ont laissés de la famille, du travail créateur, sont bien plus près de nous que la stérilité, l'ascétisme du Moyen Âge.

Rien de négatif dans ce livre. Il n'est qu'un fil vivant, la trame universelle qu'ont ourdie nos aïeux de leur pensée et de leur cœur. Nous la continuons sans nous en rendre compte, et notre âme y sera demain.

Ce n'est pas, comme on pourrait croire, une histoire des religions. Cette histoire ne peut plus s'isoler et se faire à part. Nous sortons tout à fait des classifications. Le fil général de la vie que nous suivons se tisse de vingt fils réunis qu'on n'isole qu'en les arrachant. Au fil religieux s'emmêlent incessamment ceux d'amour, de famille, de droit, d'art, d'industrie. L'activité morale comprend la religion et n'y est pas comprise. La religion est *cause,* mais beaucoup plus *effet.* Elle est souvent un cadre où la vraie vie se joue. Souvent un véhicule, un instrument des énergies natives.

Quand la foi fait le cœur, c'est que déjà lui-même le cœur a fait la foi.

Mon livre naît en plein soleil, chez nos parents, les fils de la lumière, les Aryâs, *Indiens, Perses et Grecs,* dont les Romains, Celtes, Germains, ont été des branches inférieures [1].

Leur haut génie, c'est d'avoir tout d'abord créé les types des choses essentielles et vitales pour l'humanité.

L'Inde primitive des Védas nous donne *la famille* dans la pureté naturelle et l'incomparable noblesse que nul âge n'a pu dépasser.

La Perse est la leçon du *travail héroïque,* dans la grandeur, la force, la vertu créatrice, que notre temps lui-même, si puissant, pourrait envier.

La Grèce, outre ses arts, eut le plus grand de tous, *l'art de faire l'homme.* Merveilleuse puissance, énormément féconde, qui donne et méprise ce qui s'est fait depuis.

Si de bonne heure l'homme n'eût eu ses trois *causes de vie* (respiration, circulation et assimilation), l'homme à coup sûr n'eût pas vécu.

---

[1] Ce livre est infiniment simple. Un premier essai en ce genre ne devait donner que le plus clair, écarter : 1° Les essais de la vie sauvage ; 2° le monde excentrique (Chinois, etc.) ; 3° le monde qui a laissé peu, et dont l'âge est encore discuté (Celtes, etc.) ; 4° il a dû écarter surtout, même des sociétés lumineuses, la haute abstraction qui ne fut jamais populaire. On parle trop des philosophes. Leurs livres, même en Grèce, étaient peu lus. Très-justement Aristote se moque de ce sot d'Alexandre qui se plaint de ce que la *Métaphysique* est *publiée !* Elle resta comme inédite, et fut très-longtemps oubliée.

Si, dès l'Antiquité, il n'eût pas possédé ses grands organes sociaux (foyer, travail, éducation), il n'aurait pas duré. La société eût péri, et l'individu même.

Donc, les types naturels en ont existé de bonne heure et dans une beauté merveilleuse et incomparable.

Pureté, force, lumière, innocence.

Toute enfance. Mais rien de plus grand.

Vierges, enfants, venez, et prenez hardiment les Bibles de lumière. Tout y est salubre et très-pur.

Le plus pur, l'Avesta, un rayon de soleil.

Homère, Eschyle, avec les grands mythes héroïques, sont pleins de jeune vie, verte sève de mars, brillant azur d'avril.

L'aube est dans les Védas. Dans le Râmayana (ôtez cinq ou six pages de pauvretés modernes), un soir délicieux où toutes les enfances, les maternités de Nature, esprits, fleurs, arbres, bêtes, jouent ensemble et charment le cœur.

À la trinité de lumière, tout naturellement par Memphis, par Carthage, par Tyr et la Judée, contrasta, s'opposa le sombre génie du Midi. L'Égypte dans ses monuments, la Judée dans ses écritures, ont déposé leurs Bibles, ténébreuses et d'effet profond.

Les fils de la lumière avaient immensément ouvert et fécondé la vie. Mais ceux-ci entrèrent dans la mort. La mort, l'amour, mêlés ensemble, profondément fermentent aux cultes de Syrie qui se sont répandus partout.

Ce groupe de nations est sans nul doute le côté secondaire, la petite moitié du genre humain. Grande est leur part pourtant par le commerce et l'écriture, par Carthage et la Phénicie, par la conquête arabe, et cette autre conquête, singulière que la Bible juive a faite de tant de nations.

Ce précieux monument, où si longtemps le genre humain chercha sa vie religieuse, est admirable pour l'histoire, mais beaucoup moins pour l'édification. On y a conservé avec grande raison la trace si diverse de tant d'âges et de situations, des changeantes pensées qui l'inspirèrent. Il a l'air dogmatique, mais ne peut l'être, étant tellement incohérent. Le principe religieux et moral y flotte infiniment des Élohim à Jéhovah. Le fatalisme de la Chute, l'élection arbitraire, etc., qu'on y trouve partout, y sont en violent désaccord avec les beaux chapitres de Jérémie, d'Ézéchiel, qui promulguent le Droit, comme nous l'entendons aujourd'hui. Dans le détail moral, même dissonance. Certes, le grand cœur d'Isaïe est infiniment loin des habiletés équivoques et de la petite prudence des livres dits de Salomon. Sur la polygamie sur l'esclavage, etc., forte est la Bible, et pour, et contre.

La variété de ce livre, son élasticité, ont beaucoup servi cependant, quand le père de famille (sévère Israélite, honnête et ferme Protestant) en lisait des fragments choisis, et les interprétait aux siens, les pénétrant d'un souffle qui n'est pas toujours dans le texte. Ce texte, qui oserait le remettre aux mains d'un enfant ? Quelle femme osera dire qu'elle l'a lu sans baisser les yeux ? Souvent il offre tout à coup l'impureté naïve de la Syrie, souvent la sensibilité exquise, calculée, savourée, d'esprits sombres et subtils qui ont traversé toute chose.

Le jour où nos Bibles parentes ont éclaté dans la lumière, on a mieux remarqué combien la Bible juive appartient à une autre race. Elle est grande à coup sûr et sera toujours telle, – mais ténébreuse et pleine de scabreuse équivoque, – belle et peu sûre, comme la nuit.

Jérusalem ne peut rester, comme aux anciennes cartes,

juste au point du milieu, – immense entre l'Europe imperceptible et la petite Asie, effaçant tout le genre humain.

L'humanité ne peut s'asseoir à tout jamais dans ce paysage de cendre, à admirer les arbres « qui ont pu y être autrefois ». Elle ne peut rester semblable au chameau altéré que, sur un soir de marche, on amène au torrent à sec. « Bois, chameau, ce fut un torrent... Si tu veux une mer, tout près est la mer Morte, la pâture de ses bords, le sel et le caillou. »

Revenant des ombrages immenses de l'Inde et du Râmayana, revenant de l'Arbre de vie, où l'Avesta, le Shah Nameh, me donnaient quatre fleuves, les eaux du Paradis, – ici, j'avoue, j'ai soif. J'apprécie le désert, j'apprécie Nazareth, les petits lacs de Galilée. Mais franchement, j'ai soif... Je les boirais d'un coup.

Laissez plutôt, laissez que l'humanité libre en sa grandeur aille partout. Qu'elle boive où burent ses premiers pères. Avec ses énormes travaux, sa tâche étendue en tous sens, ses besoins de Titan, il lui faut beaucoup d'air, beaucoup d'eau et beaucoup de ciel, – non, le ciel tout entier ! – l'espace et la lumière, l'infini d'horizons, – la Terre pour Terre promise, et le monde pour Jérusalem.

15 octobre 1864

Première partie

Les peuples
de la lumière

L'Inde

I

LE RÂMAYANA

L'année 1863 me restera chère et bénie. C'est la première où j'ai pu lire le grand poëme sacré de l'Inde, le divin Râmayana.

« Lorsque ce poëme fut chanté, Brahma même en fut ravi. Les dieux, les génies, tous les êtres, des oiseaux jusqu'aux serpents, les hommes et les saints richis, s'écriaient : "Oh ! le doux poëme, qu'on voudrait toujours entendre ! Oh ! le chant délicieux !... Comme il a suivi la nature ! On la voit cette longue histoire. Elle est vivante sous nos yeux..." »

« Heureux qui lit tout ce livre ! heureux qui seulement l'a lu jusqu'à la moitié ! !... Il donne la sagesse au brahme, la vaillance au chatrya, et la richesse au marchand. Si par hasard un esclave l'entend, il est ennobli. Qui lit le Râmayana, est quitte de ses péchés. »

Et ce dernier mot n'est pas vain. Notre péché permanent, la lie, le levain amer qu'apporte et laisse le temps, ce grand fleuve de poésie l'emporte et nous purifie. Quiconque a séché son cœur, qu'il l'abreuve au Râmayana. Quiconque a perdu et pleure, qu'il y puise les doux calmants, les compassions de la nature. Quiconque a trop fait, trop voulu, qu'il boive à cette coupe profonde un long trait de vie, de jeunesse.

On ne peut toujours travailler. Chaque année il faut respirer, reprendre haleine, se refaire aux grandes sources vives, qui gardent l'éternelle fraîcheur. Où la trouver si ce n'est au berceau de notre race, aux sommets sacrés d'où descendent ici l'Indus et le Gange, là les torrents de la Perse, les fleuves du paradis ? Tout est étroit dans l'Occident. La Grèce est petite : j'étouffe. La Judée est sèche : je halète. Laissez-moi un peu regarder du côté de la haute Asie, vers le profond Orient. J'ai là mon immense poëme, vaste comme la mer des Indes, béni, doué du soleil, livre d'harmonie divine où rien ne fait dissonance. Une aimable paix y règne, et même au milieu des combats une douceur infinie, une fraternité sans bornes qui s'étend à tout ce qui vit, un océan (sans fond ni rive) d'amour, de pitié, de clémence. J'ai trouvé ce que je cherchais : la Bible de la bonté.

Reçois-moi donc, grand poëme !... Que j'y plonge !... C'est la mer de lait.

C'est bien tard, tout récemment, qu'on a pu le lire en entier. Jusque-là, on le jugeait sur tel morceau isolé, tel épisode interpolé et précisément contraire à l'esprit général du livre. Maintenant qu'il a apparu dans sa vérité, sa grandeur, il est facile de voir que, quel que soit le dernier rédacteur, c'est l'œuvre commune de l'Inde, continuée dans tous ses âges. Pendant deux mille ans peut-être on chanta le Râmayana dans les divers chants et récits qui préparaient l'épopée. Puis, depuis près de deux mille ans, on l'a joué en drames populaires, qui se représentent aux grandes fêtes.

Ce n'est pas seulement un poëme, c'est une espèce de bible qui contient, avec les traditions sacrées, la nature, la société, les arts, le paysage indien, les végétaux, les animaux, les transformations de l'année dans la féerie singulière de ses saisons différentes. On ne peut juger un tel livre comme on ferait de l'*Iliade*. Il n'a nullement subi les épurations, les corrections, que les poëmes homériques reçurent du plus critique des peuples ; il n'a pas eu ses Aristarques. Il est tel que les temps l'ont fait. On le voit aux répétitions : certains motifs y reviennent, deux, trois fois, ou davantage. On le voit aux additions, manifestement successives. Ici des choses antiques et d'antiquité primitive qui touchent au berceau de l'Inde ; d'autres, relativement modernes, de délicatesse suave et de fine mélodie qui semblerait italienne.

Tout cela n'est pas raccordé avec l'adresse de l'industrie occidentale. On n'en a pas pris le soin. On s'est fié à l'unité que cette diversité immense reçoit d'une vague harmonie où les nuances, les couleurs, les tons mêmes opposés s'arrangent. C'est comme la forêt, la montagne dont parle le poëme lui-même. Sous les arbres gigantesques, une vie surabondante crée des arbres secondaires, et je ne sais combien d'étages d'arbustes, d'humbles plantes, que ces bons géants tolèrent et sur lesquels d'en haut ils versent des pluies de fleurs. Et ces grands amphithéâtres végétaux sont très-peuplés. Vers le haut planent ou voltigent les oiseaux aux cent couleurs, les singes à la balançoire des branches intermédiaires. La gazelle, au fin visage, par moments se montre au pied. L'ensemble est-il un chaos ? Nullement. Les diversités concordantes se parent d'un charme mutuel. Le soir, quand le soleil éteint dans le Gange son accablante lumière, quand les bruits de la vie s'apaisent, la lisière de la forêt laisse entrevoir tout ce monde, si divers et si uni, dans la paix du plus doux reflet, où tout s'aime et chante ensemble. Une mélodie commune en sort... C'est le Râmayana.

Telle est l'impression première. Rien de si grand, rien de si doux. Un rayon délicieux de la Bonté *pénétrante*[1] dore, illumine le poëme. Tous les acteurs en sont aimables, tendres, et (dans les parties modernes) d'une féminine sainteté. Ce n'est qu'amour, amitié, bienveillance réciproque, prière aux dieux, respect aux brahmes, aux saints, aux anachorètes. Sur ce dernier point surtout, le poëme est intarissable. Il y revient à chaque instant. Tout entier, à la surface, il est coloré d'une teinte admirablement brahmanique. Nos indianistes se sont si bien pris d'abord à cela qu'ils ont cru que l'auteur ou les auteurs étaient des brahmes, comme furent certainement ceux de l'autre grand poëme de l'Inde, le Mahâbhârata. Par une étrange inadvertance, aucun d'eux n'a vu qu'au fond les deux poëmes faisaient entre eux une parfaite antithèse, et un contraste complet.

Regardez cette montagne énorme chargée de forêts. Vous n'y voyez rien, n'est-ce pas ? Regardez ce point bleu des mers où l'eau semble si profonde. « J'ai beau faire, mais je n'y vois rien. »

Eh bien ! moi je vous déclare qu'à ce point de l'Océan, à cent mille brasses peut-être, une perle étrange existe, telle qu'à travers la masse d'eau j'en vois la douce lueur. Et sous cet entassement monstrueux de la montagne un œil étrange scintille, certaine chose mystérieuse, que, sans la douceur singulière qui l'accompagne, on croirait un diamant où se joue l'éclair.

---

[1] C'est le sens du mot Vichnou.

Ceci, c'est l'âme de l'Inde, âme secrète et cachée, et, dans cette âme, un talisman que l'Inde même ne veut pas trop voir. Si vous osiez l'interroger, vous n'obtiendriez de réponse qu'un sourire silencieux.

Il faut que je parle à sa place. Mais je dois préparer d'abord mon lecteur occidental, si éloigné de tout cela. Je ne pourrais me faire comprendre si je n'expliquais d'abord comment l'Inde, retrouvée à la fin du siècle dernier, connue dans son culte antique et dans ses arts oubliés, a laissé surprendre enfin le trésor des livres secrets qu'il était défendu de lire, qui donnaient, simples et nues, ses primitives pensées et par là illuminaient profondément, de part en part, tous ses développements ultérieurs.

II

COMME ON RETROUVA L'INDE ANTIQUE

C'est la gloire du dernier siècle d'avoir retrouvé la moralité de l'Asie, la sainteté de l'Orient, si longtemps niée, obscurcie. Pendant deux mille ans, l'Europe blasphéma sa vieille mère, et la moitié du genre humain maudit et conspua l'autre.

Pour ramener à la lumière ce monde enterré si longtemps sous l'erreur et la calomnie, il fallait, non pas demander avis à ses ennemis, mais le consulter lui-même, s'y replacer, étudier ses livres et ses lois.

À ce moment remarquable, la critique, pour la première fois, se hasardait à douter que toute la sagesse de l'homme appartient à la seule Europe. Elle en réclamait une part pour la féconde et vénérable Asie. Ce doute, c'était de la foi dans la grande parenté humaine, dans l'unité de l'âme et de la raison, identique sous le déguisement divers des mœurs et des temps.

On discutait. Un jeune homme entreprit de vérifier. Anquetil Duperron, c'est son nom, n'avait que vingt ans ; il étudiait à la Bibliothèque des langues orientales. Il était pauvre et n'avait aucun moyen de faire le long et coûteux voyage où de riches Anglais avaient échoué. Il se promit à lui-même qu'il irait, qu'il réussirait, qu'il rapporterait et mettrait en lumière les livres primitifs de la Perse et de l'Inde. Il le jura. Et il le fit.

Un ministre, auquel on le recommande, goûte son projet, promet, ajourne. Anquetil ne se fie qu'à lui-même. On faisait des recrues pour la Compagnie des Indes ; il s'engage comme soldat. Le 7 novembre 1754, le jeune homme partit de Paris, derrière un mauvais tambour et un vieux sergent invalide, avec une demi-douzaine de recrues. Il faut lire au premier volume de son livre l'étrange Iliade de tout ce qu'il endura, affronta et surmonta. L'Inde d'alors, partagée entre trente nations asiatiques, européennes, n'était nullement l'Inde facile que trouva plus tard Jacquemont sous l'administration anglaise. À chaque pas était un obstacle. Il était encore à quatre cents lieues de la ville où il espérait trouver les livres et les interprètes, quand tous les moyens d'avancer cessèrent. On lui dit que tout le pays était de grandes forêts, de tigres et d'éléphants sauvages. Il continue. Parfois ses guides s'effrayent et le laissent là. Il continue. Et il en est récompensé. Les tigres s'éloignent, les éléphants le respectent et le regardent passer. Il passe, il franchit les forêts, il arrive, ce vainqueur des monstres.

Mais si les tigres s'abstinrent, les maladies du climat ne s'abstinrent pas de l'attaquer. Encore moins les femmes, conjurées contre un héros de vingt ans qui avait son âme héroïque, sur une figure charmante. Les créoles européennes, les bayadères, les sultanes, toute cette luxurieuse Asie s'efforce de détourner son élan vers la lumière. Elles font signe de leurs terrasses, l'invitent. Il ferme les yeux.

Sa bayadère, sa sultane, c'est le vieux livre indéchiffrable. Pour l'entendre, il lui faut gagner, séduire les Parses qui veulent le tromper. Dix ans durant, il les poursuit, il les serre, il leur extorque ce qu'ils savent. Ils savent très mal. Et c'est lui qui les éclaire. Il finit par les enseigner. Le Zend-Avesta persan est traduit avec un extrait des Védas indiens.

On sait avec quelle gloire ce mouvement fut continué. Les savants approfondirent ce que le héros avait entrevu. Tout l'Orient est révélé. Tandis que Volney, Sacy, ouvrent la Syrie, l'Arabie, Champollion s'attaque au sphinx, à la mystérieuse Égypte, l'explique par ses inscriptions, montre un empire civilisé soixante siècles avant Jésus-Christ. Eugène Burnouf établit la parenté des deux ancêtres de l'Asie, des deux branches des Aryâs, l'Indo-Perse de la Bactriane. Les Parses, au fond de l'Hindostan, disciples du Collège de France, contre l'Anglican disputeur, citèrent le mage d'Occident.

Alors, du fond de la terre, on vit remonter au jour un colosse cinq cents fois plus haut que les Pyramides, monument aussi vivant qu'elles sont mortes et muettes, – la gigantesque fleur de l'Inde, le divin Râmayana[1].

Suivirent le Mahâbhârata, l'encyclopédie poétique des brahmes, les traductions épurées des livres de Zoroastre, la superbe histoire héroïque de la Perse, le Shah Nameh.

---

[1] Il n'appartient nullement à un ignorant comme moi de faire la part à la France, à l'Angleterre, à l'Allemagne, de dire ce qu'il revient de gloire aux fondateurs de l'indianisme, aux écoles de Paris, de Calcutta, de Londres, aux William Jones, aux Colebrooke, aux Wilson, aux Müller, aux Lassen, aux Schlegel, aux Chézy, aux trois Burnouf, etc., etc. D'autres l'ont dit, le diront mieux que moi.

On savait que derrière la Perse, derrière l'Inde brahmanique, un monument existait de très-lointaine antiquité, du premier âge pastoral qui précède les temps agricoles. Ce livre, le Rig-Véda, un recueil d'hymnes et de prières, permet de suivre ces pasteurs dans leurs élans religieux, dans le premier essor de la pensée humaine vers le ciel et la lumière. Rosen, en 1833, en publia un spécimen. Désormais on peut le lire en sanscrit, en allemand, en anglais et en français. Cette année, 1863, un fort et profond critique (et c'est encore un Burnouf) en a expliqué le vrai sens, montré l'immense portée.

Un grand résultat moral nous est venu de tout ceci. On a vu le parfait accord de l'Asie avec l'Europe, celui des temps reculés avec notre âge moderne. On a vu que l'homme en tous temps pensa, sentit, aima de même. – Donc, une seule humanité, un seul cœur, et non pas deux. La grande harmonie, à travers l'espace et le temps, est rétablie pour toujours. Silence à la sotte ironie des sceptiques, des docteurs du doute, qui disaient que la vérité varie selon la latitude. La voix grêle de la sophistique expire dans l'immense concert de la fraternité humaine.

III

L'ART INDIEN – EXPOSITION DE 1851

Quelque effort que les Anglais fassent, par respect de la Bible juive, pour rajeunir la Bible indienne, il a été impossible de méconnaître que l'Inde primitive, en son berceau originaire, fut la matrice du monde, la principale et dominante source des races, des idées et des langues, pour la

Grèce et Rome, l'Europe moderne, – que le mouvement sémitique, l'influence judéo-arabe, quoique si considérable, est cependant secondaire.

Mais ceux qui étaient forcés de mettre si haut l'Inde antique, affirmaient qu'elle était morte, qu'elle était enfouie pour toujours (comme l'Égypte en ses pyramides) dans les grottes d'Éléphantine, les Védas, le Râmayana. On faisait abstraction d'un peuple (d'une Europe plutôt) de 180 millions d'âmes, rebut usé, disait-on, d'un monde fini. Le pesant orgueil de ses maîtres qui n'y ont jamais vu qu'un grand champ d'exploitation, les concordantes injures des protestants, des catholiques, l'indifférence enfin et la légèreté de l'Europe, tout concourait à faire croire que l'âme indienne était éteinte. La race même n'était-elle pas tarie, épuisée ? L'Hindou, un homme si faible, avec sa fine main de femme, qu'est-il devant l'homme rouge qui arrive de l'Europe nourri, surnourri, doublant sa force de race par cette demi-ivresse où sont toujours ces engloutisseurs de viande et de sang ?

Les Anglais ne font guère difficulté de dire eux-mêmes qu'ils ont tué l'Inde. Le sage et humain H. Russel le crut, l'écrivit. Ils ont frappé ses produits[1] de droits ou de prohibitions, découragé l'art indien autant qu'il était en eux. S'il subsiste, il le doit à l'estime singulière qu'en font les Orientaux sur les marchés plus humains de Java, de Bassora.

Ce fut un grand étonnement pour les maîtres mêmes de l'Inde, lorsqu'en 1851 débarquèrent, éclatèrent au jour

---

[1] La production du coton, que la nécessité force aujourd'hui (1863) d'encourager dans l'Inde, ne profitera pas plus aux natifs que celle de l'opium, que celle de l'indigo, dont la culture exigée et forcée fait le désespoir du Bengale. Quelques administrateurs anglais ont noté loyalement ce dernier abus.

ces merveilles inattendues, lorsqu'un Anglais consciencieux, M. Royle, exhiba et expliqua toute cette féerie de l'Orient. Le jury, n'ayant à juger que « le progrès de quinze années », n'avait nul prix à donner à un art éternel, étranger à toute mode, plus ancien et plus nouveau que les nôtres (vieilles en naissant). En face des tissus anglais, l'antique mousseline indienne reparut, éclipsa tout. La Compagnie, pour en avoir un spécimen d'Exposition, avait proposé un prix (bien modique) de 62 francs. Il fut gagné par le tisserand Ilùbioula, ouvrier de Golconde. Sa pièce passait par un petit anneau, et elle était si légère qu'il en aurait fallu trois cents pieds pour peser deux livres. Vrai nuage, comme celui dont Bernardin de Saint-Pierre a habillé sa Virginie, comme ceux dans lesquels Aureng Zeb inhuma sa fille chérie au monument de marbre blanc qu'on admire à Aurungabad.

Malgré le méritant effort de M. Royle, et ceux mêmes des Français qui se plaignirent d'être mieux traités que les Orientaux, l'Angleterre ne donna à ses pauvres sujets indiens de récompense qu'une parole : « Pour le charme de l'invention, la beauté, la distinction, la variété, le mélange, l'heureuse harmonie des couleurs, rien de comparable ! Quelle leçon pour les fabricants de l'Europe ! »[1]

L'art oriental est tout à la fois le plus brillant, le moins coûteux. Le bon marché de la main-d'œuvre est excessif, j'allais dire déplorable. L'ouvrier y vit de rien ; pour chaque jour, une poignée de riz lui suffit. Plus, la grande douceur du climat, l'air et la lumière admirable, nourriture éthérée qui se prend par les yeux. Une sobriété singulière, un

---

[1] *Report of the Juries,* II, 1858. Cela a été redit à merveille par nos jurés français, MM. Delaborde, Charles Dupin, et très-spécialement par M. Adalbert de Beaumont, *Revue des Deux Mondes*, 15 octobre 1861, XXXV, 924.

milieu harmonique y rendent délicats tous les êtres. Les sens se développent, s'affinent. On le voit pour l'animal même, spécialement pour l'éléphant. Avec sa masse qui vous paraît informe, et sa rude enveloppe, il est amateur sensuel, connaisseur en parfums, choisit parfaitement entre les herbes odorantes, préfère l'oranger. S'il en voit un, il sent et mange les fleurs, puis les feuilles, le bois. Chez l'homme la vue et le toucher acquièrent une finesse exquise. La nature le fait coloriste, et avec un privilège singulier : il est tellement son enfant, il vit tellement en elle qu'elle lui laisse tout faire avec charme ; il associe des tons violents, et l'effet en est très-doux ; des nuances pâles, et l'effet n'est point fade, aimable au contraire et touchant.

Le ciel fait tout pour eux. Chaque jour, un quart d'heure avant le soleil, un quart d'heure après son coucher, ils ont sa grâce souveraine, la très-parfaite vision de la lumière. Elle est divine alors, avec des transfigurations singulières et d'intimes révélations, des gloires et des tendresses où s'abîme l'âme, perdue à l'océan sans bornes de la mystérieuse Amitié [1].

C'est dans cette infinie douceur que l'humble créature, faible, si peu nourrie et d'aspect misérable, voit d'avance et conçoit la merveille du châle indien. De même que le profond poëte Valmiki, au creux de sa main, vit ramassé tout son poëme, le Râmayana, – ce poëte du tissage, prévoit, commence pieusement le grand labeur qui parfois dure un siècle. Lui-même n'achèvera pas, mais son fils, son petit-fils continueront de la même âme, âme héréditaire, identique, aussi bien que la main, si fine, qui en suit toutes les pensées.

---

[1] Dans leur Rig-Véda, l'*Ami*, Mithra, désigne précisément, non le soleil, mais cette lueur qui le précède ou qui le suit.

Cette main est unique dans les bijoux [1], étranges et délicieux, dans l'ornementation fantastique des meubles ou des armes. Les derniers princes indiens, à cette Exposition, avaient noblement envoya leurs propres armes, choses si personnelles, chéries, qu'ont portées des aïeux, et dont on ne se sépare guère. Sont-ce des choses ? presque des personnes. Car l'âme antique y est, celle de l'artiste qui les fit, celle des princes (jadis si grands) qui les portèrent. Un de ces rajahs envoya bien plus encore, un lit, signé de lui (et son propre travail ?), un lit d'ivoire, sculpté et ciselé, de délicatesse infinie, meuble charmant d'un aspect virginal, plein d'amour, ce semble, et de songes.

Et ces choses de luxe, œuvres de rares artistes, révèlent moins encore le génie d'une race que la pratique générale des arts que l'on dit inférieurs et de simples métiers. Il se marque particulièrement dans la manière simple dont ils exécutent sans frais, sans bruit, des choses qui nous semblent fort difficiles. Un homme seul, dans la forêt, avec un peu d'argile pour creuset, pour soufflet deux feuilles comme ils en ont, fortes, élastiques, vous fait, avec le minerai, du fer en quelques heures. Puis, si l'*asclepias gigantea* abonde, de ce fer il fait de l'acier, qui, porté par les caravanes à l'ouest et jusqu'à l'Euphrate, s'appellera l'acier de Damas.

On a noté de même la singulière divination chimérique qui leur a fait trouver, extraire, et leurs couleurs si vives, et la gamme correspondante des *mordants* qui les fixent et

---

[1] « Le bijou n'a pas là, dit M. Delaborde, la soufflure sans motif, ni l'insignifiante légèreté du filigrane génois ou parisien... – Leur sculpture si légère, aérienne, dentelle de marbre (au monument d'Abbas, etc.), loin de chercher les effets par des reliefs exagérés, des contrastes d'ombres et de lumière tranchée, ne concentre jamais l'attention sur un point. Elle répand la vue sur l'œuvre entière, comme si un filet était étendu sur l'ensemble. »

les rendent éternelles. On a noté l'instinct qui fait résoudre à la fileuse indienne des problèmes très-compliqués[1] de mécanique, lui permet d'obtenir un fil d'incroyable finesse sans machine qu'une mince aiguille et sa délicate main.

Quelqu'un dit : « Au lieu d'envoyer, de commander à Cachemire d'affreux dessins de châles baroques qui gâteront le goût indien, envoyons nos dessinateurs. Qu'ils contemplent cette éclatante nature, qu'ils s'imbibent de la lumière de l'Inde », etc. Mais il faudrait aussi en prendre l'âme, la profonde harmonie. Entre la grande douceur de cette âme patiente et la douceur de la nature, l'harmonie se fait si bien, que *lui* et *elle* ont peine à se distinguer l'un de l'autre. Ce n'est pas, comme on croit, un simple effet de quiétude. C'est aussi, c'est surtout la faculté particulière à cette race de voir la vie au fond des êtres, l'âme à travers les corps. L'herbe n'est pas une herbe, ni l'arbre un arbre, c'est partout la divine circulation de l'esprit.

L'animal n'est point animal ; il est une âme, qui fut ou sera homme. Cette foi seule peut nous expliquer les prodiges qu'ils obtinrent dans un art, le premier jadis, et le plus nécessaire aux anciens âges, la domestication, l'*humanisation* des serviteurs utiles, sans lesquels on n'eût pas vécu. Sans le chien, l'éléphant, l'homme à coup sûr n'eût pas tenu contre le lion, le tigre. Les livres de la Perse et de l'Inde rappellent d'une manière reconnaissante que le chien fut d'abord le sauveur de l'humanité. On fit traité et amitié avec le chien d'alors, énorme et colossal, qui pouvait étrangler le lion. La récompense est au Mahâbhârata, où le héros refuse le ciel, le paradis, s'il n'entre avec son chien.

Dans la basse Inde et les climats brûlants où le chien

---

[1] Charles Dupin, *Expos.* de 1851, I, 462.

avait moins de force, où d'ailleurs il se trouble et fuit devant le tigre, l'homme osa réclamer la protection de l'éléphant. Alliance bien plus difficile. L'éléphant devient doux, mais jeune il est brutal, colérique et capricieux ; dans ses jeux, dans ses gourmandises, sans le vouloir, il est terrible. Un tel ami alors n'effrayait guère moins que l'ennemi. On avait peu d'espoir de brider, contenir par la force ce mont vivant. Quand on songe que pour le cheval, si petit en comparaison, il faut un mors d'acier, des éperons d'acier, des rênes, de fortes brides, comment put-on imaginer que l'on conduirait le colosse ?

Rien n'est plus beau, plus grand pour l'Inde ; la victoire fut toute de l'âme. On crut, on dit à l'éléphant qu'il avait été homme, un brahme, un sage, et il en fut touché ; il se conduisit comme tel. C'est ce qu'on voit encore. Il a deux serviteurs qui sont chargés de l'avertir de ses devoirs, de le rappeler (s'il s'écartait) dans la voie de la convenance, de la gravité brahmanique. Sur son cou, le cornac qui le dirige et lui gratte l'oreille, le gouverne surtout par la parole et l'enseignement. Et, l'autre, serviteur à pied, marchant tout près, d'une voix soutenue, avec mêmes égards, lui inculque aussi sa leçon.

On parle, de nos jours, fort légèrement de tout cela[1]. On ravale fort l'éléphant, et sans doute il a bien perdu

---

[1] Et cependant que dire de l'éléphant dont parle Fouché d'Obsonville ? Ce voyageur judicieux, très-froid et fort éloigné de tendances romanesques, vit dans l'Inde un éléphant qui, ayant été blessé à la guerre, allait tous les jours faire panser sa blessure à l'hôpital. Or, devinez quel était ce pansement ? Une brûlure... Dans ce dangereux climat où tout se corrompt, on est souvent obligé de cautériser les plaies. Il endurait ce traitement, il l'allait chercher tous les jours ; il ne prenait pas en haine le chirurgien qui lui imposait une si cuisante douleur. Il gémissait, rien de plus. Il comprenait évidemment qu'on ne voulait que son bien, que son bourreau était son ami, que cette cruauté nécessaire avait pour but sa guérison.

depuis ces temps. Il a connu la servitude, connu la puissance de l'homme. Alors il était sans nul doute bien autrement fier, indomptable. L'endoctriner ainsi, l'assouplir, le monter ! ce fut un vrai prodige d'audace, et aussi de douceur, d'affection et de foi sincère. Ce qu'on lui dit, on le croyait. On ne songeait nullement à le tromper dans ce traité. On avait le respect de l'âme des vivants parlant à l'âme des morts. Ceux-ci, les pitris (ou les mânes), n'étaient-ils pas sous cette forme imposante et muette ?

Ceux qui le voyaient le matin, à l'heure où le tigre quitte sa nocturne embuscade, sortir des grandes forêts, et majestueux, vénérable, venir boire l'eau du Gange empourprée de l'aurore, crurent non sans vraisemblance que lui aussi il la saluait, s'imprégnait de Vichnou, le *Pénétrant,* le bon soleil, se replongeait à la grande Âme et s'en incarnait un rayon.

IV

Primitive famille indienne
Le premier culte

Nous vivons de lumière, et notre légitime ancêtre c'est le peuple de la lumière, celui des Aryâs, qui, d'un côté vers l'Inde, de l'autre vers la Perse, la Grèce et Rome, dans les idées, les langues, les arts, les dieux, a marqué sa trace éclatante comme d'une longue échappée d'étoiles. Heureux génie, fécond, que rien n'a fait pâlir. Il guide encore le monde aux clartés de sa voie lactée.

Le point de départ est très-simple. Fort peu de merveilleux. Nul miracle qu'une précocité singulière de douceur et de bon sens. Il le fallait ainsi pour commencer toute l'histoire. Quand on a supposé que l'homme débutait par l'absurde, par la folle imagination, on ne sentait donc pas qu'en ces temps de pressantes réalités il eût péri certainement. Il a duré par la sagesse.

Que lisons-nous dans la genèse vénérable des Aryâs, dans les hymnes de leur Rig-Véda, incontestablement le premier monument du monde [1] ?

Deux personnes unies, l'homme, la femme, d'un élan commun, remercient la lumière, chantent ensemble un hymne à Agni (*ignis,* le feu).

Merci pour la lumière du jour naissant, pour l'aurore désirée, qui finit les inquiétudes, met fin aux terreurs de la nuit.

Merci pour le foyer, pour Agni, le bon compagnon, qui leur égaye l'hiver, fait sourire la maison ; Agni le nourricier, Agni le doux témoin de la vie intérieure.

Juste reconnaissance. Si l'on n'eût eu le feu, dans ces temps, qu'eût été la vie ? Combien misérable, dénuée, incertaine ! Sans le feu, rien ; avec lui, tout. Le feu, la nuit, fait fuir les bêtes, les rôdeurs des ténèbres. L'hyène et le chacal n'aiment pas les lueurs du foyer ; le lion même s'éloigne en grondant. Mais les feux du matin, la flamboyante aurore mettent décidément en déroute ces sinistres myopes ; ils ont en horreur le soleil.

Dans nos villes bien éclairées, dans nos maisons fermées

---

[1] Transmis longtemps de bouche en bouche, ces hymnes ont pu rajeunir de langue et de forme ; mais pour le sens, ce qu'ils nous montrent de la vie pastorale est très-antique et primitif, antérieur à tout monument. – L'Égypte semble n'avoir aucun monument littéraire, mais seulement des rituels, des inscriptions. – La Genèse des Juifs, compilée de traditions en partie antiques, est marquée pourtant de signes modernes. Elle connaît les anges (Persans). Elle connaît, mentionne la monnaie, la prostitution, plus d'une idée visiblement rapportée de la Captivité.

et garanties, nous n'avons plus le sens de cette situation. Qui n'a eu pourtant en voyage quelque nuit à passer en lieu suspect, dans quelque villa solitaire de pays mal famé ? Le plus brave, s'il parle franchement, dira qu'il ne fut pas fâché de voir le jour. C'était bien autre chose alors ; l'homme n'avait guère d'arme que la massue, ou tout au plus la grosse et courte épée qu'on voit aux monuments assyriens. C'est de tout près, et nez à nez, qu'il fallait poignarder le lion. Il abondait alors, et même aux pays de froid hiver, comme la Grèce ; à plus forte raison en Bactriane et Sogdiane, où vivaient nos Aryâs. Rare aujourd'hui en ces contrées, le chat monstrueux (lion ou tigre) a baissé de taille, comme le chien son ennemi.

Sous la garde d'un chien terrible, dans la maison bien ou mal close, la famille – homme et animaux – écoutait plus d'une fois la nuit les redoutables miaulements. La vache émue ne tenait pas en place ; l'âne si fin d'Orient dressait son oreille mobile et aspirait les bruits. C'est lui qu'on regardait, qu'on consultait surtout. C'est lui le premier (nous dit le Rig-Véda), sentant le lion parti, flairait le matin, disait l'aube. On se hasardait à sortir ; en tête le gigantesque chien, aimé et caressé, l'homme ensuite avec les bestiaux, la femme et les petits enfants. Tous heureux, gens et bêtes, et les plantes aussi, rajeunies. L'oiseau, ayant tiré sa tête de dessous l'aile, préludait sur la branche, semblait charmé de vivre. On s'unissait à lui pour bénir la lumière ; on chantait attendri : « Merci ! Encore un jour ! »

Et nous autres, leurs fils lointains, à travers des milliers d'années, nous ne sommes guère moins touchés en lisant aujourd'hui ces vénérables *enfances* du genre humain, ces touchantes pensées où ils avouent simplement, naïvement, leurs terreurs trop fondées, leur joie si naturelle, leurs sentiments de gratitude. « L'inquiétude m'a saisi, dit l'homme, comme le loup saute à la gorge du cerf altéré qui vient boire. Arrive donc, lumière, et rend la forme aux choses. Éclaircis la pâleur sinistre que je vois là-bas. » Il ajoute ce mot pénétrant : « Les aurores seules nous rendent le regard lucide en nous-mêmes » (*Aurorae fecerunt mentes conscias*) [1].

La religion du foyer ne serait jamais née dans le Midi ; elle naquit au Nord. On n'en peut guère douter quand on voit l'homme, dans ses vœux pour une longue vie, désirer « cent hivers ». On sent bien le climat sévère des hauts plateaux d'Asie dans les tendresses, les caresses qu'on fait au Feu, au bon ami, Agni. On parle aussi d'une manière sentie de la fine brebis du Candahar aux laines chaudes et délicates. Dans les hymnes du mariage, où la femme choisit son époux, on lui fait dire avec une grâce de voluptueuse innocence : « Je suis faible, et je vais à toi. Sois bon pour ma faiblesse. Je serai toujours *Roma Sâ,* la douce brebis des Gandaras », la soyeuse [2] brebis qui vient chez toi te réchauffer.

Dans ce monde de pasteurs, la femme n'a nullement la vie serve qu'elle mène dans celui de chasse et de guerre. Elle est si nécessaire aux petits arts d'alors, qu'elle est absolument égale à l'homme, et même est appelée de son vrai nom, la *dam,* ou maîtresse de maison. Ce mot *dam* [3], bien plus ancien que le sanscrit brahmanique, l'est même plus que le sanscrit védique, qui l'a pris d'une langue aujourd'hui perdue.

Mais voici le plus fort. Dans le très-beau rituel du mariage, la finale spécifie le haut privilège de la femme (propre à la seule femme du Nord qui garde ses éner-

---

[1] C'est la traduction de Rosen. Je me sers plus souvent de Wilson, qui est complet. Parfois j'en rapproche Langlois. Un seul livre, je crois, a bien le caractère du Rig-Véda, le livre récent de M. Émile Burnouf. Je voudrais cependant qu'il datât davantage, je veux dire isolât ce qui est d'Agni, ce qui est d'Indra, etc.
[2] Émile Burnouf, 136, 240.
[3] *Ibidem,* 191.

gies) : « Puisse-t-elle avoir dix enfants... et *son mari le onzième !* » Mot admirable et d'immense portée, qu'un vif élan de joie tire du cœur prophétique. C'est le but en effet (nous l'avons dit ailleurs), que la femme, d'abord enfant de son mari, plus tard sa sœur, soit à la fin sa mère.

Lorsque, longtemps après, on tombera dans la basse Inde, la femme, mariée à huit ans, à dix ans, ne sera qu'un petit enfant que le mari doit former. Alors, par un triste changement, l'aide du sacrifice sera un jeune anachorète, un novice, un disciple. Mais ici, dans la vie primitive de la haute Asie, où la femme est une personne, où elle n'est mariée que déjà grande et raisonnable [1], c'est elle, la *dam* de maison, qui aide au culte et qui, autant au moins que l'homme, a part dans le pontificat. Elle sait Agni « en ses trois formes, en ses trois langues, en ses trois aliments ». Elle connaît le bois mâle et femelle qui sera son père et sa mère. Elle fait le beurre et le Sôma [2], la liqueur-esprit, qui lui plaisent. Sôma est l'ami de la joie, de la génération, dit l'Inde d'aujourd'hui encore, autant que le noir café, riche d'idées, est pauvre d'amour. Par le Sôma, par le gâteau sacré, par tout ce qui soutient, égaye ou sancti-

---

[1] Aujourd'hui à quinze ou seize ans. V. Elphinston, Perrin, etc.
[2] Sôma, disent-ils, est *la chair* même du sacrifice. De là le nom des botanistes, *sarco-stemma viminalis*, la *plante-chair* (ou *aphylla, asclepias acida*, V. Roxburgh, *Flora Indica*). Sous ce nom de Sôma, et celui de *Hôma*, que lui donne la Perse, la *plante-chair* est l'hostie de l'Asie, comme le froment est l'hostie de l'Europe. – Pour compléter la ressemblance, il a aussi sa *Passion* (V. Stevenson, Sôma-Véda, et Langlois, Académie des inscr., XIX, 329. Il est tombé de l'espace éthéré avec la semence du ciel. Il a grandi sur la colline, tranquille et solitaire. Mais il se dévoue au martyre. Il se laisse broyer, fermenter (avec l'orge et le beurre). Alors il épouse la flamme, épouse Aditi, la terre du foyer, matrice du monde. Victime nourrissante, il repaît les hommes et les dieux, s'évapore et remonte au ciel. Tous sont renouvelés. Les astres brillent mieux. Indra combat mieux les orages. L'onde coule, et la terre est féconde.

fie la vie, la femme fait déjà pressentir ce que sera dans l'avenir la reine mage, Circé l'enchanteresse, la puissante Médée (moins le crime).

Dans les hymnes d'évocation que l'on adresse au Feu, on lui rappelle de mille façons son profond rapport à la femme. « Tout est prêt, cher Agni, nous avons paré ton autel comme l'épouse orne son bien-aimé... – Cher Agni, tu reposes encore, comme l'enfant à naître au sein de la femme enceinte. »

Ils avaient très-bien deviné qu'il y a des plantes mâles et femelles. Mais, ne sachant les distinguer, par une idée gracieuse de féminine poésie, on supposait que l'épouse végétale était la plante qui s'appuyait, en enlaçait une autre, vivait volontiers dans son ombre. Voilà le père, la mère du Feu. Dans sa mère, on creusait une petite fossette et l'on y faisait tourner l'autre bois [1]. Procédé patient. Des peuples

---

[1] Ad. Kuhn, *Origine du feu*, 1859 ; Baudry, *Revue germanique*, 15 et 30 avril, 15 mai 1861. Exemple remarquable du secours fécond que nous donne la philologie pour remonter dans les âges antéhistoriques. Rien de plus lumineux, de plus ingénieux que le travail où M. Baudry a étendu, approfondi, parfois rectifié les recherches de M. Kuhn. C'est la base d'un livre important sur cette question capitale des premières origines. Vico, par une singulière divination, avait entrevu que le feu fut d'abord l'objet de la religion, le feu de l'éclair, la foudre. Le feu solaire fut adoré après. Culte fort naturel et nullement absurde. La science d'aujourd'hui est obligée de le reconnaître. M. Renan, dans sa remarquable lettre à notre grand chimiste, M. Berthelot, lui dit : « Vous m'avez prouvé d'une façon qui a fait taire mes objections que la vie de notre planète a sa source dans le soleil, – que toute force est une transformation du soleil, – que la plante qui alimente nos foyers est du soleil emmagasiné, – que la locomotive marche par l'effet du soleil qui dort dans les couches souterraines du charbon de terre, – que le cheval tire sa force des végétaux produits par le soleil, – que le reste du travail sur notre planète se réduit à l'élévation de l'eau, qui est directement l'œuvre du soleil. Avant que la religion arrivât à placer Dieu dans l'absolu, un seul culte fut raisonnable et scientifique, celui du soleil. » *Revue des Deux Mondes*, t. XLVII, p. 766, 15 octobre 1863.

plus sauvages n'obtiennent le feu que du hasard, de la foudre qui tombe et de l'incendie des forêts. Les races impétueuses des brûlantes contrées l'exigent violemment du caillou, font sauter du silex la vive et fuyante étincelle, bientôt perdue, et qui le plus souvent ne laisse qu'étonnement et obscurité [1].

Revenons. En tournant, l'homme obtenait une petite fumée, puis un imperceptible feu, qui se serait évanoui. Mais la femme venait au secours. Elle accueillait le nouveau-né, le suscitait d'un petit aliment de feuilles. Elle retenait son souffle... Les hymnes, ici, témoignent d'une chose bien antique, de l'extrême peur qu'on a dans les premiers temps de laisser éteindre le Feu, de ne pouvoir sauver ce sauveur de la vie. La femme seule y parvient. C'est pour elle comme un enfant, un tout-petit enfant qu'elle aime. Sa bonne nourrice le soutient, le nourrit de son lait concentré, le beurre. Et lui, reconnaissant, se dresse... [2]

Dès qu'il est fort et peut manger, on le régale d'orge et de gâteau sacré. À cette hostie solide, on joint l'hostie liquide ; l'homme prend de la main de la femme le vin d'Asie, le sôma qu'elle a fait, le verse dans Agni. Celui-ci se cabre, pétille, il grandit bleuâtre à la voûte. Tout est transfiguré... La maison sourit et frémit... Mystère divin. Les coins les plus obscurs ont aussi leur part de la fête, et même après longtemps rougissent de reflets fantastiques.

---

[1] Image trop frappante des méthodes opposées des deux grandes races du monde. L'Indo-Européen, patient, méthodique, a donné sur le globe sa féconde traînée de lumière. Le Sémite a lancé des éclairs scintillants qui ont troublé les âmes, et trop souvent doublé la nuit.

[2] C'est ce que l'hymne nous dit, d'un mouvement charmant, de délicatesse infinie : « La jeune mère, pour son infirme enfant, est discrète, ne le montre pas. Elle le cache un moment au père. Mais voyez... Le voilà qui grandit et s'agite... – Qu'il semble intelligent déjà ! qu'il est vif de mouvement... Veillons, car de lui-même il aspire au repos. Rig-Véda, Wilson, III, 233, *Ibid.*, 35. – *Ibid.*, p. 2.

Mais tout d'abord, à l'instant du jet même et de la vive ascension, une voix aussi est montée, une même voix de deux cœurs unis, des paroles émues et tendres. Élan naïf et court, suivi d'un grand silence... Ce qui est dit est dit. Restera la voix sainte, que rien n'abolira. Nous la lisons toujours, fraîche encore après six mille ans.

Et au moment où, sans se concerter, d'un même cœur ensemble ils ont dit ce mot qui ne périra plus, ils se regardent à la lueur divine, et se voient tous les deux *divins* (lui Deva, elle Devi) [1]. Dans cette simplicité extrême qu'on dirait enfantine, apparaît le vrai sacrement de l'amour harmonique, la haute idée du mariage.

« Le mortel a fait l'immortel... Nous engendrâmes Agni... Les dix frères (les dix doigts), entremêlés dans la prière, ont inauguré sa naissance, l'ont proclamé notre enfant mâle. »

C'est le caractère grandiose de cette race, la première du monde, qu'en adorant toujours elle sait bien qu'elle a fait les dieux. Dans l'hymne le plus enthousiaste, le phénomène admiré qui s'y voit sous des traits divins, est en même temps si bien décrit, suivi, analysé, qu'on retrouve aisément sa naissance, sa vie progressive. Bien plus, tous ses passages restent marqués dans une langue transparente où les noms de Dieux ne sont réellement que des noms appellatifs [2] (le Fort, le Brillant, le Pénétrant, etc.).

Donc, nulle superstition. Si le Dieu s'oubliait, devenait un tyran, voulait enténébrer l'imagination de terreurs ser-

---

[1] Ém. Burnouf, 191-2.
[2] Max Müller, 557. Tout cela est *fluide encore dans les Védas. Dans la Grèce homérique, ces adjectifs deviennent substantifs, sont des personnes. Tout est déjà pétrifié.* Cette judicieuse réflexion que fait M. Müller eût dû le conduire à mieux voir l'énorme antiquité d'un peuple qui visiblement en est encore à son premier enfantement religieux.

viles, l'esprit, armé d'une telle langue, lui retrouvant ses origines, dirait : « Qui t'a créé ? c'est moi. »

Noble culte, de haute et fière conception, qui, en donnant tout, garde tout. Les dieux bénis, aimés, ne s'émancipent pas tout à fait de leur créateur, l'homme. Ils restent dans le cercle de la vie générale. Si l'homme a besoin d'eux, ils ont besoin de lui ; ils l'écoutent, descendent à sa voix. Son hymne du matin loue le soleil, mais de plus l'évoque et l'attire. C'est une puissante incantation et il y obéit. Quand on allume Agni au bord des fleuves, au confluent sacré, lorsque la main des femmes a fait autour de lui un tapis d'herbe pour que les dieux viennent s'asseoir, ils n'ont garde de ne pas venir. Ils obéissent à l'hymne ; ils viennent amicalement prendre part aux libations du beurre sacré, du pétillant sôma. Ils ont donné les pluies fécondes qui ont reverdi la prairie ; on leur donne en retour ce qu'on a de meilleur. Le ciel nourrit la terre, la terre nourrit le ciel.

Est-ce à dire que par cette dépendance mutuelle les dieux soient abaissés ? Ils sont aimés bien plus. Dans cette religion souriante, d'amitié sans terreur, ils se mêlent familièrement aux actes de la vie humaine, les élèvent et les divinisent. La tendre épouse, en préparant pour l'homme le pain sacré qui le refait le soir, est de moitié avec Agni. Les soins qu'elle a d'Agni, il sait les reconnaître. « Il est l'amant des filles et l'époux de la femme. » Il sanctifie, il illumine l'heureux moment de la fécondité.

Qu'il brûle en l'homme ou qu'il brille au foyer, qu'au ciel, d'un trait de feu, il féconde la grande épouse, Agni, sous ses formes diverses, de plus en plus se retrouve le même. On le sent à la chaleur vive du sôma qui relève les esprits. On le sent à la flamme inventive d'où part l'hymne ailé. On le sent dans l'amour, tout autant que dans le soleil.

On ne va pas manquer de dire : « Tout cela n'est encore qu'un pur naturalisme, et sans portée morale. » Vieux *distinguo* de la vieille critique. De toute religion fleurit le fruit divin : *l'éveil de la conscience.*

Agni, dans de très-anciens hymnes, est pris visiblement pour *le pur* dont on doit imiter la pureté, en écartant de soi la souillure physique et morale. Si celle-ci n'est pas bien définie encore, l'âme s'inquiète, interroge Agni : « Agni, que me reproches-tu ? et quelle est mon offense ? Pourquoi en parles-tu à l'Eau, à la Lumière (Vârouna, Mithra) ? », etc. Et cette âme troublée énumère toutes les forces de la nature, devant lesquelles l'accuse le pur, l'irréprochable Agni.

Ces tendances vers l'épuration amenèrent la réforme qu'on personnifie sous le nom de Zoroastre. Les tribus agricoles, de caractère austère, s'attachèrent au dogme héroïque du travail dans la pureté, à l'invisible Agni, ordonnateur du monde. Les tribus pastorales, plus imaginatives, étendirent, agrandirent l'Agni visible à la mesure du ciel, du soleil, des nuées, de tout ce qui se voit [1]. Fêté et célébré toujours sous son nom primitif, il devint en

---

[1] À mesure qu'on observe que la chaleur est dans tel élément, dans telle forme de vie, les noms divins se multiplient, mais non réellement les dieux. Il n'y a pas à s'y tromper. Les hymnes le disent expressément, et marquent en termes clairs la simplicité monothéiste que couvre cette variété apparente : « Agni, tu es né Vârona (*l'eau, l'air*), et tu deviens Mithra (la douce *lueur* avant ou après le soleil). Tu es Indra, fils de la force. Tu es Aryaman dans ton rapport aux filles... quand tu fais le mari et la femme d'un même esprit. » (Rig-Véda, Wilson, III, 257). Ainsi une grande liberté restait encore. Ceux qui faisaient ces noms n'y voyaient nullement des personnes. La religion marchait légère ; elle aidait, et n'entravait pas, ne courbait pas l'esprit sous de basses terreurs. Elle avait quelque chose de la sérénité, du noble sourire qu'elle eut plus tard en Grèce.

même temps Indra, dieu des orages qui arrosent, refont la prairie.

Cet élan d'imagination coïncida, ce semble, avec le changement de séjour, de climat, avec l'émigration des tribus pastorales qui descendaient vers l'Est et le Midi. Lorsqu'on passe Caboul, on est saisi d'étonnement en voyant tout à coup dans son immensité, sa nouveauté, le paysage indien. Là se fit, je n'en fais pas doute, cette transfiguration d'Agni, l'explosion du puissant Indra. C'est moins le soleil en lui-même que le dieu vainqueur des nuées. Ce pays de grandes rivières, mais inégales, torrentueuses, a de cruelles sécheresses, suivies de grands orages. Nature de combats, de contrastes, de guerre atmosphérique. Pour la faire, on donna généreusement à Indra un char, un arc et des coursiers. Ce char, qu'on entend, roule et gronde. Indra, vainqueur, fécondateur, tantôt presse la terre haletante, lui fait l'amour à coups de foudre. Tantôt, voyant sur la montagne le noir dragon de la nue envieuse qui garde et refuse l'eau, il perce le monstre de flèches, le force déchiré de verser la pluie de ses flancs.

Innocente ornementation, très-transparente, fort peu chargée de mythes ou de symboles. L'art unique était la parole, le chant, fidèlement conservé, l'hymne saint et sacré des aïeux. De la Bactriane à l'Indus, puis vers le Gange, en dix siècles peut-être, ce peuple s'avance en chantant. À chaque pas, un chant. Et l'ensemble est le Rig-Véda.

La borne fut l'entrée de l'Hindostan. Le peuple voyageur se trouva en présence de trois infinis, dont un seul suffisait pour le troubler profondément.

L'infini de la mer, au sud, un je ne sais quel fleuve dont on ne voit pas les rivages, le miroir enflammé où chaque soir se plonge flamboyant le soleil indien.

Au nord, un cercle de géants, toutes les têtes de l'Himalaya, exhaussé de trente montagnes, portant tous les climats et tous les végétaux, couronné de ses neiges sur un noir sourcil d'arbres sombres. Les jungles immenses des tigres et des serpents s'étendent au pied. Le Gange dans sa pompe va coulant vers l'aurore, avec ses forêts colossales, tout un monde vivant qui s'abreuve à ses eaux.

Enfin, ce fut le plus terrible, l'attraction brûlante de la fournaise hindostanique, les caresses et l'invitation d'une trop charmante nature, d'une race douce et de peu de défense, énormément nombreuse, la race jaune [1], cent ou deux cents millions d'esclaves qui admiraient, aimaient la race blanche, l'aimaient si bien qu'elle y pouvait périr.

La résistance des Aryâs, une si haute victoire de l'esprit, est un des plus grands faits moraux qui se soient passés sur la terre. Ils trouvèrent leur salut dans la barrière des castes.

Elles se formèrent d'elles-mêmes sur une base fort raisonnable en ce climat, base physiologique et d'histoire naturelle.

1° *L'horreur du régime sanglant*, l'idée que la viande alourdit et souille, rend immonde et mal odorant. Le mangeur de chair et de sang leur paraît sentir le cadavre. Ajoutez que la viande est bien moins nécessaire dans un pays où les fruits de la terre, mûris, cuits en perfection par ce puissant soleil, contiennent des sucs admirables, très-substantiellement nourrissants.

2° *La terreur légitime de l'amour inférieur*, la redoutable absorption de la femme jaune (jolie, douce et soumise [2], on le voit bien en Chine), celle de la femme noire, la plus tendre, la plus caressante, la plus amoureuse des blancs.

Ceux-ci, s'ils n'avaient résisté, auraient péri certaine-

---

[1] La race jaune qui devient aisément très-noire. Voir l'excellent mémoire de M. Vivien de Saint-Martin, *Études géogr.*, 1860.

[2] Infiniment soumise à la polygamie. On le voit à merveille dans Yu-Kiao-Li, les *Deux cousines*, tr. par Stanislas Julien, ch. XVI, t. II, 195 (1863).

ment. Par le bas régime sanglant, ils seraient devenus de lourds frelons ventrus, somnolents, demi-ivres, comme est l'Européen dans ce pays. Par le mélange des esclaves et des femmes inférieures, ils perdaient les dons de leur race, surtout la puissance inventive, la brillante étincelle qui scintille dans les Védas. La jaune, avec ses yeux obliques et sa grâce de chat, son esprit médiocre et fin, eût aplati l'Indien au niveau du Mongol, eût ravalé la race des profondes pensées aux talents inférieurs de l'ouvrier chinois, éteint le génie des hauts arts qui ont changé toute la terre.

Bien plus, avec un tel climat, avec un tel mélange, le petit nombre d'Aryâs eût très-probablement fondu sans laisser de trace, comme une goutte de cire au brasier. L'Inde semble un rêve où tout fuit, coule et disparaît, se transforme et revient, mais autre. Jeu terrible de la nature, qui rit de la vie, de la mort ! Non moins terrible fut l'effort par lequel le génie humain se dressa à l'encontre. Par une immense poésie, une législation violente et qui put sembler tyrannique, on créa une nature d'invention et de volonté, pour intimider l'autre, la conjurer, la désarmer.

Les sobres, les penseurs, fiers gardiens du génie indien, se constituèrent un peuple à part par l'abstinence absolue de la viande et des spiritueux. C'est le titre élevé et mérité du brahmanat. La caste même des guerriers, qui use quelque peu de la viande, ne peut toucher aux liqueurs fermentées qu'en subissant de cruelles purifications. Enfin, par un très-bel effort, la législation brahmanique essaya de maintenir dans l'amour et le mariage le haut idéal des Védas, la pureté monogamique, l'austère mariage de la blanche, fière et peu complaisante à la vie de sérail.

Elle est libre d'abord. Le mariage n'est pas une vente (comme chez tant d'autres peuples). Cette vente d'une âme est un crime, un objet d'horreur pour la loi de Manou.

La vraie formule du mariage, que nulle société ne dépassera dans l'avenir, est trouvée et posée :

« L'homme n'est homme qu'autant qu'il est triple, c'est-à-dire *homme-femme-enfant*[1].

Selon les Védas, la loi et les sacrées ordonnances, selon l'usage populaire, *l'épouse, c'est la moitié du corps du mari,* prenant une part égale aux actes purs et impurs. » À ce point que toute bonne œuvre de l'un des deux profite à l'autre. L'homme saint a ce bonheur de sauver celle qu'il aime par sa sainteté[2].

L'égalité des deux sexes (difficile en pratique pour cette race et sous ce climat) est du moins marquée au ciel et manifestée dans le temple. Elle éclate sur l'autel. Partout à côté des dieux siègent et règnent les femmes des dieux.

La mère ! ce mot sacré, la mère ! est si fort sur le cœur de l'Inde, qu'il semble lui faire perdre de vue toute hiérarchie religieuse. L'homme, qui pourtant seul fait les prières, ce pontife domestique, se trouve au-dessous de la femme :

« La mère vaut plus que mille pères ; le champ plus que la semence. »[3]

La loi ne demande pas mieux que de suivre l'idéal, de constituer la femme associée de son mari. Elle voudrait lui donner la royauté domestique :

« La femme, c'est la maison. Une demeure où manque la femme ne peut s'appeler une maison. » Et ceci n'est pas un vain mot : la loi lui en remet réellement l'administration, la recette et la dépense. Concession énorme, décisive. Si la femme était tant soit peu énergique, elle serait par cela seul et l'égale de son mari, et la maîtresse de maison, autant que sous les Védas.

---

[1] Manou, trad. par Loiseleur, IX, 45, p. 322.
[2] *Digest*, III, 458. Manou, IX, 22, p. 319. La femme, même de caste inférieure, est sauvée par les vertus de son mari.
[3] Manou, IX, 52, p. 324, a dit que la terre (la femme) vaut plus que la semence (l'homme). Le *Digest* indou, III, 504, abonde dans ce sens, et dit : « Une mère vaut plus que mille pères. »

Mais la nature permet-elle que l'Inde, ce grand prophète, puisse accomplir elle-même ce qu'elle enseigne au genre humain ? Non, la tyrannie du climat ne permettra nullement que la réalité réponde à la perfection rêvée. La femme est nubile à huit ans. « L'homme de trente ans épousera *une femme de douze;* l'homme de vingt-quatre ans, *une femme de huit* » (Manou). Ce seul texte va changer tout. Quelque égalité que la loi veuille mettre entre les époux, cette petite femme ne sera que la fille de son mari [1].

---

[1] Je parlerai plus loin de la polygamie, de la polyandrie, du Mahâbhârata, etc. Qu'il suffise de dire ici que la polygamie résulte de certaines causes sociales, non du climat. Il semble que dans l'Inde, ce soit déjà trop d'une femme. Les noces sont assez froides. Dans les cérémonies du mariage, et le soir même, l'époux simule l'intention de partir comme pèlerin, de continuer ou reprendre la vie d'ascétisme et de pénitence. Ses amis le ramènent près de l'épousée : il est forcé d'être heureux. – Visiblement le mari de cette jeune femme n'est déjà plus un jeune homme sous cet étrange climat. Il arrive tard au mariage, retardé (surtout le brahme) par une longue série d'examens, d'épreuves et de pénitences, surtout de rêves religieux. Il est infiniment loin de cette enfant qu'on lui donne, et qui, ne le comprenant pas, le regarde d'un insatiable regard. (*Digest.*, II, 1, 35). Elle est pour le doux personnage une élève autant qu'une femme, et la loi l'autorise à la châtier, au besoin, « comme un petit écolier ». (Manou, VIII, 199, p. 296). – Ce qui n'empêche pas qu'ailleurs, par une contradiction charmante, la loi, cette fois sans doute pensant à la femme adulte, ne dise : « Ne frappez pas la femme, eût-elle fait cent fautes, pas même avec une fleur. » (*Digest.*, II, 209). – Voilà l'embarras de la loi : d'une part, elle sympathise à la jeune enfant ; d'autre part, elle en a peur. La petite fille silencieuse qui n'exige rien, ne lui apparaît pas moins redoutable ; elle sent en elle une puissance infinie d'absorption, qui menace, innocemment conjurée qu'elle est (sans le savoir) avec celle du climat. La loi est visiblement inquiète de la conservation d'un homme si fragile, elle l'autorise à s'isoler dans le mariage. Elle lui conseille de n'aimer que deux fois pas mois, s'il vise à la perfection. Elle le dispenserait, à coup sûr, d'avoir une seconde femme. Mais la première, en peu d'années, n'est plus une femme. La mortalité des enfants est terrible. Donc il faut qu'une seconde femme arrive. Mais n'ayez pas peur. Dès que la perpétuité de la famille est assurée, la loi indulgente donne congé au mari, et lui permet de quitter tout et d'aller mener la vie d'anachorète entre les racines protectrices de quelque figuier indien.

Je ne fais point l'histoire de l'Inde, et je ne raconterai pas comment la loi brahmanique, qui fut d'abord son salut, devint peu à peu son fléau.

Cela n'est pas particulier à cette loi, à cette contrée. C'est l'histoire commune des religions. Nous la retrouvons la même pour la Perse et pour l'Égypte.

Née d'abord d'une cause vitale, et presque toujours d'un vrai besoin du cœur, la religion prend plus tard consistance en se formulant dans une loi et un sacerdoce. Mais cette loi va se chargeant de prescriptions tracassières, vexatoires. Ce sacerdoce devient tyrannique et stérile. C'est comme ces verdoyants îlots des mers du Sud, qui, peu à peu encombrés de coraux et de coquilles, disparaissent sous cette végétation de pierre, et n'offrent plus qu'une masse calcaire où rien ne viendra jamais.

Dans l'Inde, nul ouvrage historique. Mais deux légendes fort graves nous expliquent très-clairement la lutte des brahmes et des guerriers. Les premiers vainquirent d'abord, et, si on veut les en croire, ils durent leur victoire à un vaillant brahme, Parasou Râma (Râma à la hache, une incarnation de Vichnou), qui aurait fait un immense massacre de guerriers. Ceux-ci, en se soumettant à l'autorité spirituelle des brahmes, n'en restèrent pas moins puissants, rois ou rajahs du pays. Leurs bardes ou poëtes de cour (comme ils en ont encore aujourd'hui chez les Siks, etc.) opposèrent aux brahmes une légende rivale, supposant que, mille ans, deux mille ans après le Râma brahmanique, Vichnou s'était incarné dans un guerrier, un fils de roi, du même nom de Râma. Le nouveau Râma, de caste guerrière, mais d'esprit pacifique et doux, est l'idéal complet de l'Inde, le héros du Râmayana[1].

---

[1] On ne louera jamais assez la belle traduction italienne de M. Gorresio, qui, sous les yeux de Burnouf, a édité aussi le texte. Mais com-

V

Les profondes libertés de l'Inde

Ce qui fait du Râmayana une merveille, malgré l'encombrement fâcheux des surcharges infinies, c'est son âme intérieure, équilibrée de deux âmes, sa douce contradiction, le charme du libre esprit entrevu dans le clair-obscur. C'est la liberté timide, adorablement voilée dans la Grâce. Elle se montre, elle se cache. Elle demande pardon d'exister.

Sous le règne brahmanique de la puissante loi de Manou, quand la caste dominante a saisi la vie entière dans un détail infini, quand elle fait sentir à la terre ce que pèsent trente mille dieux, – la nature existe pourtant. Elle proteste à voix basse. Dans l'amour, dans la pitié, dans la tendresse illimitée pour les faibles et pour les humbles, elle laisse voir encore, – entrevoir, – non pas de face, ni par des coups de lumière, mais par d'ineffables lueurs. C'est une lampe délicieuse qu'on soupçonne sous l'albâtre. C'est l'attrait divin, pudique, de la perle au fond des mers.

Il n'en fut pas toujours ainsi. La vive opposition des castes avait autrement éclaté à leur naissance dans l'Antiquité reculée. Témoin le chant singulier (la premièe satire du monde?) où l'on parodie hardiment l'enseignement

---

ment ne parle-t-on pas de l'excellente traduction française de M. Fauche? Il est, de toute cette école, celui qui a fait à la science les plus grands sacrifices. Pauvre, au fond de sa solitude, ne trouvant pas d'éditeurs, il a *imprimé de ses mains,* il a *publié à ses frais* les neuf volumes de ce grand poëme. Il commence en ce moment une traduction du Mahâbhârata, labeur encore plus immense. Qu'importe? Il vit du temps, plus actif, mais non moins indien que les brahmes et les richis.

des brahmes [1]. Témoin la tradition d'après laquelle l'ancien Indra, le vainqueur et le moqueur, le dieu joyeux de la nature qui fait la pluie et le beau temps, surprend, raille outrageusement la chasteté aventurée des saintes anachorètes. Témoin surtout la légende du rajah Viçvâmitra. Fière histoire qui, d'âge en âge, a poursuivi, menacé l'autorité brahmanique. Ce roi, illustre par les hymnes qu'on lit de lui dans les Védas, illustre par ses cent fils, par l'adoption généreuse qu'il fit des tribus inférieures, eut la fantaisie d'être brahme. Refusé, il se plongea pendant un millier d'années dans de telles macérations, y acquit de tels mérites, une si formidable puissance, qu'il eût supprimé tout le monde, terre et ciel, hommes et dieux, d'un simple froncement de sourcil. Les dieux épouvantés descendent à son ermitage, l'entourent, le prient, obtiennent de lui que le monde existe encore.

Notez que ce saint terrible ne meurt pas. Il vit toujours dangereux. Il était au temps des Védas. Quelques milliers d'années après, il revient dans le Râmayana. Il est le fond le plus profond, intime, de l'âme indienne. Elle fit, elle peut défaire ; elle créa, et elle peut créer aussi le néant, rappeler au monde des dieux qu'il fut sa production, et le faire évanouir au froncement de son sourcil.

Elle le peut, et ne le veut pas. Libre au fond par ce grand secret, elle a d'autant plus pour ses dieux des tendres ménagements. Elle aurait horreur d'y toucher. Elle les aime, surtout parce que, à travers leur nuageuse et sublime existence, elle s'entrevoit elle-même.

C'est le privilège énorme, et la royauté unique de cette race indo-grecque, de voir où les autres races ne voient

---

[1] C'est le chant des grenouilles qui prêchent et enseignent. Max Müller, p. 494.

rien, de pénétrer des mondes d'idées et de dogmes, des épaisseurs incroyables de dieux entassés l'un sur l'autre. Et tout cela sans effort, sans critique, sans malignité, – par le seul fait d'une optique merveilleuse, par la seule force d'un regard, non pas ironique, mais terriblement lucide, comme à travers cent cristaux qu'on aurait superposés.

Cette transparence est la grâce singulière du Râmayana. Dès le début, il se prosterne et il reste agenouillé dans le respect du brahmanisme, mais voit parfaitement à travers. Il entasse dans ses premiers chants tout ce qu'on peut imaginer de vénération, de tendresse (et très-évidemment sincères) pour la haute caste sacrée. Mais en même temps il nous expose une révélation nouvelle : *le guerrier-dieu,* dieu incarné dans la caste *non brahmanique,* l'idéal de la sainteté désormais dans un chatrya [1].

Et ce qui n'est pas moins fort, c'est ce qu'il dit, et que j'ai déjà cité (p. 19 de ce volume) : que le Râmayana s'adresse, non pas au brahmane seul, non pas même au guerrier seul, mais *au marchand,* Vêsya. Caste infiniment nombreuse, qui, d'après l'étymologie, signifiait d'abord *le peuple.* Il n'ose parler des Soudrâs. Mais ce qu'il ajoute est plus fort que s'il en avait parlé. Il les omet, descend plus bas. « Si un *esclave* entend chanter ce poëme, il est anobli. » Or, l'esclave est bien au-dessous du Soudrâ, homme de la quatrième caste ; il est hors de toute caste, hors du monde indien. Si ce pauvre homme, le dernier des êtres, peut être *anobli,* participer à la bénédiction du Râmayana, personne n'est excepté de la miséricorde divine. Tous sont sauvés. C'est le salut étendu sans exception. Après l'ancien

---

[1] C'est quelque chose d'analogue à la révolution que saint Louis fit dans les idées chrétiennes, lorsqu'on vit un laïque, un guerrier, un roi, le premier roi de l'Europe, devenir l'idéal de la sainteté, lorsque le contemporain s'écriait : « Ô saint homme, lui dont les prêtres devraient imiter les œuvres ! »

Râma des brahmes, *de la hache,* de la Loi sévère, arrive le Râma des guerriers, clément et miséricordieux, l'universel sauveur, le Râma de la Grâce.

Le fond du poëme est très-simple. Le vieux roi Daçaratha a obtenu du ciel ce fils admirable, accompli, adoré. Il est fatigué. Il va le sacrer, lui céder la couronne. Mais une femme favorite, une belle-mère surprend au vieillard la promesse de lui accorder tout don qu'elle demandera. Elle demande l'exil de Râma et le couronnement de son propre fils. Celui-ci refuse. Râma veut faire honneur à la parole de son père ; il insiste, il s'inflige l'exil. Un jeune frère l'accompagne et sa jeune épouse Sitâ. Ils partent pour les solitudes. Occasion admirable pour le poëte. L'amour, l'amitié au désert ! Un sublime et délicieux ermitage dans ce paradis indien !

« Depuis que j'ai vu les merveilles de cette magnifique montagne, le saint mont Tchitrakoûta, je n'ai souci de mon exil, de ma couronne perdue, de cette vie solitaire. Que je coule ici mes années avec toi, ma chère Sitâ, avec mon jeune frère Lachsmana, je n'en ai aucun chagrin.

« Vois-tu ces crêtes sublimes qui montent au ciel étincelantes. Les unes en masses d'argent, telles ou de pourpre ou d'opale, d'autres d'un vert d'émeraude. On dirait de celle-là un diamant plein de soleil.

« Les grandes forêts sont pleines d'un monde de mille oiseaux, de singes et de léopards. Cèdres, santals, ébéniers, jujubiers et bananiers font des ombrages embaumés de fleurs, opulents de fruits. Partout des sources, des ruisseaux, des cascades gazouillantes. La montagne tout entière semble un gigantesque éléphant dans l'ivresse de l'amour...

« Fille au candide sourire, vois-tu là-bas, mon enfant, cette suave Mandakini, la rivière aux limpides ondes, avec ses grues et ses cygnes, sous son voile de lotus rouges, de nymphéas bleus, ombragée de ses enfants, arbres à fleurs, arbres à fruits, parsemée d'admirables îles... Que j'aime à voir dans le bras solitaire de la rivière ce petit troupeau de gazelles qui viennent à la file s'y désaltérer!... Vois au pied de la montagne ces arbres qui, sous le vent, plient modestement, en laissant tomber une averse de fleurs; les unes parfument le sol, et les autres çà et là vont naviguer sur les eaux... Vois l'oie rouge monter au ciel heureuse, et, d'un chant fortuné offrir son salut au matin.

« C'est l'heure où les pieux richis se plongent dans l'onde sacrée... Viens donc aussi avec moi... c'est la plus sainte des rivières... Dis-moi, le fleuve et la montagne, ne valent-ils pas, ma chère, l'empire, les riches cités, tout ce que nous avons perdu?... Toi et mon bien-aimé frère, vous êtes ma félicité. »

Ce que Râma dit ici de ce grand paysage indien, c'est l'image même du poëme. Dans sa richesse incomparable, il est égal à l'Inde même qu'il enveloppe tout entière et brode magnifiquement. Le procédé semble celui de l'art charmant de la contrée, l'art souverain du cachemire, la persévérante industrie du tissu continué, où les âges successifs ont mis leur labeur, leur amour.

D'abord, c'est un châle exquis, sacré, écharpe de Vichnou, où la merveilleuse naissance de Râma, sa cité, son hymen, sa belle Sîtâ ourdissent le fond du poëme.

Autour de ce fond, se tisse comme un tapis délicieux, toute nature, montagnes, forêts, rivières, tous les paysages, toutes les saisons de l'Inde, tous les bons amis de l'homme, animaux et végétaux.

Ce tapis, tout grand qu'il est, s'agrandit, comprend les arts, les métiers, les palais, les villes, kiosques, bazars, sérails. C'est alors comme une tente, un merveilleux pavillon où le monde entier tient à l'aise. Pendue aux forêts immenses, aux pics de l'Himalaya, elle ombrage l'Inde entière, de l'Indus jusqu'au Bengale, de Bénarès à

Ceylan, mais sans lui cacher le ciel. Elle est son ciel elle-même.

Arrêtons-nous. N'oublions pas que ce livre n'est point une histoire littéraire, qu'il poursuit uniquement les grands résultats moraux.

En Râma se réunit le double idéal des deux castes. D'une part il atteint l'apogée de la vertu brahmanique, mais d'autre part il y ajoute le haut dévouement du guerrier qui hasarde, pour les autres, et lui-même, et quelquefois ce qu'il aime plus que lui. Pour la défense des faibles, des ermites solitaires, que troublent les mauvais esprits, il compromet plus que sa vie, son amour, sa charmante femme, fidèle et dévouée, sa Sitâ. L'homme complet, ce *guerrier-brahme,* est donc encore plus près de Dieu, que ne serait le simple brahme qui prie, ne se sacrifie pas.

Râmâ suit exactement l'idéal du chatrya, haut idéal chevaleresque : *Vaincre et pardonner, – Attendre que l'ennemi blessé se relève, – Donner, jamais recevoir.* On croirait lire le Shah Nameh, ou nos poëmes Celto-Germaniques. Ce guerrier si pacifique est exactement contraire au caractère irritable que le poëte donne à ses brahmes, même aux plus saints, qui, pour des causes légères, pour des torts involontaires, lancent le terrible anathème dont on reste lié, enchanté, parfois transformé en monstre. Sur le dernier point (*ne rien recevoir*), il insiste avec douceur, comme toujours, mais une douceur malicieuse, faisant par Râma la satire indirecte des brahmes, qui toujours recevaient, souvent exigeaient. On prévoit d'ici le brahme mendiant, gourmand, bouffon de cour, qui sera plus tard dans le drame indien. (V. Sakountalâ.)

Le Râmayana est fait évidemment pour être chanté à la table des rajahs, dans leur cour où les brahmes avaient une position secondaire. De là des récits de combats innombrables, monstrueux d'exagération, qui en sont le plus grand défaut. Mais en revanche on y trouve une généreuse grandeur, des explosions de franche et libre nature, – héroïques imprudences où ne tomberait jamais un livre sacerdotal.

Dans un transport maternel, la mère de Râma, indignée de son exil, dit au roi : « Rappelez-vous, roi puissant, ce tant célèbre distique. » Brahma un jour a prononcé : « J'ai jeté dans ma balance d'un côté la vérité, de l'autre mille sacrifices, mais la vérité l'emporta. »

Sitâ de même entraînée par sa douleur, son désir de suivre Râma, Sitâ lance cette parole qui renverse par la base l'édifice brahmanique : « Un père, une mère, ou un fils, et dans ce monde et dans l'autre, mange seul le fruit de ses œuvres : un père n'est pas récompensé ni châtié pour son fils ; un fils ne l'est pas pour son père. Chacun d'eux par ses actions, s'engendre le bien et le mal », etc.

Quelle est cette petite femme, cette enfant d'esprit si hardi ? essayons de le deviner.

Un des ancêtres de Râma, le grand roi Viçvâmitra, auteur de maint hymne sublime, avec sa piété terrible, ne semble pas avoir fait grand cas de la barrière des castes. Des cent fils qu'il eut, cinquante étaient nés des Dasyas, des captives, des femmes jaunes qu'il n'avait pas dédaignées. C'est-à-dire que ce haut type du roi-prêtre à cette époque embrassa d'un cœur immense toute caste et toute condition.

Le Râmayana ne dit pas avec une netteté suffisante d'où vient l'épouse de Râma, cette délicieuse Sitâ. Tantôt elle est la fille du roi. Tantôt elle *est née du sillon* (c'est ce que dit le mot *Sitâ*). Râma n'aurait-il pas fait comme son fameux aïeul en prenant une fille de la terre même, des anciennes tribus du pays ; une métis qu'un roi eût eue d'une captive ? de cette douce race chinoise, si recherchée dans les sérails et dont la grâce, l'œil oblique, fin, demi-clos, trouble les saints, les démons même, avec qui elle a peut-être un peu de parenté.

Au-delà des castes humaines reste une caste prodigieuse, bien humble, mais si nombreuse ! le pauvre monde animal, à sauver, à relever... C'est le triomphe de l'Inde, de Râma et du Râmayana.

VI

RÉDEMPTION DE LA NATURE

On ne se sauve pas seul.
L'homme ne mérite son salut que par le salut de tous.
L'animal a aussi son droit devant Dieu.
« L'animal, sombre mystère !... monde immense de rêves et de douleurs muettes !... Mais des signes trop visibles expriment ces douleurs, au défaut de langage. Toute la nature proteste contre la barbarie de l'homme qui méconnaît, avilit, qui torture son frère inférieur. »
Ce mot que j'avais écrit en 1846, m'est revenu bien souvent. Cette année (1863), en octobre, près d'une mer solitaire, dans les dernières heures de nuit, quand le vent, le flot se taisaient, j'entendais l'humble voix de nos animaux domestiques. Du plus bas de la maison et des profondeurs obscures, ces voix de captivité m'arrivaient faibles, plaintives, et me pénétraient de mélancolie. Impression non de vague sensibilité, mais sérieuse et positive. Plus on avance, plus on prend le sens vrai des réalités, plus on entend des

choses simples, mais bien graves, que l'entraînement de la vie faisait négliger.

La vie, la mort, le meurtre quotidien qu'implique la nourriture animale, ces durs et amers problèmes se posaient devant mon esprit. Misérable contradiction ! La faible nature du Nord, dans ses végétaux impuissants, ne refait pas notre énergie, et nous ne pouvons fournir au travail (ce premier devoir) que par la nourriture sanglante ! la mort ! l'oubli de la pitié !... Espérons un autre globe, où les basses, les cruelles fatalités de celui-ci pourront nous être épargnées.

La pitié a eu dans l'Inde les effets de la sagesse. Elle a fait de la conservation, du salut de tous les êtres un devoir religieux, et elle en a été payée. Elle y a gagné l'éternelle jeunesse. À travers tous les désastres, la vie animale respectée, chérie, multipliée, surabondante, lui donne les renouvellements d'une intarissable fécondité.

On ne peut éviter la mort ni pour soi ni pour les autres. Mais la pitié veut du moins que, si ces créatures voient leur vie abrégée, nulle ne meurt sans avoir vécu, sans avoir aimé, transmis par l'amour sa petite âme, accompli ce doux devoir qu'impose la tendresse de Dieu, « d'avoir eu le moment divin. »

De là le charmant début, vraiment pieux, du Râmayana, ce bel élan de Valmiki sur la mort du pauvre héron : « Ô chasseur, puisse ton âme n'être jamais glorifiée dans toutes les vies à venir, puisque tu frappas cet oiseau au moment sacré de l'amour ! » Il dit, pleure... Ses gémissements, aux flux, reflux de son cœur, mesurés, deviennent rythmiques, et voilà la poésie ! Le merveilleux poëme commence. Ce fleuve immense d'harmonie, de lumière et de joie divine, le plus grand qui coula jamais, il part de cette petite source, un soupir et une larme.

Vraie bénédiction du génie. Tandis que dans notre Occident les plus secs et les plus stériles font les fiers devant la nature, le génie indien, le plus riche et le plus fécond de tous, n'a connu ni petit ni grand, a généreusement embrassé l'universelle fraternité jusqu'à la communauté d'âme !

Vous allez dire : « Superstition !... Cette bonté excessive pour l'animal vient du dogme de la transmigration des âmes. » Le contraire est bien plus vrai. C'est parce que cette race, délicate et pénétrante, sentit, aima l'âme, même en ses formes inférieures, dans les faibles et les simples, c'est pour cela qu'elle fit son dogme de la transmigration. La foi n'a pas fait le cœur, mais le cœur a fait la foi[1].

Quels que soient la foi, le cœur, l'Inde ne peut échapper tout à fait à cette contradiction du monde.

Le frugivore, le brahmane, reste faible, donc a besoin du guerrier pour le protéger. Et le guerrier n'a la force qu'en participant au moins quelque peu à la nourriture sanglante, aux passions qu'entraîne ce régime après lui.

De là la *chute* et le *mal.* De là la crise qui fait le nœud du Râmayana. Il est sorti de la pitié, ce poëme, et il a son débat, son drame dans un oubli de la pitié. Le plus compatissant des êtres, la femme, est tentée, écartée de sa bonté naturelle par je ne sais quel mauvais songe, une *envie,* un petit désir.

---

[1] Une critique nouvelle commence, plus forte et plus sérieuse. Les religions, si profondément étudiées aujourd'hui, ont été subordonnées au *genius* qui les fit, à leur créatrice, l'âme, au développement moral dont elles sont le simple fruit. – Il faut d'abord poser la race avec ses aptitudes propres, les milieux où elle vit, ses mœurs naturelles ; alors, on peut l'étudier dans sa fabrication des dieux, qui, à leur tour, influent sur elle. C'est le *circulus* naturel. Ces dieux sont *effets* et *causes.* Mais il est fort essentiel de bien établir que d'abord ils ont été *effets,* les fils de l'âme humaine. Autrement, si on les laisse dominer, tomber du ciel, ils oppriment, engloutissent, obscurcissent l'histoire. – Voilà la méthode moderne, très-lumineuse et très-sûre. Elle a donné récemment et ses règles et ses exemples.

Ici ce n'est pas gourmandise. L'Ève indienne laisse pendre aux arbres tous les fruits du paradis. Son paradis est l'amour, et elle ne convoite autre chose. Du reste, elle n'est que douceur, innocence timide [1]. Et pourtant, par un changement fort inattendu, c'est elle qui prend le vertige, qui devient un moment cruelle. Elle voit passer une brillante, une délicieuse gazelle, dont le poil a l'éclat d'or : « Oh ! je la veux, je la veux ! »

Qu'a-t-elle donc ? Et quel caprice ? Ce n'est pas le goût du sang. Serait-ce le doux éclat, doux, sauvage, de la fourrure où son visage charmant paraîtrait plus fin encore ? Non, dans un pareil climat cette parure accablerait. Elle pense à autre chose, et le dit, mais à moitié : « Je voudrais m'asseoir dessus... Ce n'est pas bien, je le sens... Mais enfin j'en ai envie, une de ces envies sans mesure qui à tout prix se satisfont... » Elle convoite la gazelle pour en faire dans l'antre sauvage son lit, sa couche d'amour.

Elle est cependant trop pure, trop naïve, pour ne pas sentir, ne pas avouer le reproche que lui fait son cœur. Elle l'avoue, puis le surmonte, veut se tromper elle-même. Elle dit : « Qu'elle se laisse prendre ! ce sera notre amusement. » Elle le dit et ne le croit point. On peut deviner aisément que le timide animal fuira, et sous le trait fatal livrera avec sa vie l'objet du sensuel désir.

Le pis, c'est que ce désir est partagé. Râma se trouble, et pour cette fois unique dans un si immense poëme, il laisse échapper une parole fâcheuse. À son frère qui veut

---

[1] Elle-même, voyant Râma commencer dans la forêt la guerre contre les Esprits qui troublent les solitaires, elle lui avait donné humblement des avis de paix. « Râma, disait-elle, on m'a dit que jadis un saint ermite reçut en présent une épée. Se promenant avec elle, voilà que l'épée le changea et lui donna le goût du sang. Il ne cessait plus de tuer. » Râma, au nom du devoir, écarte cet excès de prudence. Il n'est point ivre de l'épée, n'a pas le vertige du sang.

l'arrêter, il dit : « Mais les rois tuent bien de leurs flèches les hôtes des bois, soit qu'ils en aiment la chair, soit aussi par amusement. Tout est au roi dans la forêt. »

Il cache sous cette dureté sa faiblesse pour sa bien-aimée. Il part, la laissant au frère qui ne doit pas la quitter.

La fantastique gazelle échappe, longtemps le promène. Mais Sitâ a cru entendre Râma qui appelle au loin... Grand Dieu ! il est en péril... Elle force le jeune frère de désobéir, d'aller au secours. – Autre péché, d'amour encore. Hélas ! il n'est que trop puni. Elle est seule, peu sûre d'elle-même, faible de sa double faute, de sa fatale illusion. La biche, c'était le démon ; la voix, c'était le démon, le redoutable Râvana, le roi des mauvais esprits. Il arrive sous la figure d'un brahme, d'un bon anachorète. Il la flatte, il veut la séduire. Il finit par l'enlever dans son île inaccessible et gardée par l'Océan.

Le désespoir de Râma est sans bornes, et tout de nature. Sa belle lumière de sagesse est voilée ; il ne voit plus. Il a toutes les douleurs de l'homme, aggravées des doutes amers qui nous viennent en ces moments. « Hélas ! dit-il, que me sert d'avoir suivi le devoir ? » Râma n'a aucune connaissance de son origine divine, ne dit point : Mon père ! mon père ! m'avez-vous abandonné ? La passion du jeune dieu perdrait de son mérite s'il avait la moindre idée qu'il est dieu et fils de Dieu. Le poëte a soin de lui cacher ce trop consolant mystère. Il le laisse homme, ignorant de sa destinée, incertain de ce qu'est devenue sa Sitâ, ne sachant que faire, dans la ténébreuse horreur d'un naufrage où nulle lueur n'apparaît à l'horizon.

La saison des pluies, vrai déluge dans l'Inde, a commencé, et les sauvages chaînes des Gattes où s'est réfugié Râma, sont englouties de nuées. La terre pleure et le ciel aussi. Les torrents descendent et grondent. Les vents se lamentent. Tous les éléments accordent leur deuil à celui du Râma. Dans leur lugubre concert, il se sent encore plus seul.

Où sont les parents, la cour, les sujets de ce fils de roi ? Son frère est allé chercher une assistance lointaine. Mais plus l'homme est éloigné, plus s'empresse la nature, sympathique et compatissante. Tous les animaux, nos amis, qui jadis moins dédaignés, approchaient sans défiance, accourent autour de Râma, viennent s'offrir et se dévouer. Une sainte insurrection de tous les êtres se fait en faveur de l'être bon.

Grande et sublime alliance. Elle est un des points de foi que l'homme trouva dans son cœur aux premiers âges de la vie [1].

Râma ne refuse pas à ses bons auxiliaires la gloire de combattre pour lui. Armé des puissances divines, sans doute il pourrait vaincre seul. Mais c'est un bonheur pour eux de lui témoigner leur zèle et de faire sous lui la guerre sainte. Une si glorieuse croisade, le nom de soldats de Râma, les honore et les relève. Nul brahme, nul saint richis, au fond des forêts solitaires, par prière ou macération, par l'absorption profonde qui les égale aux dieux mêmes, ne pourrait se faire les mérites que vont acquérir ces simples, dans leur élan pour Râma, pour la cause de la bonté, de la pitié, de la justice. Donc, l'auteur du Râmayana ouvre à tous l'armée. Il enrôle tous les êtres, les plus rudes et les plus sauvages, ours énormes ou singes

---

[1] L'Inde y croit, et la Perse y croit. Le Shah Nameh, qui sous forme moderne donne tant de traditions antiques, nous présente exactement même tableau que le Râmayana. Dans la terrible bataille que son héros va livrer aussi aux mauvais esprits, tous les animaux se mettent avec lui, et sans combattre, sans rien ôter à l'éclat de sa victoire, par leurs cris épouvantables, sifflements, rugissements, ils paralysent l'ennemi. Il se sent vaincu d'avance par cette solennelle unanimité de la nature, sa haute malédiction, son anathème, son jugement.

géants. Ils ont tous la parole, une belle lucidité d'esprit. Tous, transfigurés par le cœur, par l'amour et par la foi, ils se précipitent au midi. La foi soulève les montagnes, elle dompte ou brave les mers. Quand tout ce monde sauvage, à la pointe de l'Hindostan, voit la menace des flots qui le séparent de Ceylan, indigné, il arrache, jette, entasse les rochers, les forêts. Un pont énorme se fait. Elle passe, la grande armée, dans sa pompe barbare. D'en bas, stupéfait, vaincu, regarde l'Océan Indien.

Tout cela, c'est de l'histoire, dans la forme dramatique. On le comprend aujourd'hui, Ceylan fut autrefois rattachée au continent.

Et cette bataille aussi des bons animaux pour l'homme, elle est aussi historique. C'est ce qui se fit en effet, ce qui se fait toujours. Dans cette contrée surtout, sans eux, il n'eût pas vécu.

Nommons d'abord par honneur en tête sa bonne nourrice, aimée, honorée, la vache sacrée, qui fournit l'heureux aliment, favorable intermédiaire entre l'herbe insuffisante et la viande qui fait horreur, – la vache, dont le lait, le beurre, fut longtemps l'hostie sacrée. Elle seule, dans le grand voyage de la Bactriane à l'Inde, soutint le peuple primitif. Par elle, contre tant de ruines et de désolations, par cette nourrice féconde qui lui refait la terre sans cesse, il a vécu et vit toujours.

Mais bien d'autres animaux, moins aimés et moins familiers, l'ont sauvé, le sauvent encore parmi les vingt guerres différentes qui se font tout à la fois dans les forêts de l'Hindostan. Ces gigantesques forêts sont peuplées à tout étage de leur énorme hauteur, mais peuplées de combattants. Au pied souvent les débris, accumulés, fermentant, y font deux fléaux terribles, les plus meurtriers de tous, ou les émanations putrides, ou les insectes acharnés. Là nulle vie n'eût été possible, sans deux bienfaiteurs de l'Inde qu'on renie trop aujourd'hui. Le serpent, chasseur d'insectes, qui les atteint, les poursuit partout où l'oiseau n'atteint pas. Le vautour purificateur, le grand lutteur contre la mort, qui lui défend de se montrer, qui sans cesse la transforme, et de la mort fait la vie. Il est infatigable agent de la circulation divine.

Aux parties un peu moins basses, au plain-pied des forêts, dans les arbres inférieurs et les lianes qui parent la base de ces cathédrales en fleurs, partout la mort. Le lion, le tigre attendent là. Ce fut le salut de l'homme que, d'en haut, des étages supérieurs de ces voûtes végétales, il lui vint un auxiliaire. Frugivore inoffensif, mais d'incalculable force, l'orang qui, en se jouant, tord le fer entre ses doigts, fit contre eux par nécessité justement la guerre de l'homme. Il s'arme d'une branche cassée, il s'en fait une massue, il s'associe et se ligue. À trois ou quatre, ils attaquent et tuent (bien plus que le tigre) l'éléphant, qui veut leur défendre les fruits ou les cannes à sucre. L'orang est vraiment l'hercule qui put combattre les monstres. Terrible d'agilité, alternant de l'air à la terre, se balançant dans les arbres, et volant d'un saut hardi, il avait grand avantage sur toutes les bêtes d'en bas. Il les surveillait, planait. Le tigre, d'un bond immense, peut happer l'homme et le chien. Mais sur sa tête est un danger. Le singe énorme, qui le voit, le veille, et, comme la foudre, peut tomber et l'écraser.

Cet être, si redoutable, non provoqué, n'a rien d'hostile. Aux premiers chants du Râmayana, on le voit qui passe en bande (comme les singes font aujourd'hui), conduit par son chef ou roi. Et, comme Sîtâ en a peur, Râma fait un signe au chef, et l'écarte de la main. Tous passent docilement à côté.

Il ne faut pas juger l'orang par ce que l'on voit aujourd'hui. Nul être n'a plus que le singe été effaré, aigri, perverti par la dureté de l'homme. Sa nervosité convulsive aujourd'hui nous fait horreur. Il a l'air d'un demi-fou, d'un épileptique. Mais dans ces temps reculés, où l'homme vivait avec lui en si grande familiarité, cet être imitateur, plus calme, dut se modeler sur l'Indien, devenir un singe grave, un serviteur docile. La femme surtout, la femme qui a sur lui tant de puissance si elle le prenait tout petit, en fit le plus doux des esclaves.

Une chose charme dans le Râmayana, c'est que même ce qui est fictif, l'est dans le sens de la nature. L'armée des singes, qui combat pour Râma, sous un chef si saint, n'est pas moins fidèle à son caractère [1]. Ce sont bien de vrais quadrumanes, gourmands, légers, capricieux surtout, et mobiles, libertins, s'il faut le dire, peu délicats sur l'article des interdictions brahmaniques et des degrés de parenté. Ils ont un esprit agité, troublé, mais reviennent aisément. Ils ont des abattements excessifs et peu motivés, mais tout à coup se relèvent. De là un charmant comique, aimable et sans malignité.

Le favori du poëte, le singe héros, Hanouman, s'il a de grosses épaules, n'en est que plus admirable : dans son dévouement pour Râma, il enlève des monts sur son dos. Né de l'air, conçu du Vent, un peu vain, il a tenté, voulu l'impossible ; la forte mâchoire d'en bas qui le rend un peu difforme, rappelle qu'encore enfant il eut l'élan insensé de monter dans le soleil. Il tomba, et depuis lors, lui, et d'après lui, sa gente, ont été marqués de ce signe. Ainsi, un léger sourire, mais bon, aimant, sympathique, se mêle partout au grand, au saint, au divin, dans ce poëme béni.

Il ne faut pas se figurer que dans ce pays de lumière, le roi des démons, Râvana, ait le moindre trait de la vilaine

---

[1] On n'y voit pas, comme dans les maladroites légendes du Moyen Âge, de faux animaux convertis, des corbeaux dévots, des lions pénitents qui demandent la bénédiction.

création du Moyen Âge, le diable, grotesque, ignoble, avec sa queue et ses cornes. Râvana est bien plus démon par sa noble et royale beauté, par son génie, sa science, sa grandeur. Il lit les Védas. Sa ville, la colossale et délicieuse Lanka, telle qu'on la décrit, dépasse de bien loin les Babylones et les Ninives. Il a un merveilleux sérail, tout ouvert, point du tout gardé. Toute volupté y abonde. Le dangereux, en ce démon, c'est son attraction immense, tant d'amantes et tant d'amis. Il est violemment adoré. Il rayonne de l'éclat des arts et des splendeurs de la nature. Et, par-dessus tout cela, il a l'art épouvantable de faire par la magie une anti-nature qui trompe, des êtres éphémères, charmants, terribles à volonté.

Et, contre tant d'art, Râma n'amène avec lui que des simples, des êtres grossiers, sauvages. Rien que la force du cœur, rien que la bonté, le droit. Et c'est ce qui le fera vaincre ; c'est ce qui protège, au sein même du palais de Râvana, son infortunée Sîtâ. Par sa gravité courageuse et sa résistance héroïque, elle se relève au niveau de l'Indienne primitive, de sa noble épouse Védique que, depuis mille ou deux mille ans, nous avons déjà perdue.

À travers ces côtés tragiques, le héros singe, Hanouman, est amusant et touchant. Son grand cœur, ses douces vertus, mêlées de petits ridicules, font à la fois rire et pleurer. C'est lui en réalité qui est l'Ulysse et l'Achille de cette guerre. Il ose seul pénétrer dans la terrible Landa, dans le redouté sérail et jusqu'auprès de Sîtâ. Son tendre respect la console. Plus que personne il la délivre.

Après la victoire, Râma le célèbre, le couronne. Et là une grande chose arrive qui changera la nature. Par-devant les deux armées, par-devant les hommes et les dieux, Râma, Hanouman, se sont embrassés !

Qu'on ne parle plus de castes. Le poëte se gardera bien de toucher à ce sujet. Mais réellement la barrière est tombée, n'est plus désormais. La caste *Bêtes* est supprimée !

Comment subsisterait-il encore quelque chose des castes *humaines* ? Le dernier des hommes peut dire : Hanouman m'a affranchi.

Ainsi crève le ciel étroit de la religion brahmanique [1].

Toute scolastique sociale a fini. Le monde entier s'embrasse dans une immense fête.

Mais, en ce grand jour de la Grâce, peut-il exister des méchants, des damnés ?

Non, le méchant fut un être négatif, un non-sens, un malentendu. Il a expié, il est pardonné. Le monstre n'était qu'un masque sous lequel une pauvre âme était captive d'un fatal enchantement. Frappée, la voilà délivrée, elle s'élance, elle est heureuse, et, foudroyée, remercie.

---

[1] Si le Râmayana a beaucoup de parties modernes et postérieures à la révolution Bouddhiste, il lui est certainement antérieur en général et surtout par le fond du poëme. Je ne fais aucun doute qu'il n'ait puissamment contribué à cette abolition des castes qui a émancipé quatre cent millions d'hommes et fondé la plus grande Église de la terre.

La Perse

I

LA TERRE, L'ARBRE DE VIE

La Perse n'a point de caste. Tous sont égaux chez elle au point de vue religieux [1]. Tous également sont et s'appellent *les purs.* Chacun, pontife en sa maison, officie et prie pour les siens.

La Perse n'a point de temples, point de cérémonies, de culte que la prière et la parole. Point de mythologie. Nulle

---

[1] Il s'agit de la Perse primitive. Les textes, quoique confus, laissent pourtant distinguer trois âges, le *patriarcal,* celui où le *prêtre* apparaît, enfin l'âge où le *magisme* médo-chaldéen se greffe sur la Perse. – Les mages ne furent pas proprement une caste, mais une tribu. Le magisme ne s'organise guère qu'après la conquête de Babylone. – Les Grecs n'ont connu la Perse que dans cet âge tardif et fort mêlé. Je suis uniquement l'*Avesta* en ce qu'il y a de plus antique. Je me tiens au plus près de Burnouf, dans son *Yaçna,* et ses *Études,* où il rectifie souvent Anquetil.

Ses fécondes conversations m'ont soutenu aussi. Je ne crois pas avoir nulle part dévié de cet esprit. – Les travaux récents de l'Allemagne, de MM. Hang, Spiegel, etc., ont été admirablement résumés par M. Michel Nicolas, *Revue germanique,* t. VII et VIII.

poésie imaginative. Tout vrai, positif, grave et fort. L'énergie dans la sainteté.

Notez une vigueur précoce de sagesse et de bon sens. Le Feu n'est plus un dieu, mais un symbole, l'esprit bienveillant du foyer.

L'animal est, non pas glorifié, mais aimé, bien traité et magnanimement, selon son rang dans la maison, sa place dans l'échelle des âmes.

La loi, simple, humaine entre toutes, que la Perse a laissée – que rien n'a surpassée, loi vivante toujours, et qui reste toujours la voie de l'avenir – c'est *l'agriculture héroïque, le courageux effort du Bien contre le Mal, la vie de pure lumière dans le Travail et la Justice.*

De là une morale d'homme et de travailleur, – non d'oisif, de brahme ou de moine, – une morale, non d'abstention et de rêverie, mais active, d'énergie féconde. Elle est toute en ceci : Sois pur pour être fort. Sois fort pour être créateur.

Dès minuit, le feu pâlissant s'inquiète, réveille le chef de famille, dit : « Lève-toi, mets tes habits, lave tes mains, apporte le bois pur qui me fera briller. Autrement les mauvais esprits pourraient se glisser et m'éteindre. »

Il se lève, prend ses vêtements, et il ranime le feu, lui donne sa nourriture. La maison resplendit. Si les rôdeurs, les esprits des ténèbres errent déguisés en chacal, en couleuvre, ils feront bien de s'éloigner. Le brillant esprit du foyer veille, et près de lui son hôte, qui déjà anticipe l'aube, médite les travaux du matin. Le *pur, l'irréprochable* feu le garde, lui, sa maison, son âme, ne permettant que de sages, fortes et courageuses pensées.

Quelles ? disons-les d'un mot :

Rends à tous ce qui est leur droit. Donne au Feu, à la Terre l'aliment légitime. Fais justice à la plante, au taureau, au cheval. Ne sois pas ingrat pour le chien, et prends garde que la vache ne mugisse contre toi.

La Terre a droit à la semence. Négligée, elle maudit, fécondée, remercie. « À l'homme qui l'aura remuée de gauche à droite et de droite à gauche, elle dira : "Que tes champs portent tout ce qui est bon à manger ; que tes villages, nombreux, soient abondants en tous biens." À l'homme qui ne la remue pas de gauche à droite et de droite à gauche, elle dit : "Que les mets purs soient loin de toi, et que le démon te tourmente ! Puisse ton champ, pour nourriture, ne te donner que des frayeurs !" »

« Honneur, hommage à la Terre ! la Terre, la sainte femelle qui porte l'homme ! Elle exige les bonnes œuvres. – Hommage aux sources Ardonisour, qui font que les femelles pures conçoivent pour enfanter ! »

Des bonnes œuvres la première est de désaltérer la terre, de lui venir en aide, d'y ramener sans cesse la vie et la fraîcheur. C'est la créer en quelque sorte. La Perse n'est pas, comme l'Égypte, un *don du Nil*[1]. Ses torrents passent, et la laissent altérée. La terre se meurt, se fend. Il faut chercher les eaux. Il faut les deviner. Il faut les évoquer du fond obscur de la montagne, les amener à la lumière. C'est le rêve de l'homme et le paradis de ses songes. La voir jaillir du roc, sourdre du sable aride, la voir, fraîche et légère, courir, gazouiller, murmurer...

Il se relève encore, il dit : « Je prie, invoque toutes les eaux. Sources qui, du fond de la terre, montez et bouillonnez ! Beaux canaux nourrissants ! Moelleuse eau limpide,

---

[1] Les pluies ne sont ni fortes, ni fréquentes. Peu ou point de rivières navigables. Déserts salés. Peu d'arbres ou plutôt des buissons. Malcolm, *Hist. of the Persia*, t. I, p. 45.

douce eau courante, qui multipliez l'arbre, et qui purifiez le désir... Soyez bonne, et coulez pour nous ! »

L'aube est venue. L'homme se lève, et du fer (la courte épée ou bien le fort poignard qu'on voit aux monuments), devant le soleil ami, il ouvre et fouille la Terre, lui fait la salutaire blessure. Dans la profondeur du sillon il verse la bonne semence.

Tous les *purs* sont avec l'homme. L'aigle, l'épervier le saluent à leur premier cri du jour. Le chien le suit et l'escorte. Le cheval joyeux hennit. Le fort taureau, de bon cœur, tire la charrue et souffle. La terre fume ; sa vivante haleine répond de sa fécondité. Tous d'accord. Tous savent que l'homme est juste et travaille pour eux.

Il est la conscience commune. Il sent qu'il fait l'œuvre haute qui, en nourrissant le corps et le faisant communier des forces de la nature, doit aussi soutenir l'âme. Il dit avec un positif qui pourtant n'est pas sans grandeur, il dit avec un bon sens rude et fort qui va au but : « Si l'on mange, on écoutera mieux la parole sacrée. Si l'on ne mange, on sera sans force pour les œuvres pures. Si l'on a faim, point de robustes enfants, point de vaillants laboureurs. Tel qu'il existe, ce monde n'existe que par la nourriture. »

Puis, s'exaltant par l'effort, le travail persévérant, par son courage plus grand devant le soleil qui monte, il se dit : « Laboure et sème ! *Qui sème avec pureté accomplit toute la Loi...* Celui qui donne à la Terre du grain fort est aussi grand que s'il avait fait dix mille sacrifices. »

Et la Terre lui répond : « Oui ! » – En quelle langue ? En la sienne propre. Elle répond en grains dorés tous les ans. Ayez patience, donnez-lui quelques années ; elle répond de plus en plus par un être nouveau, puissant, robuste et qui grandit toujours. Il est déjà de taille d'homme, et, à la saison qui suit, le voilà plus haut que l'homme. Riche, abondant, reconnaissant, il lui tend ses branches et ses feuilles, lui offre à midi la chose désirée, le bienfait de l'ombre, une protection tutélaire contre le ciel embrasé, l'abri et la vie sans doute. Mais le soleil descend un peu. L'homme avant de reprendre le travail, se tourne vers son bienfaiteur, et dit : « Salut, arbre de vie ! »

« Il est venu de la terre... Mais moi, d'où suis-je venu ? De mon père. Mais le premier père ?... » À cette question profonde, qui occupe sa rêverie sur le sillon muet du soir, il répond par les deux forces qu'il connaît : force de jeunesse, dans l'arbre toujours renouvelé ; – force d'action, de travail, dans son compagnon, le taureau. Si l'homme fort ne vient du taureau, peut-être il est né de l'arbre. Celui-ci qui vit si longtemps, n'est-il pas la vie d'autrefois, et la vie de l'avenir ? Bref, la vie, l'immortelle vie ?... L'Arbre, c'est l'immortalité.

Son nom sacré c'est Hôma. – Non, le Sôma léger de l'Inde, la plante tombée du ciel, qui, pétillant dans le Feu, remonte joyeuse au ciel et s'en va nourrir les dieux. Celui-ci, le robuste Hôma, solidement fondé dans la terre, est l'immortel arbre de vie, le fort. Pour être fort aussi, l'homme doit manger ses pommes d'or. Ou bien, les broyant, il en tire le jus puissant, la liqueur « qui met l'âme en bon chemin ». Et ne vous figurez pas que ce soit pure allégorie. On dit et redit dans la Loi que Hôma est mangé, veut l'être, que lui-même incline ses branches pour qu'on mange ses fruits d'or [1].

Ce sont les héros de la Perse qui, les premiers, de leurs glorieuses mains broyent et font fermenter Hôma. Dès lors, écumeux, frémissant, il se fait entendre, il parle, il ferait parler les pierres. Il est la Parole même.

Miracle suprême chez un peuple de gravité silencieuse, dont la langue cyclopéenne, informe et avare de

---

[1] Eug. Burnouf, *Études*, p. 231 (8°, 1850).

mots, est, si l'on ose le dire, un idiome de muets[1]. Le laboureur qui, tout le jour, sur son sillon derrière ses bœufs et le soir, fatigué, repose, a besoin de peu de paroles. Autant l'Hindou, à la langue fluide, a affiné son sanscrit, autant la Perse a conservé, par le respect, par le silence, son vieux zend. Si ce muet parle, c'est Hôma qui parle en lui.

Parole et *lumière* sont deux mots identiques dans la primitive langue sacrée[2]. Et ce n'est pas sans raison. La lumière est pour ainsi dire le verbe de la nature. Et la parole à son tour est la lumière de l'esprit. L'univers écoute et répond. Un éternel dialogue se fait de la nature à l'âme. Si l'âme ne traduisait, n'illuminait ce que dit l'autre, cette nature incomprise, obscure, serait comme n'étant pas.

La lumière-parole (Hôma) est le soutien de l'existence. Incessamment elle l'évoque. Elle nomme, un à un, tous les êtres, pour leur assurer la vie. Tout nom est une incantation pour éveiller, susciter celui qui pourrait s'endormir, retomber dans le néant.

Une telle foi met l'homme bien haut. Que ce chef de famille, levé en pleine nuit, quand la femme et l'enfant dorment, prononce, par-devant le Feu, les mots qui vivifient le monde, – en vérité cela est grand. Quelle sera la gravité, la sainteté de celui qui se sent si nécessaire à l'existence universelle ! Dans le silence de minuit, seul, il se sent en accord avec toutes les tribus des purs, qui à cette heure disent aussi la même parole de vie.

Point de castes, point de mages, point de royauté

---

[1] Cette langue, le zend, singulièrement fruste, semble parler en silex, s'écrire en poignards, en fers de flèches, en coins, en clous. De là le nom de ses caractères antiques, les caractères cunéiformes.

[2] Burnouf, *Yaçna*, 214.

encore. Le père, dans chaque maison, est roi-mage. Il est bien plus, le conservateur des êtres, le sauveur de toute vie. La puissance extraordinaire que l'Inde donne à un richi, au grand roi Viçvâmitra, ici la voilà dans tous, dans le moindre laboureur. Celui qui, le matin, par la main et le soc, engendre dans la terre, la nuit par la Parole, crée encore, engendre le monde dont la vie incertaine est suspendue à sa prière.

II

LE COMBAT DU BIEN ET DU MAL
LE PARDON DÉFINITIF

L'agriculteur est homme inquiet, esprit sans repos, âme en peine. Le pasteur a le temps de chanter, aux nuages, les fantasques victoires d'Indra. Il a le temps de suivre, au ciel de la Chaldée, les longs voyages des étoiles. Mais la nuit, mais le jour, le Perse, agriculteur, doit veiller, travailler, combattre.

Combat contre la terre. Elle est dure, obstinée, ne se rend pas d'un coup; elle vend au travail ce qu'on croit qu'elle donne.

Combat contre les eaux. Les douces eaux, tant désirées, elles descendent souvent furieuses, pour ravager, emporter tout. Parfois elles tarissent tout à coup, bues par le soleil. Ces filles de la nuit évoquées de la terre, il faut, dans ce climat, leur conserver la nuit, les garder abritées par des canaux secrets, une circulation souterraine de travail infini qui fait du laboureur un mineur et un constructeur.

Et tout cela fait, rien n'est fait. Il surgit l'enfant délicat, le blé faible, d'un vert si tendre. Il échappe du sein protecteur, se trahit, et se voit environné d'ennemis. Cent plantes robustes et mauvaises sont là pour l'étouffer, si la main paternelle ne vient leur faire la guerre. Cent bêtes dévorantes arrivent, des monstres qu'on ne peut repousser. Quels ? non des lions, des tigres – de paisibles troupeaux.

C'est le pasteur surtout qui, pour le laboureur, est *le maudit*. C'est contre lui que le champ est gardé. Le sombre travailleur, du poignard, trace autour la limite protectrice. Il la creuse, et c'est un fossé. Il la plante, et c'est une haie. Il la borne, y enfonce le pieu, la pierre ; que dis-je ? sa parole et sa malédiction. Malheur à qui la passera !

Guerre éternelle qu'on retrouve partout. C'est elle qui fit le divorce de l'Hindou védique et du Perse, de l'Aryâ pasteur, de l'Aryâ cultivateur. Le pasteur trouve odieuse, injuste l'appropriation. Il rit des bornes, des fossés. Ses bêtes, malicieusement, se font un jeu de les franchir. La chèvre blesse la haie. La vache y passe à l'étourdie. La douce brebis, en cherchant sa petite vie innocemment, rase le blé qui pointait, ce blé sacré, cette chère espérance où l'agriculteur a son âme. Il faut qu'il le garde, son blé. De plus en plus rêveur et sombre, dans ces bêtes malfaisantes qui mangent moins qu'elles ne détruisent, il croit voir, il maudit les agents des mauvais esprits, l'armée de la méchanceté, « du caprice hors de sens », les jeux pervers de la magie [1].

---

[1] Le mobile Indra des pasteurs, qui là-haut se joue des orages, le dieu guerrier, dont le sourire est l'éclair, qui, pour rafraîchir la prairie, lance les eaux qui couchent les blés mûrs, semble à l'agriculteur un cruel magicien. Il en fait le démon Andra, pour lequel il ne tarde pas à créer un enfer. Les Daevas ou dieux de l'Hindou, deviennent tous ainsi des démons. Les Perses s'appellent eux-mêmes Vi-Daevas (ennemis des

L'Hindou partit vers l'Est. Mais du Nord un bien autre voisin se révéla, l'affreux pasteur tartare, l'informe chaos des Mongols, démons centaures dont les petits chevaux, d'un instinct diabolique, font partout du champ la prairie. C'est l'empire maudit de Touran, éternel ennemi d'Iran ou de la Perse. Ces noirs sorciers (voyez le *Shah Nameh*) vont, viennent, comme la chauve-souris ou l'insecte nocturne qui gâte et détruit, disparaît. Fixe et lourd, au contraire, des fanges de l'Euphrate, vient et revient se coucher sur Iran l'immonde dragon Assyrien, le monstrueux reptile qu'adorait Babylone (*Daniel*), et qui, disent les Perses, ne vivait que de chair humaine.

De longs siècles, des milliers d'années qui se passèrent dans ces luttes cruelles, donnèrent au peuple travailleur, d'esprit très-positif, une étrange poésie.

Il s'éleva à sa conception souveraine, le combat constant de deux mondes. D'une part, le saint royaume d'Iran, le monde du Bien, le jardin de l'arbre de vie, le Paradis (mot qui veut dire jardin) – et le vague monde barbare, du Mal et du caprice injuste. – Tout apparut peuplé d'Esprits contraires. Entre les steppes rudes où sifflent les démons du nord, et les déserts de sable qui brûlent les démons du midi, la Perse se jugea avec raison la terre bénie de travail, d'ordre et de Justice.

Et cela n'est pas un vain mot, un jeu de fantaisie. C'est un ferme propos, une résolution *d'être juste*. On a parfois

---

Dèves). Aux illusions de ces Dèves, qui sont des esprits moqueurs, on répond par ces dérisions (qui semblent un chant populaire) : « Les Daevas, quand le champ produit, sifflent (*et font semblant de rire*). Quand poussent les plantes, ils toussent ; quand le chaume s'élève, ils pleurent ; quand la forêt des épis se presse, ils prennent la fuite... Aux maisons pleines d'épis, les Daevas sont rugement flagellés (*sous le fléau qui bat le blé ?..*). »

de ces moments. Un écrivain célèbre (Montesquieu) dit qu'une fois un vif élan de conscience lui vint, qu'il eut une envie forte et décidée *« d'être honnête homme »*. C'est précisément ce moment qu'est la Perse dans l'humanité : *une résolution d'être juste.*

Juste d'abord contre soi-même, contre le vice propre au laboureur, l'économie sordide, juste dans la maison pour l'humble serviteur qui ne se défend pas, l'animal par exemple. « *Les trois purs* se plaignent de l'homme injuste qui n'en a pas soin. La plante le maudit : "Sois sans enfant, toi qui ne me donnes pas la bonne chose qui me plaît (l'eau)." Le cheval dit : "N'attends pas que je t'aime et sois ton ami, quand tu me monteras, toi qui ne me donnes pas la nourriture et la force pour paraître avec honneur dans l'assemblée de la tribu !" La vache dit : "Maudit sois-tu, toi qui ne me rends pas heureuse, qui ne veux que m'engraisser pour ta femme et ton enfant." »[1]

Mais ces trois serviteurs sont de la maison même. Qu'il est plus difficile d'être juste hors de la maison ! de l'être autour de soi avec des voisins disputeurs, pour les limites, etc. Notez que la vie de la Perse tenait aux limites invisibles des eaux qui couraient sous la terre. Que d'intérêts il faut respecter là ! D'une eau si rare, tous sont avares, jaloux. La vive tentation est partout, et les détournements faciles. Que la distribution des eaux soit régulière, c'est preuve de grande loyauté. On est saisi d'admiration lorsque, dans Hérodote, on lit que, de son temps, un immense système existait de quarante mille canaux qui couraient partout sous la terre. Ouvrage merveilleux, vénérable, de travail, de vie méritante, de moralité, de justice.

Que la Justice est bonne, riche de sa nature ! Comme

---

[1] Anquetil, *Avesta,* t. I, partie II, avec corrections d'Eug. Burnouf, *Études,* p. 106 (8°, 1850).

une source surabondante, elle déborde en humanité. De la Loi s'engendre la Grâce. Dans cette Perse qui semble exclusive, où la parenté, la pureté du sang, l'orgueil de famille, de tribu, semblent très-forts, l'inconnu n'est point un *hostis,* comme Rome qualifie l'étranger. La fille errante, inconnue, qu'on amène, est protégée et garantie. « Tu chercheras son origine, son père. Et, si on ne le trouve, on ira au chef de canton. Vous nourrissez, vous tenez pour sacrée la femelle du chien qui garde la maison. Et vous ne nourririez pas cette fille qui vous est livrée ? » [1]

Oui, ce fut sans nul doute le jardin de justice où fleurissait l'arbre de vie. On s'associe de cœur à la défense de ce monde sacré, au grand combat du Bien, qui défendait ce paradis.

L'armée du Bien, faite à l'image de la Perse, divisée en tribus, marche sous sept Esprits, sept chefs, les brillants Amschapands, dont les noms mêmes sont ceux de sept vertus : la Science ou le maître savant (Ormuzd) [2], la Bonté, la Pureté, la Vaillance, la Douceur libérale, les Génies de la Vie, producteurs vivificateurs.

Les Izeds, génies inférieurs, les Férouers (on pourrait dire les âmes ailées, les anges) des justes, même ceux des bons animaux purs, forment l'immense armée du Bien. En face, le monde des serpents, des loups, des chacals, des scorpions.

---

[1] Anquetil, *Avesta,* II, 394.
[2] Selon Eugène Burnouf, Ormuzd, Ahoura Mazda, ne signifie pas le *roi sage,* comme le croyait Anquetil, ni le *Vivant sage,* comme le croit M. Bopp, mais le *Maître savant.* On ne peut, dit-il, passer grammaticalement du sanscrit *asoura,* vivant, au zend *ahoura Yaçna,* 77, 81. Remarque capitale qui change entièrement l'idée qu'on se fait de ce premier des sept esprits.

Regardons la bataille dans le tableau grandiose et fidèle qu'en fait Edgar Quinet[1] d'après les textes mêmes :

Tous les êtres y concourent. Au bout de l'univers, le chien sacré qui veille sur le troupeau des mondes, terrifie le chacal maudit, de formidables aboiements. L'épervier à la vue perçante, la sentinelle du matin, a poussé son cri, bat de l'aile. Il aiguise son bec pour le combat de la colère. Le cheval se dresse, frappe du pied l'Impur.

Les étoiles, au ciel même, sont en deux bandes ennemies. Mais l'oiseau, aux pieds d'or, couve de son aile le saint royaume d'Iran. En vain, au désert de Gobi soufflent, sifflent les monstres, couleuvres à deux pieds, griffons, centaures, qui lancent le dévorant simoun.

La lutte est même au fond des êtres. Chacun a son esprit, son ange. Une âme lumineuse étincelle dans le diamant. La fleur a son gardien. Tout, jusqu'au poignard, a le sien ; sa lame vit... Et tout cela combat, se poursuit, s'atteint, s'exorcise, se blesse d'anathèmes et de magique incantation. Les Dèves au corps d'airain, les Darwands aux replis de serpent, combattent au plus haut les blancs Férouers, les Amschapands aux ailes d'or. Le choc de leurs armures résonne et retentit.

Spectacle merveilleux, mais nullement confus. De plus en plus il s'éclaire et s'ordonne. L'armée du Bien se serre et s'unifie.

Le premier des sept Amschapands, de moment en moment, prévaut, éclate et resplendit. Toute lumière se concentre en lui. La nuit, vaincue et toujours décroissante, circonscrite plus étroitement, fuit avec Ahrimane. Heureuse religion de l'espoir ! Non d'espoir inactif, de paresseuse attente, non de somnolent ascétisme ; mais la foi

---

[1] Quinet, *Génie des religions*. Ce livre étincelant formule en traits de feu l'intimité profonde de la religion et de la nature.

héroïque, de vaillante espérance qui crée ce qu'elle attend et veut, qui, par le travail, la vertu, diminue chaque jour Ahrimane, grandit Ormuzd, conquiert et mérite l'*unité de Dieu*?

Faire la victoire de Dieu, le faire vainqueur, le faire unique!... Oh! la belle chose, la plus haute, à coup sûr, que jamais rêvât l'âme humaine, et la plus efficace pour grandir dans la sainteté. Dire à chaque sillon : «Je m'unis au grand Laboureur! j'étends le champ du Bien. Je resserre celui de la Mort, du Mal, de la stérilité.» Dire à l'arbre qu'on plante : «Sois dans cent ans la gloire d'Ormuzd et l'abri des hommes inconnus!» Dire aux sources de la montagne qu'on évoque ou dirige : «Allez! Puissiez-vous de mon champ porter la vie en bas, aux tribus éloignées qui, n'en sachant l'auteur, diront : "C'est l'eau du Paradis."» – Voilà qui est grand et divin, une haute société avec Dieu, une belle ligne, une noble conquête... L'*autre* va reculant, vaincu, déconcerté. Ahrimane tout à l'heure n'est plus qu'un noir nuage, une vaine fumée, un brouillard misérable, moins, un point gris dans l'horizon.

Digne prix du travail! Dans le paresseux Moyen Âge, Satan grandit toujours. Nain d'abord, si petit qu'au temps de l'Évangile il se cachait dans les pourceaux, il grandit en l'an 1000, et grandit tellement qu'en 1300, 1400, il a enténébré le monde, le tient noir sous son ombre. Ni le feu, ni l'épée n'en peut venir à bout. Pour les amis de Zoroastre, c'est exactement le contraire. À travers tant de maux, travailleurs résignés, le Guèbre, le Parsis, ont cru de plus en plus qu'Ahrimane pâlissant, sous peu, va défaillir, et fondre absorbé dans Ormuzd.

Du premier jour, celui-ci révéla qu'il était le vrai roi du monde, le futur vainqueur, le seul Dieu. Par quoi? Par sa bonté immense. Il commença la guerre par vouloir sauver l'ennemi, il pria Ahrimane d'être bon et d'aimer le bien, et d'avoir pitié de lui-même. Depuis, sa Grâce infatigable le somme à chaque instant de changer, de se convertir, de faire son salut, d'être heureux.

Un homme, certainement indulgent pour l'Église du Moyen Âge, Jean Reynaud, avoue ici loyalement que, de la Perse à elle, il y eut un étrange progrès, terrible, en sens inverse. L'idée de l'enfer éternel ! d'un Dieu dont la vengeance jamais ne s'assouvit ! d'un Dieu qui, pour le bourreau, a l'imprudence de choisir justement celui qui abusera le plus de ce métier, l'Immonde et le Pervers qui se régalera des tortures, y trouvera un excécrable jeu !... Conception étonnante, propre directement à sauvegarder l'homme, à l'affoler, et qu'on peut appeler une éducation pour le crime.

Quand on songe combien l'homme est un être imitateur, on doit bien regarder au type divin qu'on lui propose et qu'il suivra certainement. Un Dieu bon et clément fait des hommes doux et magnanimes. S'ils combattent, ils savent que c'est pour le bien de l'ennemi même. Ce *méchant* qui plus tard ne sera plus méchant, est moins haï dès aujourd'hui : il sera *le bon* de demain. Que la guerre continue, c'est chose secondaire ; le grand, l'essentiel, c'est la suppression de la haine et l'adoucissement des cœurs.

Nombre de grands esprits d'aujourd'hui l'ont senti, et se sont, sans détour, ralliés à cette foi, qui est évidemment la vraie, qui vit immuable et vivra. « Je prétends, dit Quinet, qu'il n'est point aujourd'hui d'idée plus vivante en ce monde. »

Tout cœur d'homme ici se ralliera. Tous, le matin, le soir, sans hésiter, répéteront les plus antiques hymnes de l'*Yaçna* (30, 31, 47) sur la conversion d'Ahrimane et de l'unité définitive :

« Ormuzd, fais-moi la grâce, la joie de voir celui qui fait le mal en venir à comprendre la pureté du cœur. Donne-moi de voir le grand chef des Darwands, n'aimer plus que la sainteté, et dire à jamais la Parole, parmi les démons convertis ! »

III

L'ÂME AILÉE

« Je fais prière, honneur, hommage à la Loi pure ! – Hommage au mont d'Ormuzd (d'où descendent les eaux sur la terre) ! – Hommage aux bons génies et aux âmes des miens ! – *Hommage à ma propre âme !* »

Qui songe à honorer son âme, à la parer, à l'embellir, en soi, pour soi, dans le for intérieur ? Qui songe à la faire telle qu'elle soit l'image de la Loi, identique à la Loi, à ce point qu'elle n'obéisse qu'à ce qu'elle voulut elle-même ? – Cette idée, grande, austère, constitue le fond de la Perse.

Nul orgueil. C'est le rapport naturel de la Liberté et de la Justice.

La Perse y va par vingt chemins divers. Elle en déduit toute une morale. Citons quelques mots au hasard :

Zoroastre, dans sa sublime familiarité avec Ormuzd, lui demande : Quand fleurit l'empire des Démons, quand ils prospèrent, grandissent ? – « C'est quand tu fais le mal. »

Le mal n'est pas seulement le crime, mais tout ce qui atteint la virginale beauté de l'âme : indécence ou licence (même aux plaisirs permis), parole violente et colérique, etc. – Chose profonde ! entre les péchés graves qu'on n'avoue qu'avec honte, on note *le péché du chagrin*. S'attrister au-delà de certaine mesure, laisser tomber son âme de sa fermeté d'homme et de sa dignité, c'est faire tort à l'état de beauté souveraine où cette âme à la fin doit planer, vierge aux ailes d'or (*Fravaschi*)[1].

Plus cette idée de l'âme est haute, plus on est étonné, scandalisé, presque indigné, que cette vierge héroïque qu'on porte en soi, faiblisse, s'affaisse, s'abandonne, dans la maladie, dans la mort. Dès que la personnalité apparaît aussi fortement, arrive l'orage sombre des questions qui troublent le cœur. La mort ? qu'est-ce ? et que signifie ce départ qu'on fait malgré soi ? Est-ce un voyage ? est-ce une faute, un péché, une punition ?...

Et quelle ? Que souffre-t-on ? La pauvre âme là-bas trouvera-t-elle ce qu'elle avait ici, de quoi se nourrir, se vêtir ? Le froid surtout, le froid inquiète. Sur les hauts plateaux de la Perse, il gèle (et très-fort) au mois d'août[2]. Profonde est l'inquiétude, profonde la pitié, l'affliction. Dans les Fêtes des morts qui viennent à la fin de l'année, pendant dix nuits on les entend qui se parlent entre eux, qui demandent l'habit, l'aliment, surtout le souvenir.

L'Inde védique fut moins embarrassée. Ce mort qui, des loisirs de la vie pastorale, a passé aux loisirs de la vie éternelle, qu'a-t-il voulu ? faire un voyage libre, sans embarras, immense, dans le ciel, sur la terre ; il a voulu connaître les montagnes « et la variété des plantes » ; il a voulu connaître la profondeur des grandes ondes, mesurer les nuages et faire un tour dans le Soleil. C'est le Soleil même (Sûrya), père de la vie, qui engendra aussi *la mesure de la vie,* Yâma, ou la mort. – À vrai dire, point de mort. – Yâma, c'est : *la loi des êtres.* Rien de sombre en ceci. Le voyageur, de temps à autre, peut, du grand empire d'Yâma, évoqué par les siens, venir voir sa maison.

---

[1] Mot féminin que nous traduisons grossièrement par le masculin Férouer.
[2] Le 17 août, dit Malcolm, j'avais un pouce de glace dans ma tente.

Dans la Perse, c'est tout le contraire. La mort est un mal positif. Ce n'est nullement un voyage. C'est une défaite, une déroute, la cruelle victoire d'Ahrimane. Le mort est un vaincu que le traître a frappé, qu'il voudrait adjuger à la nuit, aux ténèbres, hors du règne de la lumière.

Ce perfide, qui hait la vie et le travail, inventa la paresse, le sommeil, l'hiver et la mort.

Mais on ne lui cédera pas. On ne se tient pas pour battu. L'âme humaine, au contraire, sous la morsure de la douleur, va grandir, créer et s'étendre dans un second royaume de lumière outre-tombe, doubler l'empire d'Ormuzd... Voilà ta victoire, ô Maudit!

Quel mot le plus souvent dit le mourant, près d'expirer? « De la lumière! Encore plus de lumière! »

Ce vœu est rempli, obéi. Qu'il serait dur, cruel, dénaturé, pour réponse à ce mot, de lui donner le cachot du sépulcre et l'horreur de la nuit! C'est tout ce qu'il craignait. La mort, pour la plupart, est moins dure en elle-même que l'exclusion de la lumière.

Il ne faut pas que les vivants disent ici hypocritement : « Mais c'est par honneur qu'on l'enfouit, qu'on le cache dans les ténèbres... » Oh! non, non, ceux qui vraiment aiment n'ont pas l'impatience d'un si cruel arrachement. L'amour ne peut croire à la mort. Longtemps, longtemps après, il a toujours des doutes. Il dit toujours : « Si c'était faux ? »

La Perse ne cache point l'être aimé et ne le bannit point du jour. Ce ne sont point les vivants qui le quittent, c'est lui qui les quittera. Que la forme s'altère et change, la famille, intrépidement, accepte la nécessité dure, tout ce qui viendra de cruel, tout, pourvu qu'on le voie encore.

On le place, ce mort, par devant le soleil, sur la pierre élevée où les bêtes ne monteront pas. Sans doute aussi son chien [1], son inséparable gardien, qui vivant le suivit toujours, reste encore près de lui et veille. Donc, il peut, ce vaillant d'Ormuzd, cet homme de lumière qui toujours vécut d'elle, rester devant elle à son poste, la face découverte, assuré, confiant.

Deux jours, trois jours, les siens en larmes sont autour et observent, épient. Tout va conformément au rituel de la nature. Le soleil adopte le mort. De ses puissants rayons doublés dans le miroir du marbre, il l'aspire, il l'attire, le fait monter à lui. À peine en laisse-t-il une vaine enveloppe, une ombre si légère, que ses enfants, sa veuve, les cœurs les plus blessés, sont sûrs, bien sûrs qu'il n'est plus là...

Où donc est-il? Là-haut. Le soleil but le corps. L'oiseau du ciel a cueilli l'âme.

L'oiseau fut son ami. Toujours au labourage, il allait derrière lui en purgeant le sillon. Il suivait son troupeau, l'avertissait du temps, lui prédisait l'orage. C'est l'augure, le prophète, le conseiller de l'homme. Dans le travail long, monotone, il l'occupe de sa mobilité. Autour du travailleur fixé sur son labour, il est comme un esprit léger, un autre moi plus libre qui va, vient, vole et cause. Rien d'étonnant s'il revenait le jour de deuil auprès du mort. Qu'à ce moment un rayon lumineux dorât l'oiseau qui reprenait son vol, le transfigurât dans le ciel, on s'écriait: « L'âme a passé! »

Savez-vous bien ce que c'est que la mort? Aux survivants, c'est une éducation, une initiation forte et définitive. On reçoit là la souveraine épreuve, la solennelle empreinte que gardera la vie. À ce moment le cœur est là

---

[1] Seul animal sacré, le seul qui, à sa mort, ait les funérailles de l'homme.

navré, sans force, sans nerf ni consistance, comme un métal passif, amolli par le feu, qu'on va graver d'un signe. Un pesant balancier tombe et frappe... la mort. Ce misérable cœur est marqué pour toujours.

Grande et terrible différence si c'est la mort vaillante qui s'est empreinte en lui, lui a donné sa noble image – ou la mort des terreurs, la mort des peurs serviles, peur de la nuit et peur du diable, peur d'être enfoui vivant. Oh ! que voilà un homme pâle et débilité au retour de telles funérailles ! bien préparé à mourir lâchement, à vivre d'une vie d'esclave !... Heureux sujet pour tout dominateur ! Les vampires, qui savent humer l'âme au moment du passage où elle est désarmée, préparateurs habiles pour livrer aux tyrans des générations évidées à qui l'on a volé le cœur.

L'âme voyageuse de l'Indien partait légère et sans terreur, n'en laissait pas aux siens. Et, plus d'un, curieux, eût voulu partir avec elle. L'âme courageuse du Perse, qui ne reculait pas, qui bravait encore Ahrimane qui, paisible devant le soleil se confiait à la lumière (ayant toujours vécu pour elle), elle ne laissait pas, en s'en allant, aux siens ce pitoyable legs de peur et de servilité.

Que lui arrivait-il après, on le savait. Pendant trois jours, gardée des bons esprits, sauvée de l'assaut des mauvais, l'âme incertaine vole autour du corps. Après la troisième nuit, elle fait son pèlerinage. Encouragée par le soleil brillant, menée par les génies au sommet du mont Albordj, elle voit devant elle le grand passage, le pont aigu de Tchinevad. Mais le chien redoutable qui garde les troupeaux du ciel ne s'oppose pas à son passage. Une figure charmante, souriante, se tient au pont, une belle fille de lumière, « forte comme un corps de quinze ans, haute, excellente, ailée, pure, comme ce qu'il y a de plus pur au monde ».

« Qui es-tu ? ô beauté !... Jamais je n'ai vu rien de tel. » – « Mais, ami, je suis ta vie même, ta pure pensée, ton pur parler, ton activité pure et sainte. J'étais belle. Tu me fis très-belle. Voilà de quoi tant je rayonne, glorifiée devant Ormuzd. » Il admire ému, il chancelle... mais elle lui jette les bras au cou, elle l'enlève tendrement et le pose au trône d'or.

Elle et lui, désormais, c'est un. Il s'est réuni à lui-même, il a retrouvé son vrai *moi*, son âme, – non passagère, de misère et d'illusion, – une belle âme immuable et vraie, – libre surtout, ailée et qui nage au rayon, qui plane d'un vol d'aigle ou perce les trois mondes d'un vol foudroyant d'épervier.

Pour être juste envers la Perse, il faut noter l'austérité sublime où se maintint chez elle cette grande conception, de l'âme ailée, de l'ange. Cet ange n'a rien des mollesses, du fantasque arbitraire qu'y ont mêlés plus tard les âges bâtards. L'ange n'est pas ici le blond fils de la Grâce, un Gabriel, un discret confident avec qui l'on s'entend, qu'on espère attendrir et dont la spéciale indulgence peut vous dispenser d'être juste. La vierge ailée qui est l'ange de la Perse n'est que la justice même, elle est la *Loi, la loi que tu te fis,* l'exacte expression de tes œuvres.

Grande poésie ! mais de raison profonde ! Et plus elle est sévère et sage, plus aussi elle est vraisemblable [1]. Elle fut pour la vie d'ici-bas la plus noble émancipation. D'avance on se trouva fièrement relevé, soulevé. On se sen-

---

[1] Le livre fort, ému, poignant, sur ce sujet, c'est l'*Immortalité* de Dumesnil, sorti d'une situation, plein de mort, plein de vie. Elle y coule à pleins bords. C'est beaucoup plus qu'un livre ; c'est chose personnelle, écrite *pro remedio animæ.*

tit pousser les ailes. Et tout le monde d'en bas parut comme un commencement. Des mondes à l'infini s'ouvrirent, et des percées profondes dans l'infini du ciel. Par moments, sans nul doute, on les voit, mais si vives que la paupière en baisse... L'obscurité se fait à force de lumière. Et l'on reste muet, réjoui ? attristé ?

IV

L'Aigle et le Serpent

Si quelque chose, en tout pays, fixe le laboureur sur son sillon, arrête la charrue, c'est de voir s'agiter au ciel le sublime et bizarre hiéroglyphe que dessine la lutte de l'oiseau, du serpent. Combat sauvage, souvent de deux blessés. Ce n'est pas sans subir la dent et le poison que l'oiseau, aigle, grue, cigogne, a pris le dangereux reptile. L'homme combat de cœur avec eux. La lutte est incertaine ; parfois l'oiseau semble lâcher, défaillir aux vives secousses des convulsions de l'ennemi. Les zigzags aigus, violents, que l'éclair trace aux nues, le noir serpent tordu les décrit dans l'azur. Mais l'oiseau ne lâche pas prise. Ils montent. À peine on les distingue. L'aigle emporte sa proie aux profondeurs du ciel, et disparaît dans la lumière.

L'oiseau très-proprement lui appartient, appartient à la Perse. Il salue le retour du jour. Il le cherche et le veut, autant que le serpent le fuit. La Perse admire, envie l'oiseau, aspire à sa libre et haute vie. Dès la vie d'ici-bas et sur le terrain de l'Asie, elle se reconnut dans l'aigle, – et dans ses ennemis de Touran, d'Assyrie, elle vit et maudit le dragon.

Quoique souvent le mythe soit un fruit spontané de l'âme, très-indépendant de l'histoire, on est tenté de croire que chez le Perse positif, moins imaginatif que le Grec et l'Hindou, le mythe couvre un fond historique. Il dit que de l'Ouest (probablement de l'Assyrie), il lui vint un fléau, l'invasion du monstre Zohak, qui avait aux épaules des serpents affamés de chair humaine. Cette Perse si fière, cet aigle, devint l'esclave du serpent. Elle eut, comme la Judée, ses *servitudes,* et plus cruelles. L'Assyrie, selon Daniel, cachait au fond des temples, adorait le dragon vivant.

Sur l'Euphrate ou le Gange, au Nil, et plus encore dans la Guinée bouillante d'humide chaleur, aux pays que l'insecte par moments rend inhabitables, l'ami est le serpent. L'insecte est si terrible que devant lui le chameau, l'éléphant, fuient d'un bout de l'Afrique à l'autre. Le chasseur d'insectes est béni. Il amène la paix et la fertilité. Il est fin, avisé et sage. Mais pour entendre ce qu'il dit, il faut la fine oreille de la femme. Les nègres de Guinée qui n'ont pas plus changé que l'Afrique elle-même, font (depuis dix mille ans peut-être ou davantage) le mariage annuel de la femme et du serpent. La fille qu'on lui donne en devient folle et prophétise. De là tout un monde de fables, en Grèce, en Judée et partout, sur les séductions du serpent, ses amours odieuses, qui partout, éclairent l'avenir, en ouvrent les mystères, et parfois donnent un fils divin[1].

Le point de vue est tout à fait contraire dans les pays secs, élevés, comme sont les hautes plaines de la Perse où l'insecte est plus rare. Là, le serpent est l'ennemi. Même craintif et humble, blotti l'hiver dans un coin de l'étable, sans défense, il fait peur, horreur. Ses ondulations, ses replis, ses étranges changements de peau, sa froide écaille, tout répugne, inquiète. Entre les animaux, on le croirait

---

[1] Voir les textes réunis par Schwartz, *Ursprung der Mythologie.*

le traître. Aujourd'hui engourdi, demain sifflant et furieux, il effraye au-delà de son pouvoir réel. En tout ce qui fait peur on retrouve sa forme. Dans la nue, le serpent de feu, qui, dardé d'en haut, brise et tue. Au torrent, l'écumeux dragon, imprévu, lancé par l'orage, qui fond de la montagne, et roule tout à coup les blés, les vergers, les troupeaux.

On peut juger l'horreur qu'eut la Perse de subir le fangeux empire du Dieu rampant, son mortel dégoût pour les fables obscènes du monde noir, des peuples souillés d'Assyrie, sur la puissance impure, la fascination du serpent. Le désespoir fut comblé par les tributs d'enfants qu'engloutissait le monstre au gouffre insatiable de l'infamie babylonique. Dans ce peuple agricole et simple, l'homme fort était le forgeron. Son grossier tablier de cuir fut le glorieux étendard de la délivrance. De son puissant marteau de fer, le dragon, brisé sur l'enclume, eut beau se tordre et se retordre, la queue aiguë, la tête hideuse, les anneaux dispersés [1], ne sont plus rejoints jamais.

L'Assyrie se desserre ; elle a deux têtes : Ninive et Babylone. Et la Perse, au contraire se serre. Ses tribus sont un peuple, c'est le peuple du feu, un incendie en marche, qui veut épurer tout, tout conquérir à la lumière. On sent bien ce nouvel esprit dans une prière à Hôma, véritable coup de fanfare qui sonne la conquête religieuse, la propagande puritaine, épurative et brise-idoles où ce peuple est bientôt lancé.

---

[1] La Perse a, trois mille ans, quatre mille ans, chanté son forgeron. Elle a fait honneur au travail, et n'en a point rougi. Dans le grand poëme de ses traditions nationales, Gustasp, son héros qui s'en va voir l'empire de Rome, se trouve sans ressources. Dans cette Babylone d'ouest, qu'eût fait Roland ? Qu'eût fait Achille, Ajax ? Gustasp n'est pas embarrassé. Il s'offre, se propose à un forgeron. Mais trop grande est sa force. Du premier coup il fend l'enclume en deux.

Hôma d'or, donne-moi l'énergie, la victoire. Donne-moi *d'aller fort et joyeux, de marcher sur les mondes*, triomphant de la haine et *frappant le cruel*... De vaincre la haine de tous, haine des hommes, haines des Dèves, des démons sourds, des meurtriers bipèdes, des loups à quatre pattes, de l'armée aux grandes bandes qui courent et volent... [1]

On sent que le monde est changé. Cette Perse est trop forte. Elle va déborder. Les purs, les pacifiques, pour la défense ont pris l'épée. Ils ont pris l'unité de guerre. Le premier Amschapand est devenu roi du ciel, Ormuzd, contre le roi des ténèbres Ahrimane. On a fait un roi de la terre, qui relie les tribus, semble le grand Férouer de la Perse, son âme brillante. Cette âme ailée vole à la guerre. Elle s'en va *marcher sur les mondes*, purifier l'Asie de son épée de feu.

Babylone l'impie, son dragon-dieu, ne l'arrêtera pas. Elle ira vers l'Égypte, plongera aux peuples noirs d'Afrique, ennemis-nés de la lumière. Elle menace le pâle Occident. Pour arrêter sa sauvage colère et ce génie de flamme, il ne faudra pas moins que Salamine.

« L'histoire s'est mise en marche », dit Quinet. On le sent sur les bas-reliefs de Persépolis où les Perses vainqueurs apparaissent en longues files d'hommes. On entend le bruit de leurs pas. Mais cette revue est muette. Ils passent, et n'ont rien dit. Ce peuple de lumière nous reste obscur en son histoire.

Son monument de l'Avesta, un simple recueil de prières, un rituel, est comme un amas de débris, reste d'un grand naufrage.

Supposez qu'un livre de nos offices, messe et vêpres,

---

[1] Eug. Burnouf, *Journal asiatique*, août 1845, t. IV, 148 ; *Études*, 241.

intervertis, survive à l'extinction du christianisme avec les mélanges confus (juif, grec, romain, chrétien) de religions, de sociétés diverses qu'offrent de telles compilations, – cela ne ressemblerait pas mal à l'Avesta. Le magisme médique et chaldéen y trouble à chaque instant le véritable esprit de l'Iran primitif.

C'est pourtant là la source principale. Le reste est accessoire. Les Juifs, disciples de la Perse, les Grecs ses ennemis, n'offrent que des renseignements subsidiaires. Les derniers ne voient la Perse qu'en un confus mélange chaldéen, lui imputant souvent ou la gloire ou la honte, la science, la corruption de Babylone son ennemie.

Cette Babylone l'avait-elle engloutie? S'était-elle noyée, perdue dans l'immensité de sa conquête? Conquise à son tour, humiliée par le fort génie grec et par Alexandre le Grand, ne s'était-elle pas abjurée, abandonnée elle-même? On aurait pu le croire, quand, sous les Sassanides, elle se retrouva immuable en sa foi, plus zoroastrique que jamais. Et la chute des Sassamides, et les conquêtes successives n'y firent rien, n'y purent rien. Elle resta, sous tout empire, l'âme sainte et l'identité de l'Asie, se survivant et dans ses fils directs, les pauvres et honnêtes Guèbres ou Parsis, mais surtout, mais bien plus dans son ascendant indirect sur les Musulmans, ses vainqueurs, sur les innombrables tribus, les sultans et les dynasties de toute race qui passaient. Durant peu, les barbares eurent cependant assez de temps pour rendre hommage à cette âme supérieure, honorer sa tradition, s'en pénétrer et se l'incorporer. Les Turcomans venus du Nord, les Arabes venus du Midi laissent leurs contes et leurs légendes sur le seuil de la Perse, comme le pèlerin respectueux dépose sa chaussure sur le seuil de la mosquée. Ils entrent, prennent la grande âme antique, ses chants et ses poëmes. Ils ne chantent que le Shah Nameh.

V

Le Shah Nameh – La Femme forte

Cette sainte âme de Perse, sous tous ces déluges barbares, s'était gardée, conservée dans la terre, comme une eau vive qui coule fraîche et pure au fond obscur des canaux oubliés. Vers l'an 1000 (après J.-C.), un génie vint qui eut le sens, le culte des vieilles sources sacrées. Et toutes furent rouvertes pour lui, riches autant que jamais, murmurantes, éloquentes de choses antiques qu'on aurait crues perdues.

Je n'ai pas pris par caprice ou hasard cette comparaison des eaux. C'est que très-réellement ces eaux qui ont fait la contrée, firent aussi le poëte. Elles furent la première inspiration de Firdousi.

Les eaux qui se cachent et se montrent, se perdent et se retrouvent, qui, quelque temps nocturnes, obscures, reviennent à la lumière dire en gazouillant : « Me voici ! » ce ne sont pas des personnes sans doute, mais elles ont l'air d'être des âmes, – des âmes qui furent ou qui seront, qui attendent l'organisation et la préparent. Un pays tout occupé d'elles, de leur évocation, de leur direction, de leurs départs, de leurs retours, fut mis par cela seul en voie de rêver l'âme, ses naissances et ses renaissances, d'espérer l'immortalité.

Firdousi naquit musulman. Son père avait un champ près d'une rivière et d'un canal à sec. L'enfant allait toujours rêver seul près du vieux canal. Cette ruine de l'ancienne Perse parlait assez dans son silence. Elle avait fait jadis la vie de la contrée. L'eau maintenant livrée à ses caprices, tantôt tarie, et tantôt débordante, en était souvent le fléau. L'ancien *Paradis* de l'Asie, le Jardin de l'arbre de vie, d'où coulaient les fleuves du ciel, santé, fraîcheur, fécondité, cette Perse qu'était-elle devenue ? Le contraste était violent. Dans un seul canton très-petit, douze mille conduites d'eau [1], délaissées, dégradées, restaient pour glorifier l'antiquité et pour accuser le présent. La torpeur et l'orgueil faisaient mépriser aux vainqueurs les arts sacrés des temps zoroastriques. Tout devenait déserts, sables salés, marais morbides. Telle terre, tel homme. L'état de la famille était celui de la campagne. Dans la vie misérable du sérail musulman, elle était languissante, désolée et stérile.

Le *genius loci* parla, l'âme de la contrée s'éveilla chez l'enfant. Dans un vrai sentiment de Guèbre, un élan tout zoroastrique, il dit à son canal : « Quand je serai grand, je te ferai dans la rivière un barrage, une digue, et dès lors tu n'aurais plus soif. »

De plus en plus uni à cette terre, il écoutait, ramassait, rédigeait toutes ses vieilles traditions, sans s'arrêter à l'anathème qu'a lancé Mahomet contre le culte du feu. Dès seize ans, il se mit à chanter, à les scander, à les consacrer par le rythme. Mais, par un respect singulier, que n'ont guère les poëtes, il se tenait fidèle aux vieux récits, qui lui venaient du fond des siècles. Son traducteur, M. Molh, dans sa belle introduction au Shah Nameh, observe qu'il ne flotte nullement au hasard de la fantaisie. « Ses fautes mêmes, dit-il, prouvent qu'il suit une voie tracée dont il ne veut point s'écarter. » Et cela profite au poëme. Ses figures ne sont point des ombres transparentes. Elles ont un caractère singulier de réalité. Qui a lu son Gustasp, son Roustem par exemple, les a vus face à face, et peut faire leur portrait.

Qui eût cru que cette œuvre immense et si puissante pût arriver plus tard, en des temps de malheurs, quand les flots de la barbarie passaient mobiles et violents ?

---

[1] Malcolm, p. 6.

Comment, sur ce fond trouble, roulera-t-il le fleuve renouvelé des anciens jours ? Peut-il être autrement que bourbeux, surchargé d'éléments variables, ou grossiers, ou subtils (autre signe de barbarie) ? N'importe ! qu'il est noble ce fleuve ! qu'il part de haut et de quelle forte pente ! Dans quelle grandeur il court, de quel sublime volonté !

Un mystère est dessous qu'on ne nous a pas expliqué. Comment ce musulman, cet homme de la race conquérante, trouva-t-il au foyer des Perses une si étonnante confiance qu'ils lui livrèrent leur cœur, la tradition de la patrie ? Il y fallut l'immense attraction d'un charmant cœur de poëte, d'un homme-enfant, à qui on ne pouvait rien refuser. Possédé de l'ancienne Perse, soixante années durant, il en glorifia l'âme, et cette âme émue vint à lui.

Il se trouvait par grand bonheur que, partout, sous les conquérants, les chefs de famille indigènes gardaient, avec la vie patriarcale, le cher dépôt du vieux passé. Un nom même spécial, comme un sacerdoce historique, leur était affecté. On les nommait *Cultivateurs historiens*. À ce foyer, le soir, portes fermées, la Perse revenait, les vieilles ombres, les naïfs et sublimes dialogues d'Ormuzd et de Zoroastre, les exploits de Dschemchid, de Gustasp et d'Isfendiar, le tablier du forgeron qui jadis sauva le pays.

C'étaient les mères surtout, on doit le croire, qui perpétuaient, enseignaient la tradition. La femme, c'est la tradition elle-même. Plus lettrée en Perse qu'ailleurs, elle influait beaucoup dans ce pays. Elle était reine et maîtresse au foyer, et pour son fils un Dieu vivant. Le fils, devant la mère, ne pouvait pas s'asseoir. Les reines mères (comme Amestris, Parisatis) semblent avoir régné sous leurs fils. Dans l'Avesta, comme on a vu, l'ange de la Loi est une femme. L'âme du juste est exprimée par le féminin *Fravaschi*. L'idéal de la pureté est non-seulement la fille enfant, la vierge, mais la chaste et fidèle épouse [1].

Firdousi n'a nul souvenir de la femme musulmane, vendue et achetée, captive. Il n'a peint que la femme perse. Les héroïnes, dans son livre fidèle à la vraie tradition, sont d'une fierté, d'une grandeur antique. Si elles pèchent, ce n'est pas par faiblesse. Elles sont rudement fortes et

---

[1] C'est un type anti-juif, anti-musulman. La femme chez les Juifs a fait la chute, et elle ne s'en relève pas. La femme arabe (voir Burkhardt, etc.), aventureuse, romanesque, circule de divorce en divorce. Chaque mari en est quitte en lui faisant don d'un chameau. – La fille et la femme perses sont au contraire l'objet d'un respect religieux. « Je prie, j'honore l'âme sainte des filles que l'on peut épouser : de la fille de prudence, de la fille de désir (qui désire dans la pureté), de la sainte qui fait le bien, de la fille de lumière. » – La fiancée (celle du moins qui déjà n'est plus enfant) devra être consultée, consentir au mariage. Si, mariée, elle reste stérile, elle peut autoriser, introduire une seconde femme. – L'épouse doit être docile, chaque matin s'offrir au mari, lui dire par neuf fois : « Que veux-tu ? » (Anquetil, Avesta, II, 561). Il ne doit pas la négliger, mais tous les neuf jours au moins il lui rendra ses devoirs. – La Perse n'a sur le mariage ni hésitation ni contradiction. Elle sent bien que, s'il est saint, tout ce qu'il impose est saint. La chaste et fidèle épouse qui suit, aime son devoir d'amour, pour cela n'en garde pas moins la suprême virginité d'âme. « Le magicien, arrivant avec soixante-dix mille hommes, dit qu'il détruirait la ville si personne ne pouvait répondre à ses questions. Un Perse se présenta : "Dis-moi ce que la femme aime. – Ce qui lui plaît : c'est l'amour, le devoir du mariage. – Tu mens ; ce qu'elle aime le plus, c'est d'être maîtresse de maison et d'avoir de beaux habits. – Je ne mens pas. Si vous doutez, demandez à votre femme." – Le mécréant, qui avait épousé une dame de Perse, supposa qu'elle n'oserait dire la vérité. Il la fait venir, l'interroge. Elle reste silencieuse ; mais enfin, forcée de parler, craignant de faire détruire la ville et d'aller elle-même en enfer, elle demanda un voile, se voila, parla ainsi : "Il est vrai que la femme aime les habits et l'autorité de maîtresse de maison. Mais, sans l'union d'amour qu'elle a avec son mari, tout ce bien n'est plus que mal." Le magicien, indigné de sa liberté courageuse, la tue. Son âme va au ciel, criant : "Je suis pure ! très-pure !" »

vaillantes, d'initiative hardie, de fidélité héroïque. L'une d'elles, au lieu d'être enlevée, enlève son amant endormi. Elles combattent avec leurs maris, affrontent tous les hasards. Parmi elles on voit déjà la Brünhild des *Niebelungen*, l'idéal de la forte vierge qui dompte l'homme, qui, la nuit des noces, lie, enchaîne son mari. Mais tout cela haut et pur. Point de mauvaise équivoque. Point d'imbroglio burlesque, obscène, comme celui que les Minnesinger ont mis dans cette fameuse nuit.

Ce qui est beaucoup plus beau qu'un si rude idéal de force, c'est l'héroïsme conjugal dont Firdousi s'est complu à multiplier les modèles. La fille de l'empereur de Roum, persécutée par son père pour avoir épousé le héros Gustasp, est admirable pour lui. Elle partage ses souffrances, sa glorieuse pauvreté. La fille d'Afrasiah, le grand ennemi de la Perse, le roi de Touran, laquelle s'est donné pour mari un jeune héros persan, le défend, le nourrit, le sauve. Quand le cruel Afrasiah, pour prolonger ses douleurs, le scelle vivant sous une pierre, elle va quêtant pour lui. Noble image de dévouement que nulle histoire, nulle poésie n'a surpassée. À la longue, il est délivré. Sa glorieuse épouse le suit en Perse. Elle triomphe, est adorée, portée sur le cœur du peuple.

Un hasard politique fut favorable à Firdousi. Un chef intelligent, Mahmoud le Gazuevide, devenu maître de la Perse, crut que pour s'affranchir du calife de Bagdad il fallait faire appel au patriotisme local. Il fit un coup d'État étrange. Mahométan, il proscrivit l'idiome de Mahomet, défendit de parler arabe, adopta la belle langue persane, mêlée de tant de mots anciens. Il fonda son nouvel empire sur cette idée de renaissance, voulut que sa langue persane reçût, renouvelât les souvenirs des héros. Mais pour lui donner le rythme et le charme populaire, il fallait un chantre inspiré. Il trouva à point Firdousi.

Son enthousiasme pour lui ne connut point de bornes. Il le nomma *le poëte du paradis* (c'est le sens du mot Firdousi). Il voulait l'étouffer dans l'or. Firdousi refusa, ne voulant être payé qu'à la fin, pour construire sa digue, se retirer à son canal, et, vieux, voir sa terre natale rajeunie de fraîches eaux.

Mahmoud le logea chez lui-même, lui fit, dans ses jardins, un kiosque réservé où personne n'entrait qu'Ayaz, favori du sultan. Dans ce pavillon, on avait peint sur les murs les batailles et les héros que célèbre le poëte. Firdousi, dans sa solitude, avait, outre les rossignols, un jeune ami, lettré, un petit musicien dont la grâce et le luth éveillaient son génie.

Dans le cours de ce long ouvrage qui devait remplir une vie, les choses changèrent étrangement. Mahmoud, n'ayant plus rien à craindre du côté de l'Occident, envahit l'Inde, dépouilla les pagodes, leurs trésors sacrés. Son fanatisme intéressé ouvrit, brisa des dieux pleins de diamants. Dans cette réaction musulmane, ses envieux eurent beau jeu contre lui. Mille bruits calomnieux coururent. Un jour il était schismatique, un jour guèbre, et enfin athée. Maître du palais, ils allaient jusqu'à l'oublier, l'affamer ; ils négligeaient de le nourrir.

Firdousi avait soixante ans, et il avait perdu son soutien naturel, un fils âgé de trente-sept. Le travail et la vie pesaient. Il était loin encore d'avoir terminé son poëme. Dans ce moment de défaillance, il arrivait à la partie ardue et délicate, à l'époque où le héros Gustasp reçoit de Zoroastre, adopte le vieux culte et l'impose à toute la terre. Qu'allait faire le poëte ? Avouerait-il son respect pour ce culte ? Serait-il pour Gustasp et pour la Perse antique, au moment où son maître, le redouté Mahmoud, redevenait zélé musulman ? Cruel combat moral ! Il sentit sa capacité.

Ce palais, ce kiosque, ces beaux jardins, qu'était-ce, sinon la cage en fer du pauvre chien mis près du lion ?

« L'ombre était noire comme jais. La nuit marchait, sans étoiles, dans un air qui semblait de rouille. Je sentais de tous côtés Ahrimane. À chaque soupir qu'il poussait, je le voyais comme un nègre affreux, qui souffle sur le noir charbon. Noir était le jardin, le ruisseau, le ciel immobile. Pas un oiseau, pas une bête. Nulle parole en bien ni en mal. Ni haut, ni bas, rien de distinct. Mon cœur peu à peu se serrait.

« Je me levai, descendis au jardin, et mon ami vint me trouver. Je lui demandai une lampe. Il l'apporta, et des bougies, des oranges, des grenades, du vin, une coupe resplendissante. Il but, joua du luth. Un ange me fascinait, m'apaisait, de la nuit me faisait le jour. – Il me dit : "Bois ! je lirai une histoire. – Oui, lui dis-je, mon svelte cyprès ! mon doux visage de lune ! Conte-moi le bien et le mal que fait le ciel plein de contradictions...

– Écoute donc ! Cette histoire, tu la mettras en vers, d'après le vieux livre pehlvi." »

La liqueur haïe du prophète et bénie de la Perse, le vin, lui raffermit le cœur. Ce chant est le meilleur du Shah Nameh, je crois. Il a beau assurer qu'il l'a pris au vieux Dakiki, son prédécesseur, poëte guèbre. Il a beau soutenir que ce chant ne vaut rien. On ne l'en croira pas. Lui-même, l'ayant fini, laisse échapper ce mot de joie grave et profonde : « Voilà le monde et ses révolutions. L'empire n'est à personne : il flotte ; qui le tient, en est las... Ne sème pas le mal autant que tu peux l'éviter. Mais prie le Seigneur, Dieu unique, de te laisser sur terre assez pour achever ce livre en ta belle langue. Puis, que le corps mortel retourne à la poussière ! et que l'âme éloquente aille au saint Paradis ! »

Les zélés Musulmans rejetèrent Firdousi. Les Parsis hautement le prirent pour un des leurs. Mahmoud, indisposé, dévot par avarice, se laissa donner l'indigne conseil de payer en argent ce qu'il avait promis de donner en or. Firdousi, alors au bain, vit arriver le favori Ayaz avec soixante mille pièces d'argent. Sans se plaindre, il en donna un tiers au messager, le second tiers au baigneur, et le reste à un esclave qui lui apporta à boire. Mahmoud était si furieux qu'il eût voulu le faire écraser par les éléphants. Firdousi l'apaisa quelque peu, mais prit son parti. Pauvre après tant d'années de travail inutile, avec le bâton de voyage, une mauvaise robe de derviche, il partit seul. Pas un ne lui fit la conduite, ne vint lui dire adieu. Il laissait à Ayaz un papier scellé qu'il devait ouvrir dans vingt jours, c'est-à-dire lorsque Firdousi serait déjà hors du royaume. On l'ouvre ; on trouve avec terreur une satire hardie où il dit à Mahmoud : « Fils d'esclave, as-tu oublié que moi aussi j'ai une épée qui perce, qui sait blesser, verser le sang ? Ces vers que je te laisse, ce sera ton partage dans tous les siècles à venir. Là je couvrirai, sauverai cent hommes qui vaudront mieux que toi. »

C'était pourtant une terrible chose d'avoir un pareil ennemi qui le suivait, le réclamait, exigeait qu'on le livrât. L'infortuné vécut errant, déguisé, sous cette terreur. Il avait quatre-vingt-trois ans, quand Mahmoud, approchant lui-même de la mort et du Jugement, voulut expier, réparer. Il lui envoya l'or promis. Cet or entra par une porte de la ville où Firdousi venait de mourir, précisément au moment où le convoi sortait par l'autre. Il fut offert à sa fille qui noblement refusa. Sa sœur l'accepta, mais seulement pour remplir son vœu d'enfance, exécuter sa volonté, bâtir avec cet or la digue qu'il avait promise au vieux canal et qui devait rendre au canton la vie et la fécondité.

Ceci est-ce une disgression ? Un lecteur étourdi serait bien tenté de le dire. Eh bien, tout au contraire, c'est le fond du sujet, c'est l'âme. Cette âme de la Perse, évoquée primitivement par le mystère des eaux qui créa le pays, revient obstinément, trois mille ans après Zoroastre, et, contre toute attente, elle avive l'esprit musulman, l'inonde de sa bonté féconde et de sa riche inspiration.

Le torrent des légendes, des sagas héroïques, avait toujours coulé par les voix populaires, mais couvert, obscurci du Magisme. Les rites, les purifications étaient au premier plan ; l'histoire des héros au second. Il fallut la conquête et l'effacement du Magisme, pour que les musulmans eux-mêmes, dans leur aridité, allassent chercher sous les ruines les cent mille canaux disparus de la vie héroïque, pour qu'un génie les réunît dans son immense fleuve qui les porte à l'éternité.

La Grèce

I

Rapport intime de l'Inde, de la Perse et de la Grèce

Les trois foyers de la lumière, l'Inde, la Perse la Grèce, brillent à part, sans reflet mutuel, sans se mêler, sans presque se connaître. Il le fallait ainsi pour que chacun d'eux librement fournît toute sa carrière, donnât tout ce qui fut en lui.

Le beau mystère de leur intime rapport, ouvert par les Védas dans le mystère du dogme, est simple. Le voici formulé pour la première fois en ce qu'il a d'essentiel.

Le Véda des Védas, le secret indien est ceci : « L'homme est l'aîné des dieux. L'hymne a tout commencé. La parole a créé le monde. »

« Et la parole le soutient », dit la Perse. « L'homme veille, et son verbe incessamment évoque, perpétue la flamme de vie. »

« Feu ravi du ciel même, et malgré Jupiter », ajoute l'audacieuse Grèce. « Ce flambeau de la vie, que nous nous passons en courant, un génie l'alluma et le remit à l'homme pour en faire jaillir l'art, se faire créateur, héros, dieu. Durs travaux !... Il n'importe. Captif en Prométhée, il remonte au ciel en Hercule. »

Voilà l'identité réelle des trois frères, leur âme commune, voilée dans les premiers, et, dans le dernier, éclatante.

Mais quelle que fût l'unité intérieure, il était essentiel aux libertés du genre humain qu'elle ne fût aperçue que tard, que l'Asie déjà vieille (cinq cents ans avant Jésus-Christ) n'étouffât pas la Grèce, que la Perse, altérée par le mélange chaldéen, ne lui imposât ce chaos. Elle lui arrivait dans le cortège impur de Babylone, de Moloch phénicien, de la fangeuse Anaïtis, dont Artaxercès, près de l'autel du Feu, dressa partout l'indigne autel.

Le grand événement de ce globe incomparablement c'est la victoire de Salamine, la victoire éternelle de l'Europe sur l'Asie. Fait de portée immense, devant lequel tout disparaît. Nous lisons, relisons, sans nous lasser jamais, Platée, Marathon, Salamine, toujours avec ravissement, avec le même élan de joie. Non sans cause. C'est notre naissance.

« Nous nous levons alors », comme dit le Cid. C'est l'ère d'où part l'esprit européen, – disons l'esprit humain, dans sa liberté souveraine, dans sa force d'invention et de critique, – esprit sauveur du monde : sa victoire sur l'Asie assura la lumière dont fut éclairée l'Asie même.

La Grèce si petite a fait plus que tous les empires. Avec ses œuvres immortelles, elle a donné l'art qui les fit, l'art surtout de création, d'éducation, qui fait les hommes. Elle est (c'est son grand nom) *le peuple éducateur.*

Telle y fut la force de vie que, deux mille ans après, après le long âge de plomb, il suffit d'une ombre légère, d'un lointain reflet de la Grèce pour faire la Renaissance.

Que restait-il ? un rien. Ce rien mit tout dans l'ombre, subordonna, éclipsa tout.

Il fallait peu. Quelques fragments épars, des feuillets vermoulus, quelque tronc de statue, sont tirés de la terre... L'humanité frémit... Des deux mains elle embrasse le marbre mutilé !... Elle s'est retrouvée elle-même.

C'est bien plus qu'aucune œuvre ; c'est le cœur qui revient, la force, la puissance, c'est l'audace et la liberté, la libre énergie inventive.

Transformation, éducation, c'est le vrai génie grec. Il est le magicien, le grand maître en métamorphoses. Le monde autour fait cercle, et rit. « C'est un jeu, disent-ils, une vaine féerie, c'est un amusement des yeux. » Puis, peu à peu l'on voit que ce cycle amusant de formes variées, par où passent les hommes et les dieux, c'est une éducation profonde.

Rien de caché. Tout en lumière. Point d'arrière-scène, de crypte ténébreuse. Tout se fait en plein air, par-devant le soleil, dans le grand jour de la palestre. Ce beau génie n'est point avare, jaloux. Les portes sont ouvertes à deux battants. Approchez, et voyez. L'humanité saura comment se fait l'humanité.

Comment, dans les mille ans de poésie que résume Homère, se fit l'engendrement, l'éducation des Dieux ? C'est le grand travail ionique. On suit sa trame transparente.

Comment, dans les longs siècles de la gymnastique dorienne, les jeux, les fêtes, ont fait des dieux vivants, les types de force et de beauté, la race d'Hercule et d'Apollon ? On le voit, on le sait, on y assiste encore.

Comment, à l'encontre du temps, de la mort envieuse,

lutta l'immense effort de la création statuaire, l'art amoureux d'éterniser le beau ? On peut l'étudier, malgré la grandeur de nos pertes.

Comment enfin, de la double analyse du drame, de la philosophie, s'éclairèrent les luttes de l'homme moral, jusqu'au moment sublime où, dégagé du dogme, sortit la fleur du monde et son vrai fruit, *le juste,* d'où Rome prend son point de départ ?... C'est la plus lumineuse histoire que le génie humain ait laissée de lui-même.

II

Terra mater, Dè-méter ou Cérès

Homère est si brillant qu'il empêche de voir le long passé qui déjà est derrière. Il l'enténèbre à force de lumière, comme un éblouissant portique de marbre de Paros, qui, miroitant sous le soleil, ne permet pas de voir l'immense temple, l'antique sanctuaire, dont il masque l'entrée.

Si l'on partait d'Homère, comme de la Grèce primitive, elle resterait un miracle inexplicable. Elle aurait jailli tout armée, comme Pallas, la lance à la main. Elle eût été, à sa naissance, déjà grande et adulte, toute aux combats, à l'esprit d'aventure. Ce n'est jamais ainsi que commencent les choses. Eschyle, le profond Eschyle, fort justement appelle les dieux d'Homère « les jeunes dieux ». L'un de ces jeunes, le dieu aux flèches d'or qui sème la mort dans le camp grec, le dieu dorien, Apollon, fait tout le nœud de l'*Iliade.*

La naissance veut un doux berceau. Rien ne vient de la

guerre. La paix et la culture, la famille agricole, voilà qui est fécond. Tout naît de la terre, de la femme. Ainsi naquit la Grèce à la mamelle de Cérès, divinité antique, qui paraît peu dans les poëtes, beaucoup dans la tradition et fut la vie du peuple même.

Elle n'est originairement rien autre que la terre : *Terra mater*, Dè-méter, la bonne mère nourrice, si naturellement adorée de l'humanité reconnaissante. Avant qu'on ne bâtît des temples, dans les grottes qui en tenaient lieu, les Pélasges, premiers habitants de la Grèce, honoraient Dèméter. Ce culte se maintint, tout rude et primitif, dans l'antique Arcadie qui se croyait plus antique que la Lune même (pro-Sélènè), et qui, fermée par ses montagnes, ses forêts, restait le sanctuaire sauvage des anciennes religions. Les siècles eurent beau passer, les Homère et les Phidias, quand tout rayonnait d'art, et jusqu'à la fin de la Grèce, la fidèle Arcadie gardait ses premiers dieux. On allait voir toujours, nous dit Pausanias, un simulacre informe où l'audace du génie barbare avait entrepris pour la première fois d'exprimer la personnalité si complexe de la Terre. Elle était noire, comme le sol fécond, et portait toute bête sauvage. Comme soutien de l'eau et de l'air, elle avait dans une main la colombe, dans l'autre le dauphin. Le tout couronné de la tête du plus noble animal qu'elle produise, le cheval.

Image discordante et grossière qui ne donnait que l'extérieur. Le génie grec ne s'en contenta pas. Il voulut exprimer l'intérieur de la Terre, son mystère, sa maternité, et il lui donna une fille. Cette fille, qui est elle-même, vue par un aspect différent, c'est la Terre en ses profondeurs sombres, fécondes, remplie de sources, de volcans. Muet abîme où descend toute vie, fatal royaume où tout doit aboutir. C'est la vraie Cérès noire, la souveraine, l'impérieuse, la Despoina (*Dame*, où *Notre Dame*), Perséphonè ou Proserpine.

Elle a l'air d'être de l'âge de sa mère. Dans l'Arcadie encore, une enceinte sacrée où plus tard on bâtit des temples, offrait un simulacre de Despoina, et près d'elle un Titan, un de ces génies de la Terre qui en représentaient les forces inconnues. Était-ce le père de Despoina ? Très-vraisemblablement. Plus tard, quand Jupiter naquit et qu'on fit Despoina sa fille, on subordonna ce Titan, qui ne fut plus que nourricier de la déesse.

Cérès et Proserpine, la terre d'en haut, la terre d'en bas, étaient fort redoutées. Sans l'une, on ne vit pas. Et l'autre tôt ou tard nous reçoit au royaume sombre. La guerre, l'invasion qui ne respectaient rien, s'arrêtaient devant leurs autels. On les constitua les gardiennes de la paix. Elles eurent partout des sanctuaires dans la pélasgique Dodone, dans la mystérieuse Samothrace où elles s'adjoignaient aux génies du feu, dans la volcanique Sicile, et spécialement au grand passage qui ouvrait ou fermait la Grèce, au défilé des Thermopyles. D'Éleusis, elles couvraient l'Attique. L'Arcadie nomma Proserpine Soteira, *vierge du Salut.*

Culte touchant, de très-simple donnée. C'est chose merveilleuse de voir tout ce que la Grèce y trouva. Nul poëme, nulle statue, nul monument, ne lui fait tant d'honneur que sa persévérance ingénieuse à fouiller, à creuser ce saint mystère de l'*âme de la Terre,* la pénétrant de mythe en mythe, par une création progressive de divinités ou génies, par une série de fables (très-sages et profondément vraies). Le charmant génie ionique s'y maria avec la gravité des races plus anciennes, des Pélasges, parents de la vieille Italie. Une religion en résulta, toute de paix et d'humanité, liée à Estia, Vesta, pur génie du foyer, liée à la sage Thémis qui semble n'être que Cérès. Cérès à Thèbes et à Athènes a rapproché les hommes, et fait les lois. Point de culture sans l'ordre. La justice est née du sillon.

Le peu que nous savons de cette primitive Grèce indique des mœurs fort douces, plus rapprochées peut-être de l'origine indienne, du génie humain des Védas que de l'âge guerrier que nous peint l'*Iliade*. Les plus anciennes traditions qui en restent sont relatives à la profonde horreur qu'inspiraient l'effusion de sang, surtout les sacrifices humains. Ils étaient détestés comme chose propre aux *barbares,* frappés de châtiments terribles. Pour avoir immolé des hommes, Lycaon est changé en loup, Tantale est puni aux enfers d'un supplice cruel, la soif atroce que rien n'apaisera.

Ce qui est tout à fait indien, ce qui même semble brahmanique, c'est le scrupule qu'on se faisait de tuer les animaux. Des rites de haute Antiquité restèrent pour témoigner toujours du combat qui troublait cers âmes naïves, ayant horreur du sang, et pourtant condamnées par le climat, par le travail, aux nourritures sanglantes. Pour immoler une victime, on tâchait de la croire coupable. Un gâteau sacré sur l'autel était mangé par le taureau ; ce sacrilège eût amené sur le pays la vengeance céleste ; il fallait punir le taureau. Mais tuer cet ancien serviteur, ce compagnon de labourage, personne n'en aurait le cœur. On appelait un étranger. Il frappait et il s'enfuyait. Une enquête solennelle était faite sur le sang versé. Tous ceux qui avaient pris la moindre part au sacrifice étaient cités, jugés. L'homme qui avait présenté le fer au sacrificateur, celui qui l'avait aiguisé, les femmes qui, pour l'aiguiser, avaient apporté de l'eau, tous étaient mis en cause. Ils s'accusaient, se rejetaient l'un sur l'autre ; en dernier lieu, tout retombait sur le couteau, qui seul ne se défendant pas, était condamné, jeté à la mer. On faisait au taureau la réparation qu'on pouvait. Relevé, empaillé, remis à la charrue, il semblait vivre encore, reprendre avec honneur le travail de l'agriculture.

Ces populations pacifiques étaient malheureusement inquiétées par la mer et les îles d'où les pirates d'Asie, de Phénicie, faisaient à chaque instant des descentes pour voler des enfants, des femmes. Cruels enlèvements! Portées en un moment et vendues en Asie, ces pauvres créatures ne se retrouvaient plus jamais. Des temps les plus anciens jusqu'aux Barbaresques modernes, mêmes malheurs, mêmes douleurs, mêmes cris. Les poëtes, les historiens ne parlent que d'enlèvements. C'est Io, c'est Europe, c'est Hésione, Hélène. Chose encore plus cruelle, l'affreux tribut d'enfants payé au Minotaure. Homère a peint la muette douleur du père qui a perdu sa fille, qui, morne, suit la plage où l'onde amère bondit, outrageuse, et rit de son deuil. Que dire du désespoir des mères quand la barque fatale emporte leur trésor, quand la fille éplorée, qui tend en vain les bras, fuit et disparaît sur les flots?

Ces tragédies certainement, surtout l'inquiétude et l'attente de si grands malheurs, contribuèrent plus qu'aucune chose à affiner cette race, à lui donner de si bonne heure la sensibilité puissante d'où sortit sa grande création religieuse, la légende de Cérès et de Proserpine, la pathétique histoire, la *Passion maternelle*.

Il n'y fallut pas de fiction. Tout fut nature et vérité. Et c'est ce qui fit la chose si durable, si forte, éternelle. L'humanité en garde encore l'empreinte, et elle la gardera toujours.

Chaque année, en voyant la plante séparée de sa fleur, celle-ci s'envoler, à jamais perdue pour sa mère, le cœur était percé d'une analogie douloureuse. Cette fleur, cette graine, qui s'en va, que lui advient-il? où va-t-elle, la pauvre petite? Le vent souffle, durement l'arrache. L'oiseau passe, la pique et l'emporte. Le plus souvent, elle a l'air de mourir; engloutie, elle tombe dans le sol noir, obscur, où elle est ignorée et comme dans l'oubli du sépulcre. Souvent aussi l'homme, pour son usage, la torture de toute manière, la noie, la broie, la pile, lui inflige cent supplices. Toute nation a chanté cela. Toute humanité, de l'Inde à l'Irlande, en contes ou en ballades, a dit les aventures, les misères de cette jeune créature. Récits le plus souvent badins. Seule la Grèce qu'on croit si légère, n'a pas ri, – au contraire, pleuré.

Le drame était trouvé d'avance. Ce qui fut vraiment du génie, c'est la création de Cérès, l'idée d'une adorable mère dont l'infinie bonté rend plus sensible encore la cruelle aventure. Puis, la conception d'un divin cœur de femme, grandi par la douleur. Elle devient l'universelle nourrice, nous prend tous pour enfants; l'humanité entière sera sa Proserpine.

Conception infiniment pure, et la plus pure qui fut jamais. Les sens n'y sont pour rien. La très-touchante Isis qui pleure son Osiris, ne fait aucun mystère de ses ardeurs d'Afrique, de son cuisant désir; elle pleure, cherche, appelle un époux. Pour Cérès, l'objet adoré, pleuré, est une fille. Donc, jamais sa légende ne subira les équivoques des cultes plus récents où la mère pleure un fils, où rajeunie par l'art et plus jeune que lui, elle est souvent moins mère qu'épouse.

Cérès est la pensée sérieuse des peuples agricoles. Le travail rend fort grave. Peu de raffinements amoureux ou mystiques chez ceux qui portent le poids de la vie. Rien de subtil, de faux. La vérité en ce qu'elle a de plus touchant, l'accord profond des choses que les âges sophistes ont plus tard séparées, l'accord parfait du cœur, de l'amour et de la nature, la beauté fleurissant de l'infinie bonté : voilà ce que les hommes simples conçurent, même exprimèrent au premier élan de l'art grec. Bien avant les marbres d'Égine, sinistre image des combats, la pacifique Cérès ornait de sa tête adorée les médailles admirables de Sicile[1]. Noble équilibre de beauté, simple, agreste, royale. Sa riche chevelure mêle son or à l'or des épis.

Entre la joie, les larmes, dans les alternatives de bien, de mal, de soleil ou d'orage, elle a une chose immuable, la bonté. Elle aime, à l'égal de la plante, les troupeaux innocents, les douces brebis, et surtout les enfants (*malo-trophos, kouro-trophos*). Elle est pour tous mère et nourrice. Sa belle mamelle, en tout temps (fût-elle en pleurs), veut allaiter. Elle est l'amour, elle est le miel, elle est le lait de la nature.

Dur contraste de la destinée. Cérès, ce génie de la paix, est née en plein combat entre des puissances contraires. Elle fleurit aux lieux où le drame des éléments est plus terrible, aux îles volcaniques, en Sicile. Si chaste, si pure qu'elle soit, elle est en butte à deux attractions fatales. Déesse de la fécondité, elle ne peut réaliser son œuvre qu'en subissant la céleste rosée, et d'autre part, les influences obscures des chaleurs souterraines, des haleines puissantes qui sont le souffle de la terre. Zeus lui en veut, Pluton aussi. Elle est femme. La profondeur sombre lui fait peur. Elle qui n'est qu'amour et que vie, comment se déciderait-elle à épouser le roi de la mort ? Elle hésite, mais en attendant, elle ne peut empêcher le Ciel de pleuvoir dans son sein. Tout ce qu'elle en sait, l'innocente, c'est qu'il lui vient une petite Cérès qui fleurit d'elle, comme la plante en fleur a une fille qui est elle-même.

---

[1] Voir celles du cabinet des médailles, et aussi le *Trésor de numismatique et de glyptique,* les Médailles publiées par M. de Luynes. La collection Campana avait une fort belle Cérès qu'on croit du temps de Phidias. Hélas, elle est déportée en Russie ! en Russie, cette fille de la Grèce et de la Sicile, cette mère de l'art et de l'humanité !

On sait l'histoire [1]. La jeune fille, au printemps, non loin de la mer, avec les nymphes ses compagnes, cueillait des fleurs dans la prairie. Le premier narcisse fleurissait. Elle a désir, *envie*, de la fleur des légendes qui, comme on sait, fut un enfant. Elle s'y prend des deux mains, veut l'enlever. Mais la terre s'ouvre. Le noir Pluton surgit avec son char et ses coursiers de feu. Elle est enlevée, la petite, malgré ses pleurs, ses cris ; elle est si enfant encore qu'elle voudrait retenir ses fleurs. En vain. Elles inondent la terre, qui partout verdoie et fleurit.

Elle voit tout fuir, dans ce vol, la terre, la mer, le ciel. On pense à Sitâ (la fille du sillon), enlevée dans le poëme indien par l'esprit mauvais, Râvana. Mais que la Grèce ici est supérieure et plus touchante : Sitâ n'a pas de mère pour la pleurer.

Pauvre Cérès ! tous les dieux sont contre elle. Ils se sont entendus pour lui navrer le cœur. Jupiter l'a permis. Nul n'oserait lui dire ce que sa fille est devenue. Elle prie, elle s'adresse à toute la nature. Mais nul augure ; l'oiseau même est muet.

Alors désespérée elle arrache ses bandelettes, et ses longs cheveux volent. Elle prend les habits de deuil, le manteau bleu. Elle ne touche à nulle nourriture. Elle ne baigne plus son beau corps. Éperdue, quasi morte, portant les torches funéraires, neuf jours entiers, neuf nuits, elle court par toute la terre. Enfin, elle est anéantie, gisante. Hécate et le Soleil finissent par en avoir pitié. Ils

---

[1] Cette histoire est la légende qu'on jouait partout en drames sacrés. Elle est du caractère le plus antique, indépendante de l'*Hymne à Cérès,* attribué à Homère ; indépendante des mystères d'Éleusis, où la pauvre Cérès envahie par le culte récent de Bacchus, subit dans sa légende de si tristes altérations.

lui révèlent tout. Malheur irréparable. Elle ne retournera plus dans cet injuste ciel. Elle erre misérable ici-bas.

Courbée par la douleur, elle se traîne comme une vieille. À midi, sous un olivier, non loin d'un puits, elle s'asseoit. Les femmes et les filles qui viennent y puiser lui parlent avec compassion. Quatre belles jeunes vierges, filles du roi, l'accueillent, la mènent à leur mère. « Qui êtes-vous ? – Je suis *la chercheuse*. Des pirates m'avaient enlevée. J'ai fui... Donnez-moi un enfant à nourrir et à élever... » À ce moment, elle rayonne d'une telle splendeur de bonté que la reine est troublée, éblouie, attendrie. Elle lui met son enfant dans les bras, enfant chéri et le dernier, un enfant du vieil âge qui est venu vingt ans après ses sœurs.

Cependant la déesse a le cœur si serré encore qu'elle ne peut parler ni manger. Nulle prière, nulle tendresse ne l'y déciderait. Il y faut un hasard. Une fille rustique, hardie, jeune et joyeuse, Iambée [1], par un badinage, à travers ce grand deuil, met un moment d'oubli, lui surprend un sourire. Elle accepte la nourriture, – ni vin, ni viande, – seulement la farine parfumée de menthe (la future hostie des Mystères). Douce communion de la bonne déesse avec l'humanité. Pour ambroisie, nectar, elle prend le pain et l'eau. Bien plus, elle accepte l'enfant, qui dès lors a deux mères, est fils de la terre et du ciel.

On devine aisément qu'il fleurit, à sa riche mamelle, favorisé de son souffle divin. Imprégné d'elle, il change de nature. Elle l'aime et voudrait le faire Dieu. Le feu seul divinise et l'épreuve du feu. Plus tard, c'est du bûcher qu'Hercule doit s'élancer au ciel. Cérès, qui fait par la cha-

---

[1] De là l'*iambe*, le mètre boiteux des satyres et des comédies qui fit rire une telle douleur. Origine analogue (non contraire) à celle du vers indien, qui naît de la douleur de Valmiki, d'une arme, du rythme des soupirs.

leur germer les délicates plantes, sait bien par quels degrés son enfant sans douleur, sans péril, peut subir l'épreuve. Chaque nuit, elle le met au foyer. Par malheur, la mère curieuse vient l'observer, s'effraye et crie... Hélas ! tout est fini ! L'homme ne sera pas immortel. Il souffrira les maux, les misères de l'humanité.

Ainsi Cérès qui a perdu sa fille, perd son enfant d'adoption. Plus désespérée que jamais, elle reprend sa course échevelée. Elle semble affamée de douleurs. Le ciel lui est pesant, et la terre odieuse. Elle sèche, cette terre, ne produit plus ; quand sa déesse souffre, peut-elle être autre chose qu'un lugubre désert ? Cérès a rejeté sa divinité inutile ; elle erre dans les routes poudreuses, elle s'asseoit mendiante aux bornes du chemin. Toutes nos nécessités l'assiègent ; elle succombe de fatigue et de faim. Par pitié, une vieille lui donne un peu de bouillie qu'elle avale. Pour comble, elle est moquée. Un indigne enfant rit, la montre au doigt, imite et bouffonne son avidité. Cruelle ingratitude ! que l'homme rie de la bonne nourrice qui seule soutient la vie de l'homme ! Mais la malice impie se punit elle-même. L'enfant sèche de méchanceté ; il devient un reptile, le maigre, le fuyant lézard, sec habitant des vieilles pierres. Bonne leçon qui rendra charitable. Enfant, ne ris jamais du pauvre. Qui sait si ce n'est pas un Dieu ?

La terre souffre à ce point qu'elle émeut et effraye le ciel. Plus de moissons, plus de bestiaux. Les dieux, sans sacrifices, sont affamés aussi. On envoie à la mendiante les Iris, les Mercure, et tous les messagers des cieux. « Non, rendez-moi ma fille. » – Il faut bien que Pluton cède, un moment du moins. L'adorée échappe aux enfers, elle arrive sur un char de feu, elle embrasse sa mère. Celle-ci serait morte de joie... Qu'elle est changée pourtant, cette fille ! plus belle que jamais, mais si sombre !... Beauté blessée ! beauté fragile ! mort et fleurs ! hiver et printemps ! voilà la double Proserpine, charmante et redoutable, qui presque impose à sa mère même... « Ah ! ma fille, es-tu bien à moi ? n'es-tu pas de l'enfer encore ? n'as-tu rien goûté de là-bas ? » Pluton ne l'a laissée partir qu'en lui faisant prendre un pépin du fruit mystérieux de la fécondité, la grenade aux grains innombrables. En d'autres termes, elle rapporte la fécondation ténébreuse du noir empire, et doit y retourner. Éternellement partagée, chaque année à l'automne perdue de nouveau pour sa mère, elle retombe au fond de sa nuit, et Cérès au printemps n'a la joie de la retrouver qu'avec la triste attente de la voir disparaître encore.

Voilà la vie et ses alternatives. Cérès en porte tout le poids. Qui la consolera ? Le travail, le bien qu'elle fait à l'homme. Si elle n'en peut faire un dieu, comme elle l'avait voulu, elle en fait un grand travailleur, Triptolème, *broyeur* de la glèbe par la charrue, et *broyeur* du grain par la meule ; le juste Triptolème, l'enfant du labourage, pacifique, économe, plein de respect pour le travail d'autrui, sage ami de l'ordre et des lois.

Belle histoire ! et si vraie ! mêlée de joie et de tristesse, de sagesse surtout, d'admirable bon sens ! Elle se traduisait populairement en deux fêtes, fort simples, toutes de nature, et sans mystère alors, sans raffinement.

Au printemps, les *Anthestéries,* fête des fleurs. La belle Proserpine qui revient en couvre la terre ; elle ramène les enchantements de la vie. Elle ne ramène pas tout le monde ; elle laisse là-bas nos morts aimés. La joie n'est pas sans pleurs, ne les voyant pas revenir. On tresse des couronnes pour tous, aussi pour les tombeaux. Souriante, mais attendrie, la femme couronne de fleurs son vieux père, son petit enfant. Il faut bien naître, puisqu'on meurt. Le deuil même commande l'amour. Cette fête des fleurs était celle de la fleur humaine, le grand jour de la femme et des sérieuses joies de l'hymen. La très-chaste Cérès le voulait, l'ordonnait ainsi.

À l'automne, les *Thesmophories*, fête des femmes, fête des lois. C'est aux femmes que la déesse avait remis ses lois d'ordre et d'humanité. Non sans raison. Qui est, plus que les mères, intéressé dans la société où elles mettent un tel enjeu, l'enfant ! Qui, plus qu'elles, est frappé par le désordre ou par la guerre ?

L'automne a double caractère. Pour l'homme, rafraîchi, reposé, qui n'a plus guère à faire que les semailles et déguster le vin nouveau, elle est gaie, parfois trop joyeuse. Mais les femmes se souvenaient que c'est pour Cérès le triste moment où elle voit sa fille descendre dans la terre. Elles opposaient cela aux empressements de leurs maris, et les fuyaient pour quelques jours. Souriantes elles-mêmes de leurs sévérités, et des gémissements qu'arrachait ce sevrage, elles allaient soit à la mer, au sombre promontoire où l'on adorait les déesses, soit au temple célèbre d'Éleusis quand il fut bâti. Elles y portaient en pompe les lois de Cérès, lois de paix, qu'au retour elles pouvaient sans peine faire jurer à l'amour avide, pour le futur bonheur de l'enfant désiré.

Quelles sont donc ces lois si puissantes qui ont fait la société ? Fort simples, si nous en jugeons par celles qu'on a conservées. *L'amour de la famille, l'horreur du sang,* voilà ce qu'elles recommandent, et rien de plus. Mais cela fut immense. Dans l'esprit de Cérès, la famille s'étend, devient la patrie, la tribu, qui unie sera la bourgade, – la bourgade unie, la cité. Point de sang ; ne tuer personne, et pas même les animaux. Nulle offrande aux dieux que des fruits. Si l'animal est épargné, combien plus l'homme ! Point de guerre, la paix éternelle. Du moins, dans la guerre même, s'il le faut, un esprit de paix. Je vois d'ici l'*autel de la Pitié,* élevé dans Athènes. Je vois *la Paix* divinisée, aux grandes fêtes qui unirent les cités et en firent un seul peuple à Olympie, à Delphes.

Le respect de la vie humaine considérée comme précieuse aux dieux, sainte et sacrée, divine, contribua certainement plus qu'aucune chose à la faire juger immortelle. Si la fleur ne meurt que pour renaître, pourquoi ne renaîtrait pas l'âme, cette fleur du monde? Le blé, dans ses naissances et ses renaissances éternelles, beaucoup mieux qu'aucun dogme, enseigna la résurrection. Tant de siècles après, saint Paul (en ses Épîtres) n'a nul autre argument que la vieille leçon de Cérès.

En cela et en tout, elle fut la grande institutrice. Son culte, populaire, enrichi et dramatisé d'une imposante mise en scène, aboutit (fort tard) aux Mystères, qui, quoique attaqués des chrétiens, furent pourtant imités par eux.

Immenses ont été ses bienfaits. Elle donna une base de chaleureux amour au léger esprit ionique qui n'était que transformations. Elle créa pour Athènes la Société, ébaucha la Cité, cette Cité entre toutes *humaine*.

Ce n'est pas la mobile fantaisie, l'imagination qui aurait enfanté la vie. Pour faire un monde, il faut tout autre chose, beaucoup d'amour, beaucoup de vérité. La maternité de Cérès, son pur amour, qui déborde en bonté, fut le saint berceau de la Grèce. Bien avant l'Olympe d'Homère, elle eut de longs siècles muets qui couvaient son avenir. Puissant, fécond foyer! De la légende d'une mère elle conçut la flamme qui la fit mère aussi. Pour s'expliquer les âges où elle illumina la terre, il faut la voir d'abord enfant adopté de Cérès, la voir quand elle prit le flambeau de sa main, ou quand, sous sa nourrice, elle cueillait les fleurs d'Éleusis ou d'Enna.

III

LÉGÈRETÉ DES DIEUX IONIQUES
LA FORCE DE LA FAMILLE HUMAINE

La science marche, et la lumière avance. La foi nouvelle se confirme en trouvant sous la terre ses solides racines dans la profonde antiquité. Le duel mémorable que j'ai vu jeune encore entre la liberté et la théocratie, la vraie, la fausse érudition, sur les origines grecques, le voilà terminé. Question capitale, vivante, d'intérêt éternel. Le plus brillant, le plus fécond des peuples fut-il son Prométhée lui-même, ou fut-il enseigné, façonné par le sacerdoce ? fut-il l'œuvre du sanctuaire ou du libre génie humain [1] ?

Trente années de travaux ont décidé la question et tranché le nœud pour toujours. Les résultats sont si clairs et si forts que l'ennemi n'ose plus souffler. Par en bas, dans tous les détails, de point en point, il est battu. D'en haut, un grand coup de soleil, la jeune linguistique, l'accable plus encore, manifestant au jour que dans ces hautes origines il n'y eut nul artifice de sagesse sacerdotale, nul symbolisme compliqué, mais la libre action du bon sens et de la nature.

Le culte vénérable de l'âme de la Terre, de Cérès et de

---

[1] M. Guignaut, un vrai savant, qui a usé sa vie dans l'œuvre immense de traduire, compléter, rectifier la *Symbolique* de Creuzer, a été chez nous, en ce siècle, le véritable fondateur de l'étude des religions. Ce maître aimé fut notre guide à tous. Les Renan, les Maury, tous les critiques éminents de cet âge, ont procédé de lui. Il a ouvert la voie à ceux mêmes qui, comme moi, penchent vers l'*Anti-symbolique*, vers Strauss, vers Lobeck, et croient avec celui-ci que, si Cérès est très-ancienne, les Mystères d'Éleusis et les mythes orgiastiques sont de fabrication récente. V. Lobeck, *Aglaophanus*, 1829 (Kœnisberg).

Proserpine, touchant, non sans terreur, qui montrait dans vingt lieux divers l'abîme refermé, la porte de Pluton, partout ailleurs qu'en Grèce aurait créé un puissant sacerdoce. Par deux fois, il y échoua. Aux temps les plus anciens, il fut subordonné par le joyeux essor des métamorphoses ioniques, la fantaisie des chantres ambulants qui variaient les fables et les dieux. Plus tard, quand les Mystères, aidés de tous les arts, d'une ingénieuse mise en scène, pouvaient avoir très-forte prise, la Cité existait, incrédule et rieuse. On put chasser Eschyle, on put tuer Socrate, on ne put rien fonder, et l'on tomba dans le mépris.

Voici les derniers résultats de la critique moderne :

1° *La Grèce n'a rien reçu,* ou presque rien, *du sacerdoce étranger.* Ce qu'elle crut elle-même égyptien, phénicien, est profondément grec. Dans ses âges de force et de génie, elle n'aima qu'elle-même, dédaigna ces vieilleries. Cela lui garda la jeunesse, la parfaite harmonie qui faisait sa fécondité. Quand, à la fin, les dieux ténébreux de l'Asie se glissèrent en son sein, elle avait fait son œuvre, elle entrait dans la mort.

2° *La Grèce, à nulle époque, n'a eu un sacerdoce réel et régulier*[1]. La vaine supposition qu'elle l'eût *avant les temps connus* n'a ni preuve, ni vraisemblance. Elle n'a pas été dirigée. Voilà pourquoi elle a marché droit, dans un merveilleux équilibre.

Un des effets très-graves de la pression sacerdotale, est d'absorber tout dans telle forme, d'engloutir toute vie dans un seul organe, un seul sens. Ce sens, cette partie

---

[1] Le livre, souvent superficiel, de Benjamin Constant, est fort ici et mérite grande attention. Ses principales assertions sont confirmées dans le savant ouvrage où Alfred Maury a résumé tous les travaux récents de l'Allemagne, en y mettant un ordre excellent et nouveau qui y jette une grande lumière : *Histoire des religions grecques,* 3 vol. (1857).

profite infiniment. Vous avez par exemple une main monstrueuse, le bras est sec, le corps étique. C'est ce qui a paru si terriblement dans l'Égypte, et plus encore dans l'Europe du Moyen Âge, qui eut tel sens exquis et tel organe gigantesque, l'ensemble faible, pauvre, stérile. Dans la Grèce, laissée à son libre génie, toutes les facultés de l'homme, – âme et corps, – instinct et travail, – poésie, critique et jugement, – tout a grandi, fleuri d'ensemble.

3° La Grèce, *mère des fables,* comme on se plaît tant à le dire, eut deux dons à la fois, d'en faire, et d'y peu croire. Imaginative au dehors, intérieurement réfléchie, elle fut très-peu dupe de sa propre imagination. Nul peuple moins exagérateur. Elle peut incessamment inventer, conter des merveilles. Elles lui portent peu au cerveau. Le miracle a peu de prise sur elle. Un ciel fait et refait sans cesse par les poëtes, les chantres ambulants (ses seuls théologiens), ne lui inspire pas tellement confiance qu'elle croise les bras et attende ce qui lui viendra de là-haut. Elle part de l'idée que l'homme est frère des dieux, né, comme eux, des Titans. Travail, art et combat, gymnastique éternelle d'âme et de corps, c'est la vraie vie de l'homme, qui, malgré les dieux mêmes, *contre leur jalousie,* le fait *héros* et quasi dieu.

Maintenant comment cet Olympe, fait de hasard, ce semble, improvisé par les aveugles, les chantres de carrefours, de temples ou de banquets, les Phémius et les Démodocus, comment pourra-t-il prendre un peu d'ensemble et d'unité? Pour un auditoire très-divers, autre sera la muse. Ses fables, chantées autour des temples dans la solennité sacrée, au contraire, chez les rois, seront guerrières, qui sait? badines (comme certains chants de l'*Odyssée*). Un pêle-mêle immense va résulter de tout cela.

Erreur. Tout peu à peu s'arrange. Notez que ces chantres, au fond, sont une âme, un même peuple, dont la vie, les mœurs, les milieux, ont peu de différence. Notez que leur art est le même, leur procédé le même. Ils parlent à la même personne, dont la voix répond, la Nature.

On le voit aujourd'hui, par les vraies étymologies, ces créations mythologiques, en Grèce (comme dans l'Inde Védique), sont d'abord simplement des forces élémentaires (Terre, Eau, Air, Feu). Seulement, dans le monde grec qui personnifie et précise, l'évocation du poëte fait surgir partout des esprits, vifs et mobiles, à son image. Elle appelle à l'activité nombre d'êtres qu'on eût crus des choses. Les chênes sont forcés de s'ouvrir, d'émanciper les nymphes qu'ils ont si longtemps contenues. Et la pierre elle-même, dressée sur le chemin, vous propose l'énigme du sphinx.

Voix innombrables, mais non pas discordantes. Le grand concert se divise en parties, en groupes, en gammes harmonieuses.

On a vu celle de la Terre. De Cérès, la chaste déesse vénérée, redoutée, on sut tirer pourtant tout un monde aimable de dieux. Amie de la chaleur, parente du Feu (ou Estia), elle aspirait en bas. Pour lui épargner le voyage souterrain, on lui crée sa fille, autre Cérès. Pour lui sauver les durs travaux de labourage, un génie inférieur naquit, comme une rustique Cérès mâle, le *broyeur* Triptolème. Pour garder son royaume, le champ, la moisson, les limites, il fallait des lois et des peines. Mais la bonne Cérès punirait-elle ? On en charge Thémis, la froide Cérès de la loi, dont le glaive est Thésée, législateur d'Athènes, le vaillant Hercule ionique.

Non moins riche, la *gamme du Feu*, – des Cabires difformes aux Cyclopes, à l'ouvrier Vulcain, à Prométhée l'artiste, va se développant, – tandis que, de la nuit (Latone), la splendeur de Phœbus, éclate, et que du front chargé, sombre, de Jupiter, l'éther jaillit, l'éclair sublime de Minerve, de la Sagesse.

Mais tous ces dieux diffèrent étonnamment, si j'ose dire,

de solidité. Il y aurait un livre à faire sur leurs tempéraments : la physiologie de l'Olympe. Plusieurs, avouons-le, restent à l'état de brouillards, ou même quelque chose de moins, n'étant guère que des adjectifs, comme ces synonymes d'Agni, dont l'Inde a fait des noms de Dieu. Plusieurs, un peu plus fermes, sont, comme dit très-bien M. Max Müller, déjà *figés,* de quelque consistance, mais restent cependant transparents, diaphanes ; on voit tout à travers. Leur père, le génie ionique, ne leur permet d'agir un peu comme *personnes* qu'à condition de rester *éléments,* et, comme tels, d'être toujours dociles à ses métamorphoses. Avec cela, il peut toujours disposer d'eux, les varier, les enrichir de nouvelles aventures, les marier, en tirer des héros.

Cette manipulation mythologique est très-facile à suivre dans la *gamme des dieux de l'Air,* qui naturellement devaient flotter beaucoup et prêter aux transformations.

L'air supérieur, le Ciel, le père Zeus, Jupiter, a nécessairement la plus haute place, le trône de la nature. Il pleut, il produit tout. Successeur des vieux dieux, des Titans, il engendre la famille des dieux helléniques. Il règne, il a la foudre, et terrifie le monde. Il la roule à grand bruit, s'acquittant des fonctions qu'Indra remplit dans les Védas. Pour les vents, il délègue ses pouvoirs à Éole, un petit Jupiter, qui les tient dans des outres captifs aux cavernes profondes.

Si Jupiter est ici-bas le grand fécondateur, c'est que là-haut aussi il a une céleste fécondité. En Asie, il serait un dieu mâle et femelle. En Grèce on le dédouble, on lui donne une femme qui n'est que l'Air encore, l'air femelle. Hérè ou Junon. Air trouble, agité, colérique. Cela ne suffit pas. Dans sa hauteur sublime, au-dessus des nuées, dans l'éther pur, on voit tout autre chose. Jupiter devient triplé. On lui fait une fille, Pallas, qui part de lui, de lui seul, non de sa Junon. Plus tard viendront les Doriens, qui l'obligeront de partager son règne sur l'orage avec le jeune dieu Apollon, qui a des flèches (comme l'Indra védique) pour percer le dragon des nues. Ainsi, de Zeus ou du Père Ciel, se fait toute une série de dieux, non fortuite, ni désordonnée, mais bien liée, progressive, harmonique, une belle gamme de poésie. Zeus, doublé, triplé, quadruplé, n'en garde pas moins son rang supérieur, et sa noble représentation [1]. Il est le père de tous les jeunes olympiens, et, comme vers la fin, tous se reconnaîtront en lui, verront qu'ils n'étaient que lui seul, sa supériorité prépare aux philosophes leur future unité de Dieu.

La Grèce, dans un instinct singulier de progrès moral, ne laisse point ses dieux chômer et s'endormir. Elle les travaille incessamment, de légende en légende, les humanise, fait leur éducation. On peut la suivre pas à pas, d'âge en âge. Les *dieux-nature* ont beau se personnifier ; ils pâlissent. Les *dieux-humains* surgissent, les *dieux-moraux* grandissent. Les dieux justiciers, héroïques redresseurs de torts, dont le triomphe ferme l'histoire divine, jetant leur costume à la fin, montrent le vrai héros, *le sage*. D'Hercule reste le stoïcien, que l'École très-bien dit *le second Hercule*. C'est la vivante pierre, le ferme roc du Droit, où Rome tout à l'heure asseoira la Jurisprudence.

C'est là le but suprême et lointain vers lequel on marche à l'aveugle, mais très certainement : *il faut faire le héros.*

---

[1] Les Grecs en parlent toujours magnifiquement, avec une grandeur emphatique qui n'est point du tout le respect. C'est un dieu d'apparat et de décoration. On le paye de cérémonies. Pour le sérieux, le réel, il n'est nullement sur la ligne de bien des dieux qui semblent inférieurs. On le trompe aisément. Ce roi des Olympiens, comiquement attrapé par sa femme qui l'endort sur l'Ida (*Iliade*), dupé par Prométhée (*Hésiode*) qui pour sa part de la victime lui fait prendre la peau et les os, rappelle un peu le Charlemagne des *Quatre fils Aymon* qui s'endort sur son trône et qu'on bafoue dans son sommeil.

Dire que les dieux descendent, s'incarnent comme ils font dans l'Inde, cela servirait peu, sinon à endormir l'activité humaine. L'important serait d'établir une bonne échelle régulière par où l'on pût et descendre et monter, par où l'homme de force et de labeur, ayant développé ce qu'un dieu mit en lui, s'envolât, devînt dieu. Ni la langue, ni l'esprit grec ne permit aux poëtes d'exprimer les divines naissances sinon par des amours divins. Des dieux, le plus fluide, l'aérien Jupiter, eut le rôle du grand amoureux. Les chantres populaires ne le ménagèrent pas. Tout en lui donnant la figure imposante et les noirs sourcils, la barbe redoutable du père des dieux, ils le lancèrent dans mille aventures de jeunesse. Et tout cela badin, de léger bavardage. Pas un seul trait passionné.

Au reste, rien de plus transparent dans cette langue. Il n'y a guère de moyen de s'y tromper. Le sens physique reste toujours marqué. La traduction seule est obscure; elle exagère la personnalité de ces êtres élémentaires. « *Zeus a plu dans la Force* (c'est littéralement le nom d'Alcmène), *et elle a conçu* le Fort (Alcide). » – *Zeus a plu par l'orage dans la Terre* (Sémèlè) qui, foudroyée, *conçut* Bacchus, ou le vin chaleureux. Quoi de plus clair pour ces primitives tribus, de vie tout agricole [1]?

Ces fables des amours et des générations divines apparurent vraiment scandaleuses, quand Évhémère et ses

---

[1] Dans un petit livre admirable de force et de bon sens M. Louis Ménard dit très-bien de cet âge agricole, encore tout près de la nature, qui venait de faire ces symboles et qui voyait parfaitement à travers : « On ne s'offensait pas plus des mille hymens de Zeus et d'Aphrodite qu'on ne songe aujourd'hui à trouver que l'oxygène est débauché par qu'il s'unit à tous les corps. » L. Ménard, *De la morale avant les philosophes* (1860), p. 104.

pareils les expliquèrent par l'histoire prétendue des rois du temps passé, quand Ovide et autres conteurs les égayèrent des jeux d'une facilité libertine, quand enfin les esprits affaiblis de la décadence, un Plutarque par exemple, oublièrent, méconnurent entièrement le sens primitif. En vain les Stoïciens, par une juste interprétation que la linguistique aujourd'hui confirme tout à fait, y montraient les mélanges des éléments physiques. Les chrétiens se gardèrent d'y vouloir rien comprendre ; ils saisirent ce précieux texte d'attaques et de déclamations.

Dans les temps déjà byzantins où tout sens élevé s'émousse, personne n'est plus assez fin pour sentir le caractère double de ces fables antiques, le clair-obscur où elles flottaient entre le dogme et le conte. Lourdement, impérieusement, ils interrogent la Grèce : « Croyais-tu ? ne croyais-tu pas ? » Il semble voir un magister, grondant un enfant de génie qui a, comme on l'a à cet âge, le don d'imaginer et de croire à moitié tout ce qu'il imagine. Le vieux sot ne sait pas que l'on commence ainsi. Il ignore qu'entre croire et ne croire pas, il y a des degrés infinis, d'innombrables intermédiaires.

Chez ce peuple inventif, à la langue fluide et légère, tant que les dieux eurent leur vraie vie, leur facile végétation mythologique, ils changeaient trop pour peser sur l'esprit. Aux lieux où la tradition plaçait leurs aventures divines, autour d'un oracle ou d'un temple, on croyait sans doute un peu plus. Les chanteurs populaires éloquemment contaient la merveille du temple au voyageur ravi. Il l'apprenait en vers pour la mieux retenir, mais non sans ajouter de poétiques variantes. Ainsi la chose allait flottant, changeant toujours, chaque nouveau chanteur se sentant même droit dans la muse et l'inspiration.

Nous avons dit ailleurs combien l'âme intérieure de l'Inde garda de liberté contre ses dogmes, malgré les apparences d'un joug sacerdotal si fort. Mais combien plus cette liberté existe pour la Grèce, qui n'a nul joug pareil, qui se fait, se refait incessamment elle-même ! Pour défendre le sens moral des excentricités légères de la fable religieuse, elle n'a nul besoin de critique sévère, ni de dure ironie. Il lui suffit d'avoir ce qui garde le mieux des tyrans divins : le sourire.

La Grèce n'eut pas la sévère attitude, la gravité solennelle qui frappent chez certains peuples. Mais le génie du mouvement, la puissance inventive qui fut infatigable en elle, certaine vivacité légère, la soulevaient toujours au-dessus des choses vulgaires et basses. Un air très-pur, point du tout énervant, le sublime éther d'un ciel bleu, librement y circule et tient la vie très-haute. Ce n'est point proprement le scrupule, la peur du péché, l'attention à fuir ceci, cela, qui dominent chez elle. C'est sa propre nature, une sève âprement virginale d'action, d'art ou de combat, la flamme innée de la Pallas qui la maintient à l'état héroïque.

Cela est exprimé à merveille dans ses belles traditions. Quand Agamemnon part pour si longue absence de la guerre, du siège de Troie, que laisse-t-il auprès de Clytemnestre ? Qui voyons-nous siéger près d'elle aux repas, aux heures du repos ? Un prêtre ? Non, un chantre, dont les nobles récits lui soutiendront le cœur. Gardien respectueux, ce ministre des chastes muses combattra chez la femme la rêverie, les molles langueurs. Il lui dira la forte et sublime histoire du passé, Antigone immolant l'amour, la vie, à la pitié fraternelle, Alceste mourant pour son époux, Orphée jusqu'aux enfers suivant son Eurydice. Tant qu'il chante, l'épouse est toute au souvenir d'Agamemnon absent. Si bien que le perfide Égysthe n'en vint à la corrompre qu'en enlevant l'homme de la lyre. Il le jeta dans une île déserte, et la reine, dès lors abandonnée des muses, le fut aussi de la vertu.

Ce qui étonne, c'est que certaines choses rappellent, dans un climat méridional, la froide pureté du Nord. La plus jeune des filles de Nestor baigne Télémaque. Laërte, père d'Ulysse, a fait élever sa fille avec son jeune esclave Eumée. La fille de Chiron, le sage centaure, qui ne cède en rien à son père, fait l'éducation d'un jeune dieu, et lui enseigne tous les mystères de la nature. On se croit en Scandinavie ; on croit lire le Nialsaga où la noble vierge a un guerrier pour précepteur.

La Grèce présente exactement l'envers du Moyen Âge. Dans celui-ci, toute littérature (ou presque toute) glorifie l'adultère : poëmes, fabliaux, noëls, tout celèbre le cocuage. Des deux grands poëmes grecs, l'un punit l'adultère par la ruine de Troie. L'autre est le retour héroïque de l'époux, le triomphe de la fidélité. En vain les prétendants obsèdent Pénélope. En vain les Calypso, les Circé, se donnent à Ulysse, et veulent, avec l'amour, lui faire boire l'immortalité. Il préfère son Ithaque, préfère Pénélope et mourir.

Chose horrible qui fait frissonner un Père de l'Église, « Saturne mangeait ses enfants !... Quel exemple pour la famille ! » Rassurez-vous, bonhomme. Il avale des pierres à la place.

Dans la réalité, très-forte est la famille grecque. Et elle n'est pas moins pure. L'histoire d'Œdipe et autres montrent assez combien les Grecs eurent horreur de certaines unions qu'ils croyaient propres aux *barbares*.

Avant l'invasion du dorisme, ces guerres cruelles qui contractèrent la Grèce et altérèrent l'antique humanité, la famille est tout à fait cette famille naturelle et sainte qu'on voit dans les Védas, qu'on voit dans l'Avesta. Elle a son harmonie normale et légitime. Quand plus tard la philosophie, la douce sagesse socratique de Xénophon[1] cherche logiquement quel est le vrai rôle de la femme, elle n'a rien à faire qu'à revenir tout simplement à ce que nous peint l'*Odyssée*.

La maîtresse de maison a dans Homère la moitié du gouvernement, tous les soins intérieurs, ceux même de l'hospitalité. Elle siège vis-à-vis du mari, et comme son égale, au foyer. C'est à elle d'abord que doit s'adresser le suppliant. L'aimable Nausicaa qui accueille au rivage le naufragé Ulysse, lui recommande bien de parler d'abord à sa mère. Cette mère, la sage Arété, semble pour tous une douce providence, et pour son mari même, Alcinoüs, qui déjà un peu vieux se donne du bon temps, et (dit sa fille) « boit comme un immortel ». Arété le supplie ; par sa prudence et son esprit de paix, elle s'arrange, prévient les procès, elle est comme l'arbitre du peuple.

La femme est fort comptée par l'époux, par le fils.

---

[1] Je me prive, à mon grand regret, de citer ces chapitres admirables de l'*Économie* de Xénophon. On voit parfaitement que, si la guerre, la vie publique, le péril continuel, éloignèrent les Grecs de la femme et scindèrent la famille, l'idéal du mariage fut tout à fait le même. Le cœur reste le cœur. Il varie bien moins qu'on ne dit. Rien de plus charmant que de voir dans Xénophon la sage royauté domestique de la jeune maîtresse de maison, qui non-seulement gouverne ses serviteurs et ses servantes, mais sait s'en faire aimer, les soigne, quand ils sont malades (ch. 7). L'époux n'hésite pas de lui dire : « Le charme le plus doux, ce sera lorsque, devenue plus parfaite que moi, tu m'aurais fait ton serviteur. Le temps n'y fera rien. La beauté croît par la vertu. » Pour nous tromper, sur tout cela, et nous faire croire que la femme (même aux temps homériques) était dépendante de son fils même, on ne manque pas de citer les paroles de Télémaque à Pénélope. Mais, à ce moment singulier, il a en lui un dieu qui le fait parler avec une autorité inusitée. Il a besoin d'imposer aux prétendants par ces paroles graves, etc. Benjamin Constant a finement expliqué cela et très-judicieusement.

Laërte, dit Homère, eût fort aimé sa belle et sage esclave, Euryclée ; il n'y toucha point « par crainte du courroux de sa femme ». Cette femme, mère d'Ulysse, en est tendrement aimée. Rien de plus naïvement pathétique que la rencontre du héros avec l'âme de sa mère. Il lui demande tout en pleurs ce qui lui a causé la mort. Serait-ce le destin ? Seraient-ce les flèches de Diane qui par les maladies nous enlève la vie. « Non, mon fils, ce n'est pas Diane, non ce n'est pas le sort... mais c'est ton souvenir, c'est ta bonté, mon fils, qui m'a tuée. » C'est le regret d'un fils qui fut si bon pour moi.

IV

L'invention de la Cité

La première œuvre fut l'Olympe, la seconde fut la Cité.

Celle-ci, œuvre surprenante du génie grec, neuve alors, inouïe, sans exemple et sans précédents. Tout l'effort de l'humanité jusque-là n'a fait que des villes, des rapprochements de tribus, des agrégations de villages réunis pour leur sûreté. Des nations entières se sont accumulées dans les villes énormes d'Asie. Ces prodiges de Babylone, de Ninive, de Thèbes aux cent portes, avec leur éclat, leur richesse, n'en sont pas moins des monstres. À la Grèce seule appartient la création de la Cité, suprême harmonie d'art qui n'en est que plus naturelle, beauté pure, régulière, que rien n'a dépassée, qui subsiste à côté des formules du raisonnement et des figures géométriques, que la Grèce a tracées aussi.

La cité des Olympiens préparait-elle celle de la terre ?

Oui, l'Olympe déjà tend à la république. Les dieux sont passablement libres ; ils délibèrent, ils plaident ; ils ont leur agora, Pluton, Neptune, en leurs royaumes, subordonnés, pourtant ont une indépendance. Toutefois l'élément monarchique persiste en Jupiter, l'Agamemnon des dieux. La Cité d'ici-bas sera tout autre chose. Elle rappellera peu l'irrégulier gouvernement du ciel. La république de là-haut est une œuvre enfantine devant la république humaine. De ce pauvre idéal, il faut du chemin pour qu'on arrive enfin au miracle réel, Athènes, au tout-puissant cosmos, organisme vivant, le plus fécond qui fût jamais.

L'œuvre ne fut pas tout humaine, ni spontanément calculée. De terribles nécessités agirent, aidèrent, forcèrent. Le péril doubla le génie. À travers les crises violentes qui, ailleurs, l'auraient étouffé, il se fit, se forgea, fut son propre *Vulcain,* son industrieux *Prométhée,* bref, Pallas *Athènè,* Athènes.

Longue histoire que je ne fais pas. Il me suffit de l'indiquer.

Je l'ai dit : du sourire était né tout le monde grec, en son bel équilibre de fantaisie et de critique, – d'une part le gracieux génie qui lui faisait ses dieux, d'autre part l'ironie légère (tout instinctive et se connaissant peu), qui pourtant tenait l'âme étonnamment sereine, libre des dieux, libre du sort.

Ce sourire apparaît sur les marbres d'Égine. On se tue en riant. « Hasard ? pourrait-on dire, impuissance d'un art maladroit ? » La même expression est cependant marquée dans vingt endroits de l'*Iliade.* Le sang y coule à flots, mais les héros s'arrêtent volontiers pour causer. Il y a de grandes colères, de haine aucune. Achille explique obligeamment à Lycaon, qui lui demande la vie, pourquoi il le tuera. Il l'a déjà fait prisonnier, et il a échappé ; il le retrouve toujours. Patrocle est mort. « Et moi-même, dit-il, est-ce que je ne dois pas mourir jeune ?... Donc, *meurs, ami*[1] !... »

Voilà un trait tout primitif. Parmi beaucoup de choses surajoutées, modernes, l'*Iliade* garde en général ce caractère d'âpre jeunesse. Ce n'est pas l'aube de la Grèce, mais c'est encore la matinée. L'air est vif. Une forte sève se sent partout. Verte est la terre, le ciel bleu. Un vent de printemps agite les cheveux des héros. On lutte, on meurt, on tue. On ne hait pas. On ne pleure guère. Il y a la sérénité haute d'un âge fier encore qui plane sur la mort et la vie.

Mais savent-ils ce que c'est que la mort? On pourrait en douter. Elle apparaît brillante et quasi triomphale. Monter sur un bûcher dans toute sa beauté, la pourpre et l'armure d'or, s'évanouir en gloires, ne quitter le soleil que pour la lumière douce des Champs-Élysées, où l'on joue avec les héros, ce n'est pas grand malheur. La mort donnée, reçue, n'altère pas beaucoup l'âme. Tandis que les Hébreux promettent aux enfants de Dieu de mourir vieux, la Grèce dit: « Les fils des dieux meurent jeunes. » Elle qui est la jeunesse même, elle ne veut la vie qu'à ce prix. Elle n'a pitié que de Tithon, vieux mari de l'Aurore, vieux sans remède, qui ne peut pas mourir.

Entre Grecs, on se querellait, on se battait toujours. Mais les guerres étaient peu de chose. Avec beaucoup de sens, ils respectaient les temps de labour, de semailles. Ils semblaient, dans leurs luttes, leurs surprises et leurs embuscades, viser à la gloire de l'adresse, et, plus qu'aucune chose, faire risée de l'ennemi. Le beau était de l'enlever et de le rançonnner. Mais ils ne gardaient pas d'esclaves. Ils n'auraient su qu'en faire. Leur grande simplicité de vie,

---

[1] « Ἀλλά, ψίλος, θάνε καὶ σύ... » *Iliade*, XXI.

leur culture si peu compliquée (souvent bornée aux oliviers, avec un peu de pâturage), n'en avaient guère besoin. L'esclave d'intérieur, employé aux soins personnels, leur eût paru intolérable. C'eût été pour eux un supplice d'avoir toujours là l'ennemi, une figure sombre et muette, une malédiction permanente. Ils se faisaient servir par leurs enfants.

Les Locriens, les Phocéens, jusqu'à la fin n'eurent pas d'esclaves. Si le Grec des rivages achetait par hasard un enfant aux pirates, il devenait de la famille. Eumée, dans l'*Odyssée*, vendu au roi Laërte, est élevé par lui avec sa fille. Il est comme un frère pour Ulysse. Il l'attend vingt années, le pleure, ne peut se consoler de son absence.

Chose assez singulière, mais qui est établie par le plus sûr des témoignages, celui de la langue même, et par un mot proverbial, la guerre créait des amitiés. Le prisonnier, mené chez son vainqueur, admis à son foyer, mangeant et buvant avec lui, entre sa femme et ses enfants, était de la maison. Il devenait ce qu'on appelait son *doryxène*, δορύξενος, l'hôte qu'il s'était fait par la lance. Lui ayant payé sa rançon et renvoyé chez lui, il demeurait son hôte, chez qui l'autre, allant aux marchés, aux fêtes du pays, logeait, mangeait sans défiance.

« L'esclave est un homme laid », dit Aristote. Et la plus laide des choses est l'esclavage. Cette monstruosité fut longtemps inconnue dans le pays de la beauté, la Grèce. Elle était en parfait contraste avec le principe même d'une telle société, avec ses mœurs et ses croyances. Comment, en effet, l'esclavage, « qui est une forme de la mort », disent très-bien les jurisconsultes, se fût-il accordé avec une religion de la vie, qui voit dans toute force une vie divine ? Cette joyeuse religion hellénique, qui, dans les choses, même inertes, sent une âme et un dieu, a justement pour base la liberté de tous les êtres[1]. L'esclavage, qui fait du plus vivant de tous *un mort*, est l'envers d'un tel dogme, son contraire et son démenti. La Grèce, par sa mythologie, émancipait les éléments, elle affranchissait jusqu'aux pierres. Était-ce pour changer l'homme en pierre ? Elle humanisait l'animal. Jupiter, dans Homère, a pitié des chevaux d'Achille et les console. Solon fait une loi de l'ancienne prohibition religieuse, qui défend de tuer le bœuf de labour. Athènes élève un monument au chien fidèle qui meurt avec son maître. L'esclave athénien était très-près du libre, ne lui cédait point le pavé, dit Xénophon. Les comiques en témoignent ; souvent il se moquait de lui.

La Grèce serait restée peut-être dans une certaine mollesse naturelle si les invasions doriennes n'y avaient apporté une violente contradiction. Sparte n'impose pas seulement aux vaincus la misère, comme les Thessaliens aux *Pénestes*. Elle ne les tira pas au sort pour les approprier à chaque individu, comme les *Clérotes* de la Crète. Elle les garda en masse, en corps de peuple, mais constamment avilis et très-bas[2]. Chose horriblement dangereuse qui maintint les vainqueurs eux-mêmes dans un état étrange d'effort et de tension, de guerre en pleine

---

[1] « L'esclavage est la négation du polythéisme qui a pour principe l'autonomie de tous les êtres. » Observation neuve, juste et profonde de L. Ménard, *Polythéisme grec*, p. 205.

[2] Pline dit : « Les Lacédémoniens inventèrent l'esclavage. » Il veut dire : une servitude jusque-là inouïe entre Grecs. Ce mot d'ailleurs est pris de l'ancien historien grec Théopompe, dont Athénée cite les paroles, ajoutant : « Les dieux punirent ceux de Chio qui, les premiers, imitèrent cet exemple, achetant des hommes pour se faire servir, quand les autres se servaient eux-mêmes. »

paix, dans la nécessité de veiller sous les armes, attentifs à tout et terribles, de n'avoir presque rien de l'homme.

La Laconie était une grande manufacture, un peuple de serfs industriels qui vendait du drap, des chaussures, des meubles à toute la Grèce. Elle était une grande ferme de serfs agricoles qu'on appelait par mépris (du nom d'une misérable petite ville détruite) Hélotes ou Hilotes. On ne levait que des tributs légers, de sorte qu'ouvriers, laboureurs, ils étaient fort à l'aise, gros et gras, sous l'outrage, sous les risées des maigres, qui, par une éducation spéciale, restaient une race à part. L'Hilote faisait ce qu'il voulait. Il semblait quasi libre, – libre sous le fer suspendu, – libre moins l'âme. Le plus dur pour ces malheureux, c'est qu'on les méprisait tellement, qu'on ne craignait même pas de les armer. Chaque Spartiate, à Platée, menait avec lui cinq Hilotes. Les enfants mêmes en faisaient un jouet. Tous les ans, lâchés des écoles pour quelques jours, ils chassaient aux Hilotes, les épiaient, outrageaient ou tuaient ceux qu'ils rencontraient isolés.

Sparte, en cela, en tout, fut une guerre à la nature. Son vrai Lycurgue est le péril. Ses fameuses institutions, si peu comprises des Grecs, ne montrent (sauf un peu d'élégance) que les mœurs des héros sauvages de l'Amérique du Nord, les mœurs de tant d'autres barbares. De loin, cet héroïsme atroce de Sparte faisait illusion. Elle semblait un monstre sublime.

Ce qui choque le plus, c'est qu'avec une vie si tendue et de rude apparence, elle n'en eut pas moins un pesant machiavélisme, comme un art de terreur et de torpeur fatale pour amortir les cités grecques. Cet art, fort simple au fond, consistait à soutenir dans chacune le parti aristocratique. Les *meilleurs* (aristoi), les *honnêtes gens*, forts de ce nom d'amis de Sparte, peu à peu étouffaient le libre esprit local. Dans chaque ville, plus ou moins sourdement, ce débat existait. Poussé à bout, le peuple se faisait un tyran, contre lequel les riches invoquaient et le droit et l'appui de Lacédèmone, qui, magnanimement, intervenait, *rétablissait la vérité*. Voilà comment elle gagnait de proche en proche. Sans avoir plus que deux cinquièmes environ du Péloponnèse, elle le gouvernait, l'entraînait, et peu à peu tout le monde hellénique.

Aujourd'hui que la Grèce a fourni son destin, on peut juger bien mieux de tout cela qu'elle ne put le faire elle-même. Le titre de Lacédémone, ce qu'on admirait d'elle, c'est qu'elle sut se préserver des arts. Elle mit tout son art à n'en avoir pas. Elle disait savoir combattre, non parler. À peine elle daignait laisser tomber de rares oracles. Partout elle donnait l'ascendant aux hommes inertes, oisifs, au parti muet, paresseux, des anciennes familles et des riches. Elle écrasait la foule active, le véritable peuple grec, bruyant, mobile, inquiet, si vous voulez, insupportable, mais prodigieusement inventif et fécond.

Résumons. Le duel était entre la guerre et l'art.

Deux choses pouvaient faire croire que l'art, le génie grec, seraient fatalement étouffés.

D'une part, le découragement, la fatigue de l'esprit public, quand on roulait de crise en crise, contre les factions, sans pouvoir avancer.

D'autre part, la terreur de ces nouvelles formes de guerre, de ces servitudes inouïes, le sort de Messène et d'Hélos, l'absorption de tant d'autres villes.

Cela porta un coup aux dieux. La *Moira*, le partage, le dur destin qui partage les hommes, comme après le sac d'une ville on partage les captifs, fut la grande divinité. Sous d'autres noms, la Parque et Némésis qui s'indignent du bonheur de l'homme. Elles semblèrent avoir tendu un ciel d'airain, – le dur filet de fer où le plus juste, le plus sage, le plus habile, est pris. Chaque moment peut précipiter l'homme. Le citoyen libre et heureux peut demain, avec tous les siens, femmes, enfants, lié sous la lance, figurer aux marchés de Sicile ou d'Asie. Une terrible croyance se répandit, c'est que les dieux, loin d'être une providence pour l'homme, sont *ses jaloux,* ses ennemis, qu'ils l'épient pour le surprendre et l'accabler[1].

De là une chose inattendue, peu naturelle en Grèce, bien étrange, la mélancolie. Elle est rare, exceptionnelle. Cependant vous l'entrevoyez dans Théognis, dans Hésiode. Ils espèrent peu, craignent beaucoup. Leur sagesse est timide. Dans le ménage même et l'économie domestique, Hésiode s'en tient aux conseils de la petite prudence.

Déjà il y avait eu bien du sérieux dans l'*Odyssée.* Des siècles la séparent du jeune sourire de l'*Iliade.* Mais, à travers les épreuves d'Ulysse, ses dangers, ses naufrages, l'injuste haine de Neptune, on voit toujours planer la noble et secourable Minerve pour soutenir le naufragé. Minerve a disparu dans Hésiode. Il dit expressément que les dieux sont jaloux de l'homme, attentifs à le rabaisser, à le punir de son moindre avantage, à reprendre sur lui ce que, par le travail, par l'art, il a pu conquérir.

Dans ce poëte, honnête, d'esprit moyen, qui vise à rester en tout médiocre, on est surpris, presque effrayé de trouver consignée la légende terrible du grand procès contre les dieux, la légende de Prométhée.

Le Prométhée sauveur fut la Cité. Plus l'homme était abandonné de Jupiter, plus il fut pour lui-même une vigoureuse providence. Son Caucase, non de servitude, mais de libre énergie, fut l'acropole d'Athènes, où se rallia peu à

---

[1] Voir tous les textes réunis dans Naegelslach, et l'importante thèse de M. Tournier : *Némésis et la jalousie des dieux,* 1863.

peu tout le monde de la mer, et la race ionique, et les vieilles tribus d'Achaïe.

Athènes, plus menacée que toutes, qui, devant son port même (dans une île), avait l'ennemi, fit voir ce qu'était la sagesse, – souriante, mais forte et terrible, au besoin, accordant tout génie, la paix, la guerre, – la liberté, la loi, – tissant, comme Pallas, tous les arts de la paix, tandis que l'éclair héroïque jaillit de son puissant regard.

La Cité menant la Cité, étant sa loi à elle-même. Tous faisant toute chose, chacun à son tour magistrat, juge, soldat, pontife, matelot (car eux-mêmes montaient leurs galères). – « Donc, point de force spéciale ? » Ne le croyez pas. Ces soldats sont Eschyle, Socrate, Xénophon, Thucydide, je ne sais combien de génies.

« Mais, dit Rousseau, il en coûtait. L'esclavage des uns faisait la liberté des autres. » De la Grèce, Rousseau n'a guère lu que Plutarque, le Walter Scott de l'Antiquité. Il n'a aucune idée de la vigueur d'Athènes, de sa brillante intensité de vie. Il imagine que les maîtres ne faisaient rien, vivaient à la façon de nos créoles. Mais c'est justement le contraire. À Athènes, le citoyen se réservait ce qui veut de la force, les pesantes armures, les exercices violents, et, chose surprenante qu'on sait par Thucydide, le très-rude métier de rameur ! Il ne se décidait que rarement, et par nécessité extrême, à confier à des esclaves les vaisseaux de la république et l'honneur périlleux de ramer contre l'ennemi.

Ce fut le salut de la Grèce. Athènes, par ses vaisseaux, frappant partout à l'improviste, fatigua les lourds Doriens. Pallas, du haut de l'acropole, surveilla les fureurs de Mars, et, comme dans l'*Iliade*, elle sut bien les paralyser. Elle eut tout près de Sparte des alliés, Arcadiens, Achéens, les petites villes d'Argolide, qui formèrent, sous Athènes, dans une île voisine, une ligne, une amphictyonie. On y dressa l'autel de Neptune pour les Grecs des îles, dont peu à peu Athènes fut chef pour le salut commun.

Cela sauva Sparte elle-même. Qu'eût-elle fait, inondée de l'Asie, sans Thémistocle et Salamine ?

V

L'ÉDUCATION – L'ENFANT – HERMÈS

Le génie humain de la Grèce et sa facilité charmante, la magnanimité d'Athènes, éclatent spécialement en deux choses, la faveur avec laquelle elle accueillit les dieux doriens, sa bienveillance admirative pour Lacédémone, son ennemie.

En l'honneur de ces dieux, rudes d'abord et demi-barbares (le roux Phœbus à l'arc mortel, le lourd héros de la massue), Athènes inventa des fables ingénieuses. C'est Minerve elle-même qui recueillit Hercule à sa naissance, le sauva de Junon. Plus tard, elle garda et défendit les Héraclides, réfugiés au foyer d'Athènes. Thésée, l'ami d'Hercule, est le protégé d'Apollon. Le dieu du jour éclaira pour Thésée les ténébreux détours du labyrinthe de Crète et sauva les enfants qu'eût dévorés le Minotaure. Ces enfants, chaque année, vont lui rendre grâce à Délos.

En retour, les Doriens, un peu humanisés, acceptèrent, accueillirent les anciennes religions, les dieux chéris d'Athènes. Sparte, malgré son orgueil sauvage, reçut la Cérès de l'Attique. Hercule se fit initier à Éleusis par la déesse, et porta ses Mystères à Sparte, mais non pas son esprit de paix.

L'aveugle prévention de Tacite pour la Germanie, l'anglomanie française du dernier siècle, semblent se retrouver dans l'engouement étrange des grands utopistes d'Athènes pour la rude Lacédémone. Quand ils en parlent, ils sont de vrais enfants. L'extérieur austère les séduit. Ces Spartiates muets à grande barbe, sous leurs mauvais manteaux, nourris grossièrement, avec leur brouet noir, se réservant la pauvreté et laissant la richesse aux serfs, leur semblent des philosophes volontaires. On les pose en exemple. Platon, dans ce long jeu d'esprit qu'il appelle la *République,* les copie et les exagère jusqu'à l'absurdité. Xénophon leur prend ce qu'il peut pour l'éducation romanesque qu'il prête à son Cyrus. Le grand Aristophane loue Sparte, et se moque d'Athènes. Aristote, si sérieux lui-même par moments, les imite et n'est pas plus sage.

Il est vrai que, quand il s'agit de poser la haute formule, définitive et vraie, de la Cité, celle d'Aristote est précisément *anti-spartiate.* Il dit que la Cité, dans son unité même, n'en doit pas moins être *multiple,* non composée d'hommes semblables (comme était Sparte), mais « *d'individus spécifiquement différents* » (comme fut Athènes) [1]. Différences qui permettent le jeu des forces variées, l'échange des services et bienfaits mutuels, l'heureuse action réciproque de tous sur tous. La Cité est ainsi, pour elle et pour l'individu, la plus puissante éducation.

Au centre du mouvement, on ne voit pas le mouvement, on n'en sent guère que la fatigue. Ces raisonneurs, pour tisser finement le fil subtil de leurs longues déductions, auraient voulu le calme et le silence que la vie agitée d'Athènes ne donnait guère. Ils enviaient, comme un séjour de paix, l'apparente harmonie de Sparte, cette vie contractée et terrible, fixée dans un mortel effort, où leur génie aurait été paralysé, stérilisé.

---

[1] Aristote, *Politique,* t. II, p. 90, éd. de M. B. Saint-Hilaire.

Dans la fausse Cité, strictement une et monotone, où tous ressemblaient à tous, le citoyen, anéanti comme homme, ne vivrait que par la cité. Le héros qui est l'expansion, riche, libre, de la nature humaine, si par impossible il venait à se produire, y paraîtrait un monstre.

À Sparte, tout fut citoyen. Et pas un héros, au sens propre.

Divin génie d'Athènes ! Ses plus grands citoyens ont été des héros.

Et cette belle singularité se voit même ailleurs qu'à Athènes. À un moindre degré, on la retrouve aux autres villes. Elle est la gloire du monde grec, et c'est elle qui en fit la joie.

Forte par l'agora, les lois, l'activité civile, l'âme se sentait grande et haute, dans une harmonie supérieure même à la Cité : *la vie grecque*. Par Homère, les jeux et les fêtes, par l'initiative des dieux éducateurs (Hermès, Apollon et Hercule), elle nageait plus haut que la patrie locale, dans l'éther de la liberté.

De là vient que la Grèce (sauf de rares moments de troubles) eut ce bel attribut de l'énergie humaine, que l'Orient n'a pas et encore moins le pleureur Moyen Âge, – le grand signe des forts : *la joie*.

Elle avait au talon des ailes ; légère, sûre d'elle-même, à travers les combats, les travaux inouïs, elle est gaie manifestement, et sourit d'immortalité.

Rien ne dure. La Cité, cette œuvre d'art sublime, la Cité passera. Et les dieux passeront. Faisons l'homme éternel.

L'homme est le fond de tout. Avant la Cité, il était. Après elle, il sera. Un jour viendra où de Lacédémone on ne trouvera plus que des ronces, d'Athènes quelques marbres brisés. L'âme grecque restera, la lumière d'Apollon, et la solidité d'Hercule.

Cette âme sent et sait qu'elle est divine ; elle a été bénie à sa naissance, bercée de nymphes et douée de déesses. L'enfant, en entr'ouvrant les lèvres, avec le lait, y a trouvé le miel qu'une abeille divine y déposa. Il est né pur. Pur le sein maternel[1]. On dit et l'on répète que la Grèce méprise la femme. Je ne vois pas cela. Elle est associée au sacerdoce. Elle est sibylle à Delphes, prêtresse aux Grands Mystères, et pontife en Iphigénie.

Cela change toute chose. La mère est pure, la nature bonne. Donc, l'éducation est possible, une éducation naturelle qui pour l'enfant est la liberté même. On lui donne l'essor, on ouvre la carrière, on l'enhardit, le lance : « Cours... Va dans la lumière. Les dieux t'appellent et te sourient. »

L'Orient n'a d'éducation que ses disciplines sacrées. L'Occident, pour éducation, a l'écrasement de la mémoire. Il porte les mondes antérieurs, pesants, qui ne s'accordent pas.

La Grèce eut une éducation.

Éducation vivante, active, libre et non de routine. Éducation à elle, originale, sortant de son génie, s'appropriant à lui. Éducation surtout (ce que j'estime infiniment) légère, heureuse, qui, étant la vie même, allait sans se sentir et sans savoir son poids. L'être sain n'en sait rien. Il marche la tête haute, il va dans sa sérénité.

L'obstacle insurmontable à l'éducation orientale, sacer-

---

[1] La femme grecque, qui peut participer au sacerdoce, n'est point la douteuse Ève, si crédule au serpent, si fatale à ses fils, qui leur transmet le péché dans le sang, et qui les damne tous (sauf le nombre *minime, imperceptible* des élus). La fable de Pandore n'a pas du tout la même portée. Pandore ne corrompt pas la génération elle-même. L'enfant n'est pas impur avant de naître, et d'avance un petit damné. L'éducation ne sera pas, comme celle du Moyen Âge, le *Castoiement*, une discipline de punitions, de fouets, de pleurs, un enfer préalable.

dotale, c'est le miracle. Le miracle et l'éducation sont deux mortels ennemis. S'il peut venir du ciel un miracle vivant, un dieu tout fait, inutile est l'art de le faire. Art même téméraire et impie ; qu'est-ce que l'éducation sinon une audacieuse tentative pour créer par moyens humains ce que la prière seule doit obtenir d'en haut ? L'idée que Dieu peut un matin descendre et dénouer tous les nœuds d'ici-bas, stupéfie l'âme indienne. Ce qu'elle garde d'activité va se perdant en fictions, et, de plus en plus puériles, s'usant aux noëls radoteurs du *bambino* Chrichna. L'enfant-dieu éteint l'enfant-homme.

Tout au contraire la Grèce, peu crédule au miracle, ne se fie pas aux dieux. Dans l'imagination, elle conserve le bon sens. Si elle permet à Jupiter de descendre et de faire Hercule, c'est à condition que le héros se fera beaucoup plus lui-même. Loin que ce père lui serve, il est au contraire son obstacle, dur, injuste pour lui ; il le soumet au tyran Eurysthée.

Dès les âges antiques, la Grèce s'occupe de l'enfant. Mais, dans son mâle idéal, elle craint les faiblesses de la mère. Pour maître et précepteur, elle donne un héros au héros. Achille a pour maîtres Chiron et Phénix. Apollon et Hercule sont les élèves de Linus. Ces dieux eux-mêmes sont, avec Hermès, les maîtres de la Grèce et ses éducateurs. Ils répondent aux trois âges, forment l'enfant, l'éphèbe et l'homme. Heureux cadre, harmonique et doux, qui laisse tout essor aux natures si diverses. La jeune âme, suivant la voie tracée, d'un pas libre pourtant, d'Hermès en Apollon, d'Apollon en Hercule, par Minerve atteindra les hauts sommets de la sagesse.

La Grèce avait déjà Hermès, dieu des races antiques, pour précepteur, éducateur. C'est par un tour d'adresse et de génie que, transformant les nouveaux dieux, elle les concilia avec Hermès, et leur donna la jeunesse. Hermès garda l'enfant[1].

Hermès perdit en gravité. Il ne fut plus terrible, comme il avait été en Arcadie. Il fut l'aimable dieu de la place publique, des communications, de l'enseignement. Il se rajeunit fort. Il se fait presque enfant. Il a seize ans ou dix-huit ans, le pied léger, ailé. Svelte coureur, il a non la molle élégance, mais les jolies mains de Bathyle. Chapeau ailé, et caducée ailé. À chaque âme qui meurt, d'un coup d'aile il vole aux enfers, pour la faire accueillir moins sévèrement de Pluton. Mais il n'en est pas moins présent sur toutes les routes pour diriger le voyageur, présent surtout aux portes du gymnase.

Le petit y arrive, quittant sa mère et sa nourrice, intimidé (pauvre petit). C'est le plus grand pas dans la vie. Oui, la *Chute* pour l'homme, c'est de quitter la femme, et pour la première fois d'aborder l'étranger. Le jeune dieu, charmant, sait bien le rassurer. Il est le mouvement, la course, la parole, au plus haut point, la grâce. Avec lui, l'enfant, tout séduit, oublie parfaitement le foyer monotone, la faible mère et la molle nourrice. Il ne connaît que le gymnase. Il en rêve, et d'Hermès ; c'est sa mère et son Dieu.

Ce dieu justement lui demande ce que désire son âge, ce qu'il aime et ferait. Quoi ? Simplement deux choses : gymnastique et musique, *le rythme et le mouvement.*

La liberté, le jeu, la course et le soleil, voilà sa vie. Il brunit, il fleurit. Il obtient tout d'abord la svelte plénitude, non maigre, mais légère, sur laquelle les dieux mêmes arrêtent volontiers le regard. L'Olympe, comme la terre, s'y complaisait. Et c'était œuvre sainte d'exposer la beauté au ciel.

---

[1] Sur l'éducation grecque, outre les hautes autorités de Platon, Xénophon, Aristote (*Politique*), des textes fort nombreux se trouvent réunis dans *Cramer, Histoire de l'Éducation,* et spécialement dans le *Manuel* de F. Hermann, t. III, 2ᵉ partie, p. 161, Heid, 1852.

Athènes, pour rendre grâces de sa victoire de Marathon, voulut que le plus beau des Grecs, que Sophocle, âgé de quinze ans, menât un chœur d'enfants, dansât devant les dieux.

Le beau de cet âge est la course. Vrai moment de la beauté mâle. Celle des femmes ici est molle et gauche, et j'allais dire pesante. La fille hésite et se prépare, lorsque déjà vainqueur l'autre est au bout et rit.

Heureux enfant ! Hermès veut plus encore pour lui. Il appelle Castor à son aide. Pour prix à ce vainqueur on va donner... Mais devinez ici. Un trépied d'or ? à lui ? et que voulez-vous qu'il en fasse ? Ce qu'il va recevoir... il en rougit d'avance, il frémit, il se trouble... Non, même au jour d'Hymen, quand la vierge viendra voilée, jamais tant ne battra son cœur. Un être merveilleux, que Neptune d'un coup de trident tira de la mer écumante, tempête animée, mais docile, terrible et douce, ardente, et lançant le feu des naseaux, des quatre pieds l'éclair... voilà ce qu'on va lui donner.

Il n'en croit pas ses yeux... Et, quand il est dessus, étonnant mariage ! ils vont de la même âme. Ce cheval héroïque irait contre l'acier, et pourtant, au fond, c'est un sage. Dans son plus vif élan, il a la mesure et l'arrêt. Il peut suivre la pompe avec les jeunes vierges à la fête des panathénées. Ne craignez rien pour la fille et l'enfant. Lui-même il sait qu'il porte un enfant, son ami, un peu flottant encore. Dans cette tête ardente du plus fougueux des êtres, un rayon est pourtant de la sobre, de la sage Athènes [1].

Cependant il faut bien s'asseoir. Voilà midi. En prenant son repas d'eau claire et de quelques olives, le cavalier

---

[1] Voir Xénophon, et un livre exquis et charmant de M. Victor Cherbuliez, *À propos d'un cheval* (Genève, 1860). Il explique admirablement comment le cheval participait à la douce éducation athénienne (p. 127). Dans le dur Moyen Âge, nulle équitation (p. 128). Le cheval est traité alors comme l'homme, non pas dressé, mais éreinté.

déjeune aussi de l'*Iliade*. Chacun en sait un peu, un chant peut-être de mille vers [1]. Chacun son chant, son héros favori. Au bouillant, c'est Ajax ; Hector au doux, au tendre l'amitié d'Achille et Patrocle. Entre ces types si variés, on choisit, on compare, on plaide (c'est le vrai esprit grec) pour celui-ci ou celui-là. Des harangues déjà commencent. Hermès sourit. Voilà des orateurs. Le gymnase est une agora.

Ainsi de très-bonne heure se forme et s'assouplit la langue dans ces jeunes bouches. Vrais fils d'Ulysse, ils naissent subtils et curieux, de fine oreille et délicate, soigneux du bien dire, calculés. Dans leurs rivalités, leurs colères même, ils visent à bien parler, comme si déjà ils songeaient que la parole est reine des cités, l'instrument des combats plus graves, qu'il leur faudra livrer demain.

---

[1] C'est la mesure commune des faibles mémoires. On le voit encore aujourd'hui en Serbie. Ces poëmes écrits dès que l'on put écrire, c'est-à-dire quand les relations habituelles avec l'Égypte fournirent le papyrus (entre 600 et 500 avant J.-C.). Il n'y eut jamais poésie plus *éducative* pour l'éducation d'énergie qui est celle de la Grèce. Elle est toute à la gloire de l'homme. L'Olympe y est si peu de chose que, lorsque Achille s'éloigne du combat, Jupiter ne fait contre-poids au héros qu'en lâchant tous les dieux ensemble. La très-haute Antiquité grecque n'y est jamais. Tellement qu'Eschyle, qui a cette âme antique, semble l'aîné d'Homère. Beaucoup de choses sont anciennes pourtant et de grande valeur. Plusieurs modernes, de finesse admirable. Exemple : la froideur d'Hélène, la belle indifférente, quand elle croit que Pâris, son amant depuis dix années, va être tué, et la légèreté qui la rend curieuse, qui lui fait presque désirer de retourner au lit de Ménélas. – Il y a aussi des additions de tout autre caractère, fort gauches et déplorables, très-visiblement fourrées là pour faire rire la cour des tyrans, amuser les Pisistratides. Au XXIe chant de l'*Iliade*, les dieux se gourment bassement, et sont bafoués, ravalés autant déjà que dans Aristophane, mais non avec sa verve, son génie et son sens profond. – Ces taches n'empêchent pas que la jeune et forte *Iliade*, que l'*Odyssée* surtout, le poëme de la patience, l'admirable épopée des îles, ne soient l'aliment le plus sain pour nourrir, aviver, renouveler le cœur, – intarissable source de jeunesse éternelle.

Vrai verbe humain, cette langue, devant laquelle toute langue est barbare, est naturellement si bien faite que celui qui s'en sert et qui la suit directement, par cela seul arrive bien. Sans parler de sa grâce, et mélodique et littéraire, de sa variété en toutes les cordes de la lyre, notons la chose essentielle : elle a la vertu éducative, composition et décomposition, la puissance d'exposer et faciliter toute forme de raisonnement.

Cette langue était une logique, un guide, comme un maître sans maître. Dès le gymnase, affinée et facile, elle prêtait à la discussion. Mais, d'autre part, sa grande lucidité simplifiait, éclairait les débats.

Un idiome très-parfait rend l'esprit serein, harmonique, le pacifie, dissipe nombre de préjugés d'ignorance qui font les haines, perpétuent les disputes. De là la grande douceur, la charmante docilité qu'on admire en ces jeunes gens de Platon et de Xénophon. Cette belle langue était leur Hermès, l'aimable conciliateur, qui rapproche et qui fait la paix [1].

VI

Apollon – Lumière – Harmonie

Le plus beau jour du Grec, à l'âge où la mémoire s'empreint si fortement des grandes choses, c'était celui où il pouvait se joindre aux théories sacrées qu'on envoyait à

---

[1] V. Steinthall, et Baudry, *Science du langage* (1864). Je reviens tout à l'heure, et souvent, sur ce grand sujet.

Delphes, se mêler à la foule. Cette foule même était le plus grand spectacle du monde. Douze peuples à la fois, de toutes les parties de la Grèce, des villes, même ennemies, marchaient pacifiés, couronnés du laurier d'Apollon, et chantant des hymnes, montaient vers la montagne sainte du dieu de l'harmonie, de la lumière et de la paix.

Delphes, on le sait, est le centre du monde, le point milieu. Jupiter, pour s'en assurer, des pôles un jour lança deux aigles qui justement se rencontrèrent aux cimes du Parnasse. Tout ce pays d'âpres rochers, de précipices, de grottes obscures habitées des génies inconnus de la terre, est, – entre les contrées humaines de Thessalie, de Béotie, – un monde à part, un sanctuaire sauvage que se sont réservé les dieux. À l'entrée, dans le défilé des Thermopyles, est le temple redouté de l'antique Cérès et de sa sombre fille, qui gardent la porte de la Grèce. Sur les vallées étroites, souvent noires et profondes, des rochers qui s'avancent de la grande chaîne en promontoires, montrent dans la lumière leurs nids d'aigles qui sont des villes, des temples étincelants, couronnés de statues.

Ces combats du jour et de l'aube rappellent au passant qu'il est dans les lieux mémorables où le beau dieu du jour, à l'arc d'argent, vainquit le dragon des ténèbres, Python, dont l'infernale haleine répandait la nuit et la mort. Apollon siège encore au lieu de sa victoire sur les rochers qui en furent les témoins, lieu fatidique, austère, dont l'aspect seul élève, illumine, purifie l'esprit.

Un lieu moins grand que grandiose. Tout est modéré dans la Grèce, à la mesure humaine. Le Parnasse, imposant sans être gigantesque, domine de son double sommet la belle plaine qui s'en va à la mer. D'en haut, il verse Castalie, pure et froide fontaine, d'eau virginale et transparente, digne de servir un tel temple, chaste comme les Muses et leur dieu. Phœbus est un dieu solitaire. S'il aima

Daphné (le laurier), ce fut en vain. Dès lors il n'eut que deux amours, la Mélodie et la Lumière.

À mi-côte, au-dessus de la ville de Delphes, pose dans sa majesté le temple. Autour, une enceinte peuplée de monuments que tous les peuples grecs, étrangers, dans leur piété reconnaissante, ont bâtis là sans ordre. Cent petits temples y sont, trésors où les Cités ont mis leur or sous la garde du dieu. En groupes irréguliers, tout un peuple de marbre, d'or, d'argent, de cuivre, d'airain (de vingt airains divers et de toute teinte [1]), des milliers de morts glorieux, assis, debout, rayonnent. Véritables sujets du Dieu de la lumière. Le jour, c'est un volcan d'éblouissants reflets que l'œil ne soutient pas. La nuit, spectres sublimes, ils rêvent.

L'immortalité est sensible ici, et palpable la gloire. Il faudrait qu'un jeune cœur fût déshérité à jamais du sens du beau pour ne pas être ému. Le premier sentiment est la bonté des dieux. Ils sont là, ces dieux grecs, de plain-pied avec les héros historiques ou mythiques, sans orgueil, en bonne amitié. Tous ont entre eux un air touchant de parenté. Ulysse jase avec Thémistocle, et Miltiade avec Hercule. L'aveugle Homère royalement s'asseoit devant ses dieux debout. Pindare, avec la lyre sacrée, la robe triomphale, pontificalement, chante encore. Autour de lui, ceux qu'il a célébrés, les vainqueurs d'Olympie, de Delphes. La Grèce leur est reconnaissante de la beauté qu'ils montrèrent ici-bas ; elle les remercie d'avoir, par le constant travail de la sculpture vivante, par la forme admirable, réalisé Hermès, Apollon ou Hercule, et qui sait ? Pallas ? Jupiter ? La statuaire perpétuait cela, le transmettait en images

---

[1] Quatremère, *Jupiter Olympien*, p. 60, etc. – Sur ce peuple de statues, et Delphes en général, je suis les descriptions de Pausanias.

immortelles pour garder à jamais le trop rapide éclair où l'on vit un moment les dieux.

Lorsque les yeux s'accoutumaient un peu à cette splendeur, regardaient une à une ces têtes divines, fièrement dessinées sur l'azur profond d'un ciel pur, quelle devait être l'impression de la *via sacra*, de la montée de Delphes ! Et que de grandes paroles le cœur devait ouïr de ces bouches muettes ! Quelles leçons douces et fortes, et quels encouragements ! Des vainqueurs d'Olympie à leur chantre Pindare, du grand soldat de Marathon, Eschyle, aux Aristide, aux Épaminondas, des vaillants de Platée à la prudence des sept Sages ! Forte et sublime chaîne où grandissait le cœur. Il entendait très-bien : « Approche et ne crains rien. Vois ce que nous étions, d'où nous partîmes et où nous sommes... Fais comme nous. Sois grand d'actes et de volonté. Sois beau, embellis-toi de formes héroïques et d'œuvres généreuses qui remplissent le monde de joie... Travaille, ose, entreprends ! Par la lutte ou la lyre, chantre, athlète ou guerrier, commence ! Des jeux aux combats, monte, enfant ! »

La Grèce, en sa religion la plus fervente et la plus vraie, garde tant de raison, un tel éloignement de l'absurde, de l'incompréhensible, qu'au lieu de donner la terreur de l'inconnu, elle marque la voie par où se fit le Dieu, le progrès qui l'a mis si haut, par quelle série d'efforts, de travaux, de bienfaits, il gagna sa divinité. Une ascension graduée, non molle, mais austère, reste ouverte pour tous. Elle peut être ardue, difficile. Mais il n'y a point de précipice, point de saut, point de roc à pic, qui défend de gravir un ou deux échelons.

Le novice, entrant dans le temple, devant la noble image, dans la présence même du Dieu, n'oubliait nullement les récits populaires que l'on faisait de son enfance. Phœbus était né colérique, un dieu sévère, vengeur. Dans la sauvage Thessalie où il parut, son arc, souvent cruel, lançait des fléaux mérités. Dur pasteur chez Admète, humble ouvrier à Troie, dont il bâtit les murs, il n'était pas encore le dieu des Muses. Demi-barbare et dorien qu'il est d'abord, le génie ionique et l'élégance grecque l'adoptent, l'embellissent, vont toujours le divinisant. Athènes le célèbre à Délos. Chaque année, le vaisseau qui ramena aux mères les enfants délivrés, les porte à leur sauveur Phœbus, et ils l'amusent de leurs danses. Ils lui dansent le labyrinthe et le fil conducteur, le mêlent et le démêlent. Ils dansent l'enfance d'Apollon, la délivrance de Latone, sa bien-aimée Délos, qui le berce au milieu des flots.

Ainsi le dieu des arts est lui-même œuvre d'art. Il est fait peu à peu, de légende en légende. Il n'en est que plus cher à l'homme et plus sacré. Il prend de plus en plus un cœur humain et grand, cette large et douce justice, qui, voyant tout, comprend, excuse, innocente et pardonne. À lui accourent les suppliants, les criminels involontaires, victimes de la fatalité, les vrais coupables même. Oreste y vient, perdu, désespéré, tout couvert du sang de sa mère (que son père lui a fait verser). Il est de près suivi, serré des Euménides ; son oreille effarée sent siffler leurs fouets de vipères. L'aimable dieu lui-même, descendu de l'autel, conduit l'infortuné à la ville qui seule possède l'autel de la Pitié, la généreuse Athènes. Il le mène à Minerve. La puissante déesse (miracle inespéré) calme les Euménides, fait asseoir pour la première fois ces vierges épouvantables qui, jusque-là errantes, parcouraient, effrayaient la terre.

Le culte d'Apollon ne naît point du hasard ni du vague instinct populaire. Dans ses formes les plus antiques, il a le caractère d'une institution d'ordre, d'humanité, de paix. À Délos, on ne lui offrait que des fruits. Les Athéniens, pendant ses fêtes, ne faisaient nulle exécution. Les jeux de Delphes, en leur principe, ne ressemblaient en rien aux autres. Ils respiraient le doux esprit des muses. La fête était inaugurée par un enfant. Bel enfant, sage et pur, gardé par son père et sa mère, digne de figurer le dieu. On le menait en pompe, au son des lyres et des cithares, dans les bois de laurier qui croissaient près de là, et le jeune Apollon, de sa main virginale, coupait pour l'ornement du temple les rameaux de l'arbre sacré.

Les combats n'étaient qu'un concours de lyre, de chant. On chantait surtout la victoire du dieu de la Lumière sur le noir dragon de la nuit. Les femmes, dans la liberté sainte des mœurs primitives de la Grèce, se mêlaient au concours. On voyait au trésor du temple, l'offrande gracieuse d'une jeune muse, qui, contre les Pindare et tant de grands poètes, plut au Dieu et gagna le prix.

Les seuls exercices gymniques étaient dans l'origine ceux des adolescents, dont l'âge et l'élégance représentaient le dieu de Delphes. Jeux véritables, et non combats, étrangers à la violence emportée des combats d'athlètes qui s'y mêlèrent plus tard. C'est tard aussi, et malgré lui, qu'Apollon accepta dans ses fêtes la course bruyante des chars, leur tumulte, les accidents souvent sanglants, tragiques, dont ils étaient l'occasion.

Tout cela fut importé d'ailleurs, aussi bien que l'ivresse, l'orgie, d'un autre culte; aussi bien que la flûte à sept tuyaux, l'instrument de Phrygie, dont le souffle barbare imposait silence à la lyre. Celle-ci, faible et pure, avait cette supériorité qu'elle n'absorbait pas la voix humaine. Au contraire, elle la soutenait, l'embellissait et lui marquait le rythme. Elle était l'amie, l'alliée de cette noble langue où la Grèce voyait le signe supérieur de l'homme : le langage *articulé, distinct* (*meropès anthrôpoi*, Homère). Le *barbare*, c'est le *bégayeur*. Les barbares et leurs dieux ne parlaient pas, hurlaient ou soufflaient dans ces instruments qui brouillaient la pensée et barbarisaient l'âme. C'était au son de cette flûte compliquée, dissonante, d'effet lugubre, orageux et fiévreux, qu'on menait les hommes au carnage. Les laideurs de l'orgie sanglante qu'on appelle la guerre faisaient horreur au dieu de l'harmonie.

Elle entrait dans le cœur dès qu'on mettait le pied au sol sacré de Delphes. L'harmonie y était dans le silence même. Sur la plaine et les monts, aux bois sacrés, on la sentait partout. Au temple, aux pieds du dieu, devant sa lyre muette, on entendait en soi un céleste concert. La nuit, et les portes fermées, au dehors des murs, s'exhalaient de faibles et suaves accords, comme si à ces heures solitaires la lyre frémissait vaguement et vibrait des pensées du ciel.

La grande lyre devant Apollon, c'était la Grèce elle-même, par lui réconciliée. Tous les peuples helléniques arrivaient à ses pieds, sacrifiaient ensemble, mêlaient et la parole et l'âme. Les dialectes spéciaux, le léger ionique, le grave et fort dorien, l'attique, adoucis l'un par l'autre, se rapprochaient, communiaient ensemble dans la langue de la lumière (j'appelle ainsi la langue grecque). La lumière, qui écarte les funestes malentendus, est un puissant moyen de paix. Elle rassure, rassérène l'âme. On ne hait guère, on ne tue point l'homme avec qui l'on peut s'entendre, en qui, par les idées, les sentiments communs à tous, on a trouvé son propre cœur.

Si quelque chose put rapprocher les hommes et les cités, les confondre, amis, ennemis, ce fut de voir, devant cet autel pacifique, leurs enfants qui chantaient ensemble, parés du laurier fraternel. Pleins de joie, d'intérêt, ils contemplaient ce jeune monde sans haine encore, sans connaissance même des anciennes divisions. Eux-mêmes ne s'en souvenaient guère. Ils étaient tout à ce spectacle charmant de la Grèce future, qui essayait déjà, luttait de force et d'élégance, de grâce et de beauté. Cela dominait tout, mettait loin toute autre pensée, n'en laissait que d'admiration, d'art et de bienveillance. Tel, plus que son fils même, louait le fils de l'ennemi.

Les effets en furent admirables. Chaque ville envoyait, avec ses jeunes combattants, de nombreuses députations d'hommes mûrs et graves, qui devaient les soutenir et juger ensemble les jeux. Ces députés (Amphictyons) réunis se trouvaient former un corps considérable qui semblait la Grèce elle-même. Souvent, dans les querelles ou d'hommes ou de cités, on les prit pour arbitres. Le faible, l'opprimé, s'adressaient volontiers à eux, et les priaient d'intervenir. Sans y songer, ils devinrent peu à peu les juges souverains de la Grèce. Ils étaient forts du dieu, siégeant à son autel, parlant comme en son nom. Ils étaient forts aussi de l'autorité redoutée des deux déesses, Cérès et Proserpine, qu'ils honoraient aux Thermopyles. Qui méprise Proserpine en meurt. Cette heureuse superstition, très-puissante au début, contint et désarma les Cités violentes qui auraient dépeuplé la Grèce. Le serment des Amphictyons semble dicté par l'horreur qu'inspiraient les exterminations récentes, la mort des villes (d'Hélos et de Messène). Ils juraient « de ne jamais détruire une ville grecque, – et de ne pas lui détourner ses eaux courantes. » Dans la Grèce, sèche et si coupée, où l'eau, perdue si vite, est pourtant la vie même, elle était mise, comme en Perse, sous la garde sacrée des dieux.

Premier type et premier exemple, – faible encore, mais fécond, – de fédération fraternelle, de la grande lyre sociale, qui, laissant à chaque corde sa liberté, son charme, les unit d'amitié, éteint les dissonances, et, si elles surviennent, par un doux ascendant, les fait rentrer dans l'harmonie.

Apollon ne s'en tint pas là. Sur le théâtre même des guerres les plus cruelles, aux champs fumants encore des cités du Péloponnèse, il tenta de fonder la paix, – tout au moins la paix passagère que donnaient les fêtes et les jeux. Dans un songe où il apparut, il conseilla aux Éléens d'élever un autel au dieu de leurs ennemis, à Hercule, le patron de Sparte. On obéit. Par un sacrifice admirable des haines et des rancunes, de quatre en quatre ans, l'autel des Éléens unit la Grèce à Olympie, comme elle l'était à Delphes. Vainqueurs, vaincus, Grecs des monts, Grecs des îles, Sparte et Athènes, y vinrent, honorèrent leurs dieux mutuels. Pour quelques jours au moins, la guerre cessait. Cela semblait si doux, qu'on fit un dieu de *la Trêve* même. Divinité aimable qui changeait les esprits, et souvent amenait sa fille, la charmante, l'adorée, *la Paix.*

Ces fêtes générales et les particulières, presque aussi générales, comme les Panathénées d'Athènes qui attiraient une affluence immense, couvraient les routes de peuple, voyageurs curieux, pèlerins, athlètes, chantres errants. On y rencontrait les dieux mêmes, qui parfois voyageaient[1], qu'une ville amie appelait pour honorer une autre ville, ou pour se protéger contre quelque fléau, d'épidémie, de guerre civile. Grand mouvement, mélange, hospitalité mutuelle, échange de fêtes et de rites, de chant et de fraternité.

Sur les hommes et les dieux, sur ces foules et ces fêtes, sur tout ce mouvement où rien ne discordait, trois lumières se croisaient et faisaient l'unité. Aux splendeurs enflammées, poudreuses, d'Olympie, répondait l'éther fin, azuré, de la vierge Attique. Et sur le tout flottait, dans un charme divin, le chaud rayon d'or d'Apollon.

---

[1] Voyages et hospitalités qui rapprochaient les dieux, les mêlaient, peu à peu préparaient la grande *Unité divine,* où la Grèce arrivait d'elle-même, et sans besoin d'aucun secours de l'Orient. Sur les théoxémies, Voir A. Maury, II, 28.

VII

Hercule

Dans cette belle lumière de Delphes, une ombre m'est restée. Je voudrais l'écarter. Elle me suit. Est-il sûr que le dieu du jour ait pour jamais vaincu, dans le serpent Python, les vieilles puissances de la nuit?

Aux sombres défilés des étroites vallées de Phocide, le long des précipices, devant ces grottes aux singuliers échos, les figures fantastiques des Pans m'apparaissent toujours. Plus loin, au pays des Centaures, ces formes monstrueuses osent encore le matin, le soir, se montrer aux basses prairies. À Delphes même, au temple, sans respect pour la lyre du dieu, des bruits arrivent, étranges, le tambourin barbare, la flûte de Phrygie, les lourds pleurs de l'ivresse et d'indignes sanglots.

Un témoin des plus graves nous le dit: « Quand la Grèce fut rassurée par sa grande victoire sur l'Asie, une autre guerre, contenue jusque-là, éclata avec violence, celle de la flûte et de la lyre [1]. La première à grand bruit se déchaîna partout, et avec elle le cornu d'Orient, dieu bouc, dieu taureau, et dieu femme. Ce nouveau venu, ce Bacchus, déjà s'était glissé aux mystères de Cérès, comme son fils, l'innocent Iacchus. Il grandit par la force d'une fable pleureuse (l'enfant mort et ressuscité). Par là, il fut bientôt le maître des Mystères et de la pauvre Cérès même. Une fumée malsaine semblait errer, flotter. Tout ce que la nature a de secrets orages, tout ce qu'un cœur malade a de fièvre et de rêve, ce que la lumière d'Apollon, la lance de Pallas, avait intimidé, se lâcha et ne rougit plus. La femme, que les guerres tenaient au foyer seule et veuve,

---

[1] Aristote, *Politique,* t. I, p. 159, éd. B. St-Hilaire.

la femme échappe, et suit Bacchus. Les longs vêtements tombent. Elle court, les cheveux au vent, le sein nu. Délire étrange ! Quoi ! pour pleurer Bacchus, faut-il ce fer aigu sous la vigne trompeuse ? Faut-il la nuit et le désert ? ces courses aux forêts ? ces cris et ces soupirs, pendant qu'une musique lugubre couvre d'un faux deuil leurs transports ? »

Le même témoin nous le raconte : « La furie de la flûte (c'est-à-dire de Bacchus), après les guerres médiques, s'attaqua à Lacédémone [1]. Ses fortes filles, délaissées, se vengent de l'amour, elles promènent l'orgie sur l'âpre Taygète. Mais Athènes n'est pas au-dessous en folie. Partout la flûte et le délire. Partout de furieuses thyades. Celles d'Athènes allaient en bandes à Delphes même, sous les yeux d'Apollon, des chastes muses, enlever les Delphiennes, les faire délirer avec elles, courir la nuit, ne les rendaient qu'au jour. »

L'air d'alentour n'est plus le même. La sauvage vertu d'Hippolyte où les vainqueurs des jeux cherchaient l'énergie souveraine, elle chancelle, elle mollit. Ils sont trop fiers, ces mâles, pour rechercher la femme. Ils ont pour les bacchantes un accablant mépris. Et cependant (miracle affligeant de Bacchus), ce bruit trouble, énerve, alanguit. C'est comme un orage imminent qui fait respirer mal. L'esprit erre aux forêts. « Où vont-elles ? et que veulent-elles ? Je ne les suivrai pas, mais je voudrais savoir... Est-il vrai que le faon, déchiré de leurs ongles, est mordu de leurs dents, que le sang chaud, à longs traits, les enivre, gonfle leur sein d'amour pour ce dieu-femme, qui fait haïr les mâles, qui leur fit mettre à mort Orphée ? »

Que t'importe, jeune homme ? Viens avec moi plutôt. Asseyons-nous aux pieds de ces héros d'airain que le soleil

---

[1] Aristote, *Politique,* t. I, p. 159, éd. B. St-Hilaire.

levant de Delphes embrase. Tous les monts se couronnent de lumière vive et pure. Dentelés finement, comme d'un net acier sur l'azur, leurs pics percent le ciel. Celui-ci, calme et fort, qui regarde d'en haut tous ses voisins de Thessalie, il triomphe en sa gloire. C'est Œta, le bûcher d'Hercule.

Puisse la légende héroïque lutter contre Bacchus! Puisse le bon, le grand Hercule raffermir, soutenir ce jeune homme chancelant, le tenir ferme et haut dans le saint parti de la lyre. Hercule qu'on croit grossier, ne connaît que la lyre. S'il a été parfois un rival d'Apollon, il est encore plus son ami. Il est le héros d'Occident que persécute l'oriental Bacchus, le féminin, le furieux [1].

Ce qui avait manqué au noble dieu du jour pour soutenir cette grande guerre, voudrais-tu le savoir? C'est la peine, la douleur, la mort, c'est le bûcher, mon fils! Apollon qui n'est que lumière, n'a pu descendre au royaume sombre. Il n'a pas eu la lutte, il n'a pas eu l'effort contre la mort, contre l'amour. Il n'a pas eu le malheur et les crimes involontaires, et les expiations d'Hercule, cette flamme enfin qui, traversée, le met pur et vainqueur au ciel.

Mais ce qui a manqué le plus à Apollon, c'est le travail. Il avait essayé, il se fit maçon même, mais sa trop fine main aurait perdu la lyre, n'en aurait plus senti les cordes délicates. À d'autres il a laissé les labeurs, la sueur, la course aux pieds ailés d'Hermès, la lutte au bras d'Hercule, les

---

[1] C'est tard, bien tard, et par Diodore seulement, que nous apprenons cette haine de Bacchus, qui, au fond, en veut à Hercule beaucoup plus que Junon. Révélation vraie et profonde, que le simple bon sens aurait pu nous faire deviner. Mais ce fut un secret dangereux que personne n'eût osé révéler, tant que Bacchus fut maître et qu'il eut à ses ordres un monde d'initiés. Un seul mot échappé mit en danger Eschyle.

œuvres méprisées de la grande lutte contre la terre. Il lui laisse le meilleur peut-être, le dur travail, mon fils, le grand viatique de la vie qui la maintient sereine et forte. L'art éthéré, la muse sont-ils assez ? J'en doute. Suffisent-ils pour nous soutenir contre l'assaut de la nature ? Non, crois-moi, il faut la fatigue, le travail de toutes les heures. Moi, je le remercie. Il m'a servi, mené, mieux qu'un meilleur peut-être. Je mourrai riche d'œuvres, sinon de résultats, au moins de grandes volontés. Je les dépose aux pieds d'Hercule.

Il y a cent héros dans la Grèce.. Mais il n'en est qu'un seul dont les exploits soient des *travaux*.

Chose étrange, et qui stupéfie ! La Grèce a un bon sens si fort, une raison si merveilleusement raisonnable que, – contre ses préjugés mêmes, le mépris des labeurs qu'elle nomme serviles, – son grand héros divinisé, c'est justement *le Travailleur*.

Et songez qu'il ne s'agit pas de travaux élégants, nobles, tout héroïques. Il s'agit des grossiers, des vils et des immondes. Mais la magnanime bonté de ce héros ne connaît rien de bas en ce qui sert le genre humain. Il combat corps à corps les marais, hydres empestées. Il force les fleuves de l'aider, ici les divisant, là les lançant d'ensemble dans ces étables d'Augias qu'ils noient, balayent et purifient. Qu'y aurait fait l'arc d'Apollon ? Pour détruire à jamais Python, il fallait bien plus que des flèches. Il fallait la persévérance et l'humble héroïsme d'Hercule.

Le grand libérateur des Perses, on l'a vu, est le forgeron. Gustasp aussi, l'un de leurs grands héros, choisissant un métier, prend la forge et l'enclume (Shah Nameh). Mais le fer ennoblit, le marteau est une arme aussi bien qu'un outil. La Perse n'eût osé mettre son héros aussi bas. Le génie grec est si hardi, si libre (et libre de lui-même), qu'il n'a pas craint d'abaisser son Hercule, qui en effet n'en devient que plus grand. Il remplit l'idéal persan mieux que la Perse même n'a pu le faire. Bienfaiteur de la terre, il la purge, et il l'embellit. Il en bannit les morbides torpeurs. Il l'oblige au travail, y crée des champs féconds. Il perce les monts de Thessalie, et les eaux dormantes s'écoulent; voilà un paradis, la vallée de Tempé. Partout des eaux pures et rapides, des voies larges et sûres. Il est l'ouvrier de la terre, son artisan qui la façonne pour l'usage du genre humain.

Cette conception d'Hercule étonne en tous les sens. Elle dépasse énormément et l'*Iliade* et l'*Odyssée*. Hercule a la fougue d'Achille, mais bien plus de bonté. S'il a méfait, il se repent, répare. Sa simplicité héroïque l'éloigne fort d'Ulysse. Ce parfait Grec des îles, si rusé, est bien loin du vaste cœur d'Hercule. Par terre, par mer, Ulysse cherche sa petite patrie, l'autre la grande; il veut le salut de la terre, l'ordre et la justice ici-bas.

Hercule est la grande victime, l'accusation vivante contre l'ordre du monde et l'arbitraire des dieux. Sa mère, la vertueuse Alcmène, fidèle, l'a voulu légitime, et il se trouve *bâtard*. Conçu l'aîné, il naît *cadet*, par l'injustice de Jupiter. Enfin il est *esclave*!

Esclave de son aîné, le faible, le lâche Eurysthée. Esclave domestique et vendu. Esclave de sa force et de l'ivresse du sang. Esclave de l'amour, car il n'a rien d'autre ici-bas.

Sa force épouvantable est sa fatalité. Il n'est pas en rapport avec la faiblesse du monde. Souvent il croit toucher, il tue. Ce bienfaiteur des hommes, généreux défenseur des opprimés, des faibles, vit accablé de crimes involontaires, de repentirs, d'expiations.

On le représentait petit, trapu, très-noir. Il tient de la bonté du nègre, autant que de sa force. Antar, l'hercule arabe, est noir. Dans le Râmayana, l'hercule indien, si bon, si fort qui porte les montagnes, Hanouman, n'est pas même un homme.

Ainsi partout l'instinct populaire a pris pour héros le dernier, le plus humble, la victime du sort. C'est la consolation des foules opprimées d'opposer la grandeur du misérable et de l'esclave à la sévérité des dieux, un Hercule à un Jupiter.

Légende des tribus inférieures, touchante, mais sublime et bouffonne. Ils font Hercule à leur image. Il a des appétits terribles, mange un bœuf. Mais il est bon, il laisse rire de lui. Il aime à rire lui-même. Quand il a pris vivant l'affreux sanglier d'Érymanthe que lui demanda Eurysthée, il le lie, il l'apporte hérissé, la hure noire montrant les dents blanches. Le roi, épouvanté d'un tel don, s'enfuit de son trône, à toutes jambes, se met dans un tonneau d'airain. On croit lire la scène allemande de l'ours que Siegfried s'amuse à lâcher, dans les *Niebelungen*.

Hercule étant la force même, les plus forts, les Doriens, se l'adjugèrent, le firent l'aïeul des rois de Sparte. Mais il est justement le contraire de l'esprit spartiate. Il est l'homme de l'humanité, hors de l'égoïsme exclusif d'une cité si concentrée en soi.

Il vint chez les Athéniens, qui gracieusement assurèrent qu'à sa naissance Minerve l'avait recueilli dans ses bras. On l'établit à Marathon. On le fit ami de Thésée, et toutefois sa légende est loin d'être Athénienne. Il humilie Athènes en sauvant Thésée des enfers.

Il est le héros propre au pays des athlètes, à la bonne et vaillante Béotie (méprisée bien à tort d'Athènes), pays rural, de poëtes et de héros, d'Hésiode, de Pindare, d'Épaminondas. Il est de Thèbes, à moins qu'il n'y vienne de la forte Argos. Il a grandi autour d'Élée et d'Olympie, dans leur riche plaine. Jeune, il a combattu aux profondes forêts d'Arcadie. Il est l'enfant d'adoption de ceux dont on parle trop peu, des tribus inférieures qu'éclipsait la

Cité, d'une Grèce moins brillante, mais forte, généreuse, qui eut moins d'art, et plus de cœur peut-être. Monde obscur et sans voix. Il survit dans Hercule.

Trois ou quatre alluvions de races antiques, superposées en quelque sorte, sont en ce jeune dieu, qui est venu assez tard dans la mythologie. Les Pélasges n'ont pas tous péri, ni les glorieux Achéens qui prirent Troie. Les masses assujetties qui cultivaient la Thessalie, qui y firent les travaux nommés du nom d'Hercule, subsistaient à coup sûr. Tous purent contribuer à la grande légende.

Dans ses statues Hercule a le trait des athlètes, la frappante disproportion du *pectus* énormément large et de la tête fort petite. Même inégalité dans sa nature morale. Il a de la bête et du dieu. Quand le barbare arrêt de Jupiter lui a signifié que lui, le fort des forts, il sera esclave du lâche, il tombe en un affreux délire, devient fou de douleur, ne reconnaît plus ses enfants, y croit voir des monstres et les tue. Et il est le plus doux des hommes, le plus docile des dieux. Dès qu'il revient à lui, sans foyer, sans famille, il commence, le grand solitaire, les durs et longs travaux qui vont sauver le genre humain.

Le premier, c'est la paix. Il la mettra partout en Grèce par la force de son bras. Les aînés du vieux monde, les monstres, hydres et lions, sont étouffés. Les nouveaux tyrans, les brigands, sentent le poids de sa massue. Les forêts mal famées, les défilés sinistres deviennent sûrs. Les fleuves indomptés sont vaincus, resserrés, forcés de marcher droit. Leur rive est une route. La Grèce librement circule, communique avec elle-même, s'assemble à Olympie où Hercule a fondé devant l'autel de Jupiter les combats de la paix, des combats non sanglants. Là lui-même il enseigne les exercices qui feront des Hercules, qui créeront le calme héroïsme, qui fonderont l'homme indestructible et le feront de fer pour servir la Justice. Mais nulle concurrence violente, nulle animosité. L'olivier est la seule couronne qu'il donne aux vainqueurs de ses jeux.

La Grèce est trop petite. Il part. La paix qu'il y a faite, il veut l'étendre au monde, partout fonder le nouveau droit. L'ancien fut, sur tous les rivages, d'immoler l'étranger. En Tauride, une vierge l'égorgeait aux autels. En Thrace, un roi barbare jetait des hommes aux chevaux furieux, les saoulait de chair humaine. Au nord, la cruelle Amazone faisait risée du sang des mâles. Même férocité en Afrique, où Busiris donnait aux naufragés l'hospitalité de la mort. Au bout du monde, en Ibérie, Géryon dévorait des hommes. Voilà les adversaires d'Hercule. Il le cherche au-delà des mers, les trouve et les atteint, les traite comme ils avaient traité leurs hôtes. La loi de l'hospitalité se fonde, du Caucase jusqu'aux Pyrénées.

Hercule rompt les mystères qui firent la force des barbares. Il brave la sombre mer du Nord, sanctuaire des tempêtes, où nul n'osait entrer, mer féroce, *inhospitalière*. Il sourit et l'appelle Euxin (*hospitalière*). La reine de cet affreux rivage, l'Amazone, est domptée comme sa mère elle-même. Il lui enlève sa ceinture et par là son féroce orgueil. Partout devant lui la nature perd sa virginité sauvage. À Gadès, il rompt la vieille barrière ; d'un coup d'épaule, il écarte deux mondes, fend le détroit. Par lui, la petite Méditerranée devient femme du grand Océan, et, tournant le dos à la Grèce, regarde la lointaine Atlantide. Son flot salé d'azur, émancipé, bondit dans cette immensité que n'a pas vue le ciel d'Homère. L'Olympe est dépassé. Que deviendront les dieux ?

Le téméraire ne s'est pas arrêté. L'infini ténébreux de la forêt Celtique ne l'intimide pas. Il la perce en ses profondeurs. Il perce les glaciers des Alpes, la désolation éternelle. Il rit des noirs sapins, il rit de l'avalanche. De ce lieu de terreur, il fait sans façon une route, la grande route du genre humain. Tous désormais, et les plus faibles, pauvres, femmes, vieillards courbés sur leur bâton, sans peur, suivent le chemin d'Hercule.

Il avait fait beaucoup. Il laissait derrière lui des monuments durables. Il crut pouvoir s'asseoir et se reposa sous l'Etna, au pied du grand autel qui fume éternellement. Il respira, il contempla paisible ces champs sacrés, bénis, toujours parés des fleurs que cueillit Proserpine, et il rendit grâce aux déesses. Son cœur vibra de joie. Dans sa simplicité héroïque (et point orgueilleuse), il prononça ce mot : « Il me semble que je deviens Dieu. »[1]

Les dieux l'attendaient là. Némésis l'entendit. Cette déesse sauvage, et son génie funèbre Atè, volent incessamment par toute la terre et recueillent les mots imprudents de la prospérité, ces cris de fierté ou d'audace qui par malheur nous montent aux lèvres et donnent aux jaloux de là haut un prétexte pour nous punir. Némésis ou Moira veut dire *distribution, partage*. Elles ont fait les lots aux mortels, mais avec des réserves avares[2]. Elles donnent peu et gardent beaucoup. Elles lâchent certaine faveur, en limitant, refusant le surplus, le *trop, l'excès*. Ce trop, c'est la gloire, le génie, la grandeur de l'homme, ce par quoi il se fera dieu, donc, ce que les dieux frappent. Dédale, Icare, Bellérophon, furent punis d'avoir pris des ailes. Dans Homère, les vaisseaux trop hardis, trop heureux, sont changés en rocs par Neptune. Le bon et pieux Esculape n'a-t-il pas été foudroyé pour avoir guéri, sauvé l'homme ?

---

[1] Ces choses sublimes, quoiqu'on ne les trouve que dans Diodore et autres auteurs relativement modernes, sont certainement des traditions antiques.

[2] Rien de plus instructif sur ce sujet que la thèse de M. Tournier, *Némésis et la jalousie des dieux*, 1863.

Bien plus criminel est Hercule ! La mère des hommes et des dieux, charmante et vénérable, *Terra mater,* il l'a forcée. Il a beau dire que c'est amour, qu'en lui perçant ses monts et purgeant ses marais, arrachant la noire chevelure de ses forêts humides, il a émancipé Cérès. Elle en reste troublée. Si jadis (à en croire la fable), elle pleura des assauts de Neptune, combien profondément doit-elle être indignée contre Hercule, qui n'est qu'un mortel ?

L'est-il ? ne l'est-il pas ? ce téméraire, avec ses travaux surhumains ? C'est ce qu'il faut savoir. Entre les vieilles déités outragées de la terre, et la jalousie du jeune Olympe se fait un pacte étrange. Le dernier-né, Bacchus, faux frère d'Hercule, entreprend de le perdre. Mais que dit Jupiter ? Il laisse agir, – pour éprouver son fils ? ou bien par malveillance pour l'humanité trop hardie ? Il cède au favori Bacchus, il cède aux dieux. *Hercule mourra.* Il sera convaincu d'être homme.

Bacchus l'efféminé, qui passe sa vie en longue robe dans le demi-sommeil d'une molle femme, se garde d'affronter Hercule. Il s'en va trouver les Centaures. Cette race bizarre, de fougue et de force indomptées, venait d'une étrange mère, la Nue, divinité mobile, parfois fumée légère ou brouillard fugitif, parfois grosse d'éclairs, pleine de foudres, d'une élasticité plus terrible que la foudre même, d'épouvantable expansion, à lancer des montagnes au ciel. Les fils de la Nue, les Centaures, effrénés coursiers par en bas, colériques, de rut furieux, sont hommes de folie, de caprice, inflammables comme leur mère. De plus, par sa magie, ils tiennent des fantômes grossiers du Moyen Âge, monstrueuse apparition, de terreur fantastique, mauvais songes, affreux cauchemars, qui font délirer, rendent fou.

Peuple d'autant plus dangereux qu'il était fort divers, d'esprit contradictoire. Chiron était un sage. Un autre, Pholoé, un bon Centaure, était l'hôte d'Hercule et son ami. C'est lui, simple et crédule, que Bacchus abusa. Il lui apporta un breuvage terrible (*l'eau de feu* du sauvage ?), lui dit de n'ouvrir le tonneau qu'au jour où il aurait chez lui Hercule. À peine ce vase est-il percé que sa vapeur s'épand. Tous les Centaures délirent. Orgueil ? haine ? ou envie ? folie vaine et légère ? Quelle que soit leur pensée, ils s'emportent, ils assaillent le héros pacifique. Les rocs volent, les forêts arrachées dans les airs, des chênes de mille ans tout brandis. Grêle horrible. Le ferme héros, son calme cœur d'airain, n'en est pas étonné. Il répond avec avantage, leur relance leurs chênes et leurs rocs, mais d'un bras bien plus sûr. La terre est jonchée de ces monstres. Le soir, c'était fini. On n'a plus revu de Centaures.

N'ayant pu le surprendre, l'assassiner, on le condamne. Il subira tout, on le sait. Jupiter le décrète. Eurysthée le prononce. Il mourra par obéissance. Le tyran lui dénonce son fantasque désir, qu'Hercule aille aux enfers, lui ramène le chien aux trois têtes. Amère dérision pour un être mortel qui ne peut obéir qu'en entrant dans la mort, dans la fatalité de ne pouvoir plus rien et de n'obéir même pas.

Que la mort est amère ! mais surtout pour les forts, pour ceux qui sentent en eux toutes les énergies de la vie ! Aux faibles et aux malades, la mort est délivrance. Hercule, le vivant des vivants ! c'est un énorme effort pour lui d'en venir à mourir. On voit que, dans son cœur, il dirait : « Arrière cette coupe ! » Mais il ne le dit pas. Il va trouver Cérès, la bonne et l'oublieuse ; il s'initie à ses Mystères, il la prie humblement de le fortifier.

Il va s'asseoir encore aux lieux de sa jeunesse, de ses premiers exploits, dans cette Thessalie où il créa Tempé. Le roi Admète, en deuil, le reçoit et l'accueille. Il apprend que la reine, Alceste, pour sauver son mari malade, conserver à son fils un père plus utile qu'elle, a embrassé la mort, vaillamment descendu au royaume sombre. Hercule est attendri. Ce grand palais désert, l'époux au désespoir, l'enfant noyé de pleurs, tout un peuple autour d'un tombeau, cela a percé sa grande âme. Il ne sait plus s'il est mortel. Il ira aux enfers, affrontera Pluton, vaincra la mort, ramènera à l'époux l'épouse adorée. Admirable folie de la pitié!... Mais les plus forts sont les plus tendres!

Dans toute cette légende, on n'a guère parlé de Minerve. Mais, par bonheur, elle le suit. Ce n'est pas en vain qu'à sa naissance elle l'a reçu du sein de sa mère. Minerve, au moment solennel, décisif, reparaît. Me voilà rassuré. Derrière ce fou sublime, je vois la Sagesse éternelle.

Il va, il descend, il pénètre... C'est l'enfer qui a peur d'Hercule. Cerbère vient lui lécher les pieds. Pluton est interdit. Proserpine intercède... Eh bien! qu'il aille, qu'il triomphe!... Et il ne sort pas seul. Une femme voilée le suit. Elle rentre ainsi à son foyer. Admète ne peut pas deviner. Il la méconnaît, la refuse. Mais le voile est levé!... Assez! ne touchons pas à cette scène unique, que personne n'a lue sans pleurer.

Qu'est l'enfer désormais? Peu de chose. On en rit. Les Furies ont eu peur. Caron a obéi; un vivant a passé la barque, et repassé. Cerbère a lâchement, la queue entre les jambes, tête basse, suivi le vainqueur, puis au jour s'est évanoui. Le frère de Jupiter, le roi du Tartare même, outragé, et impunément, semble aujourd'hui reculé dans les profondeurs vides, le douteux brouillard de là-bas. Grand coup, terrible aux dieux, qui certainement se vengeront. Cette dernière victoire doit porter malheur à Hercule.

Étrange destinée! Sa seule impiété, c'est de valoir mieux que l'Olympe. Telle est sa douceur d'âme, sa magnanimité, qu'il combat pour venger l'outrage qu'a reçu la femme d'Eurysthée, le dur persécuteur, le cruel tyran de sa vie.

Vertu nouvelle excessive, inouïe chez les dieux d'Homère. Ils sont ici humiliés.

« *Que le bien soit rendu pour le mal.* » C'est chose ordonnée au vieil Orient monastique, et trop aisée peut-être au faible. Mais que ce soit le fort des forts, Hercule, qui montre cet excès de bonté, cela est neuf, original. C'est le ciel même du génie grec. Le ciel du cœur détruit le ciel de fantaisie et d'imagination.

Enfer, Olympe, tous les deux ont croulé. Reste une chose : la grandeur de l'homme.

Eh bien, si tu es homme, c'est par là qu'on t'attaquera. Ton courage est invulnérable, mais non pas ton amour, non pas ton amitié.

D'abord il perd son frère, qu'il aime. Il perd le compagnon de ses travaux, le courageux ami qui le suivait partout, qui lui portait ses armes. Désormais il ira, il combattra seul sur terre.

Les forts sont très-faibles au chagrin. Ils s'en laissent effarer. Hercule a déliré jadis, et, depuis sa descente aux enfers, depuis qu'il a vu la Mort même, sa tête est ébranlée. Son cœur, plein de trouble et de deuil, invoque le médecin dangereux qui se moque de nos maux, l'Amour. il se remet à lui, le suit, comme un taureau plein de vertige va au-devant des coups mortels. Il aime Déjanire, la dangereuse et la jalouse. Il aime Iole, et il ne trouve en cet amour qu'outrage. Le frère d'Iole repousse le bâtard, le serf d'Eurysthée ; il irrite Hercule, qui le tue. Malheur affreux. Il est inconsolable. Il sèche, il languit, et, malade, il va consulter Apollon.

Voici son oracle sévère : « Paye-leur le prix du sang. – Mais je n'ai rien au monde... – Tu as ton corps. Vends-le. Vends-toi, comme esclave en Asie. »

Hercule obéit à la lettre. Dans cette molle Asie, dans la Lydie efféminée où l'homme est femme, il n'a pas même un maître ; il a une maîtresse, une femme, la reine Omphale. Était-ce assez ? Non pas. La fable ajoute que, par une double servitude, l'esclave le fut jusqu'à l'âme, misérablement amoureux de la cruelle qui s'amusa de lui. Elle donna ce désolant spectacle, Hercule déguisé, Hercule femme, horriblement burlesque... On en tremblait... Mais elle, rieuse impitoyable, elle exigea pour comble que l'esclave parût travailler librement, qu'il filât, et montrât à tous qu'il était serf de la fatalité moins que d'un lâche amour et de son faible cœur.

Le monde en rit, et l'Olympe en chantait. Il ne fut délivré qu'afin de souffrir plus encore. Il retourna en Grèce, rejoignit Déjanire. Après de tels malheurs, le cœur humilié se cache volontiers dans l'amour et la solitude. Il l'emmène au désert. Mais voilà sur la route une étrange aventure. Un fleuve leur barrait le chemin. Pour passer Déjanire, se présente un jeune centaure, seul échappé de tous les siens. Voulut-il les venger ? ou, selon les instincts aveugles de sa race, devint-il fou de Déjanire ? On ne le sait. Mais, arrivé avec elle au rivage, Hercule étant encore sur le bord opposé, il s'assouvit sur elle. Hercule avait ses flèches terribles, empoisonnées du sang de l'hydre de Lerne, et cependant d'abord il hésitait, craignant de blesser Déjanire. Il tire enfin, perce le monstre, qui, dans la double crise et du plaisir et de la mort, versant la vie, l'amour, la rage, mêlés de l'infernal venin, s'arrache sa tunique souillée, et dit à Déjanire : « Prends-la... C'est l'âme de Nessus... L'amour y est et l'éternel désir. »

Ce fut la mort d'Hercule. Il la mit peu après, cette tunique meurtrière, l'ayant reçue de sa trop simple épouse, qui crut être aimée davantage. L'horrible poison le brûlait. Désespéré, il refusa à la mort de l'attendre. Il la prévint. Il s'affranchit, et jeta là ce corps funeste qui avait tant agi, souffert, traversé les misères humiliantes de notre nature. D'arbres amoncelés sur l'Œta, il fit un bûcher colossal, et voulut qu'un ami, son dernier ami, l'allumât.

Dans les tourbillons de la flamme il fut enveloppé, monta... Il a monté au ciel, dit-on. Mais quel ciel ? quel Olympe ? Sa trop forte légende a tué les Olympiens.

Ce qu'on ajoute, et ce qui est certain, c'est qu'Hercule épousa la Jeunesse éternelle. En effet, il vit, reste jeune. Deux ou trois mille ans n'y font rien. D'autres mythologies ont pu venir. D'autres sauveurs ont pu varier le grand thème éternel de la Passion. Les incarnés de l'Inde ont eu pour Passion de traverser la vie humaine et d'en éprouver les misères. Ceux d'Égypte, de Syrie, de Phrygie, les Osiris et les Adonaï, les Bacchus, les Attis, ces dieux mutilés, mis en pièces, ont souffert, ont pâti. Mais leur *Passion passive*, loin de nous donner force, a fait nos découragements, et leur fatale légende crée l'inertie stérile. C'est dans la *Passion active*, herculéenne, qu'est la haute harmonie de l'homme, l'équilibre, la force qui le rend fécond ici-bas.

La Perse eut cette intuition, mais vague, élémentaire encore. L'Hercule grec est précis, fortement dessiné, d'une personnalité si sûre, qu'on ferait son portrait bien mieux que ceux des héros historiques. Sa compacte solidité le met à part de tous les dieux, et c'est lui par contraste qui fait sentir leur transparence. Pour le fiévreux Bacchus qui lui disputait le terrain, il se perdra lui-même dans les troubles vapeurs de la nuit, de l'orgie, les fumées d'Orient.

L'ombre d'Hercule, la dépouille d'Hercule, son souvenir, ses leçons d'Olympie, voilà ce qui a fait les grandes réalités réelles, Platée, Marathon, Salamine.

Mais ce qui le fait survivre à la Grèce elle-même, ce qui le fait l'époux de l'éternelle Jeunesse, le jeune et le vivant, et le héros de l'avenir, c'est son humble et sublime rôle de travailleur, d'ouvrier héroïque.

Il n'a rien redouté, il n'a rien dédaigné. Car, en fondant le droit de la paix entre l'homme et l'homme, il a pacifié et civilisé la nature, percé les monts, émancipé les fleuves, dompté, purgé, créé la terre.

Il est l'artisan courageux, le bras fort, le grand cœur patient, qui la préparait pour l'artiste, second créateur, Prométhée.

VIII

Le Prométhée

Entre les poëtes, un seul, Eschyle, eut le bonheur d'être à la fois le chantre et le héros, d'avoir les actes et les œuvres, la grandeur de l'homme au complet. Seul, il gagna cinquante fois la couronne de la tragédie. Seul, il eut, comme Homère, des rhapsodes qui le chantaient sur les chemins. Seul, il ne mourut pas, subsista toujours au théâtre (qui ne jouait que les vivants). Il resta en statue de bronze sur la place d'Athènes, comme censeur, pontife et prophète, pour surveiller le peuple et l'avertir toujours. Le grand moqueur des dieux, Aristophane, ne respecte qu'Eschyle. Il l'a vu aux enfers siéger sur un trône d'airain.

Dans la noble épitaphe qu'il s'est faite à lui-même, il rappelle seulement qu'il combattit à Marathon, il oublie ses cent tragédies. Il n'y eut jamais plus vaillante race. À Marathon, il est blessé, et il est le frère des soldats les plus glorieux de Salamine ; L'un, Amyntas, est le hardi pilote qui le premier heurta la flotte de Xercès, et y gagna le prix de la valeur. L'autre, l'obstiné Cynégyre, se fit tailler en pièces, ayant retenu son vaisseau par les mains, coupées une à une, puis retenu encore avec les dents. Les fils, neveux, parents d'Eschyle, en auraient fait autant, s'ils avaient eu de ces grands jours ; ils s'en dédommagèrent par un torrent de tragédies, bonnes ou mauvaises, composant avec la fureur guerrière du grand vieillard. Un des fils eut la singulière aventure de gagner le prix sur Sophocle, sur son chef-d'œuvre, l'*Œdipe roi.*

Les magistrats d'Athènes gardaient soigneusement un exemplaire correct et complet des œuvres d'Eschyle, de peur qu'un téméraire acteur ne changeât rien aux paroles sacrées. Et cependant, malgré ces soins, sept drames en tout nous restent, dont une seule trilogie complète, l'*Orestie.* Des trois parties du *Prométhée* une subsiste. Débris énorme et colossal. Comme le voyageur qui trouve dans le sable d'Égypte le pied du sphinx ou son doigt de granit, et qui d'après calcule de quelle hauteur était le monstre, nous aussi nous cherchons sur cette ruine à deviner ce que fut le géant Eschyle.

Aristophane dit admirablement que les vers d'Eschyle sont forts « comme les ais serrés d'un vaisseau », comme l'indestructible charpente de ces navires vainqueurs qui brisèrent la flotte d'Asie. Il le met au-dessus de Sophocle, loin, bien loin du faible Euripide. Mais sa vraie place n'est pas là. Elle serait bien plutôt entre Isaïe et Michel-Ange.

Dans son œuvre si sombre il y a bien autre chose que l'art. Il y a le vrai génie de la douleur. Rien qui adoucisse ou console, comme dans Sophocle. Ces tragiques accents des héros du passé semblent pour le présent des avertissements redoutables, de lugubres pressentiments. Il rappelle surtout Michel-Ange. Le prophète italien au milieu des splendeurs et des conquêtes de Jules II, n'a peint que l'épouvante dans les plafonds de la Sixtine. Et le prophète Eschyle apparaît plein de deuil dans les prospérités d'Athènes.

Tous deux ont vu d'avance des épreuves terribles, de

cruels coups du sort, et au bout le *jugement*, la haute victoire de la justice. C'est la grandeur d'Eschyle que ne pouvait encore sentir Aristophane. Contre le fantasque arbitraire de la mythologie d'alors (et des mythologies futures), il invoque, il contient, il enfante le *juste*. Son Prométhée nous donne, avec la mort de Jupiter, la mort et l'impuissance de tout mythe à venir qui n'est point fondé dans le droit. Son Caucase est le roc où tout à l'heure le stoïcien, contre la tyrannie du ciel et de la terre, asseoira la jurisprudence.

Avenir inconnu, voilé. L'âpreté du prophète, son deuil, remplit d'étonnement. Eschyle, à quarante ans, commence la série menaçante de ses tragédies, au moment souriant où la cité libératrice poursuit, couronne sa victoire, apparaît reine de la Grèce. Elle est brillante, elle est féconde. En tous les sens, elle rayonne. Elle est jeune et elle a vingt ans en ses deux génies admirables, deux adolescents qui éclatent, le beau Sophocle, le puissant Phidias. Celui-ci, d'abord peintre, pour coup d'essai de son ciseau, sculpte l'âme d'Athènes, sa Minerve Poliade, fière, souveraine et colossale, qui, de son casque étincelant, domine l'acropole et les temples, commande au loin la mer, les îles.

Moment d'espoir immense. Entre Thémistocle, Aristide, entre le généreux Cimon, l'habile et profond Périclès, la lutte semble faire l'équilibre, et, par leur combat même, l'harmonie de la liberté.

Eschyle ne voit rien de cela. Son âme semble être encore au siècle précédent, aux désastres, aux dangers. Il a, comme Hérodote, la préoccupation de cette Némésis qui plane sur nos têtes, qui épie nos prospérités. La prodigieuse Babylone est bien tombée. La massive et solide Égypte, si fortement assise, n'en a pas moins sa chute. Le bon Crésus, le rusé Polycrate, et cette délicieuse Ionie, tout cela a péri ! Athènes reste la digue qui arrête le torrent barbare. Mais dans Athènes même que de rapides changements ! Eschyle enfant vit les Pisistratides, la revanche de la liberté, le vaillant coup d'Harmodius. Homme fait, il a eu ce bonheur, sa belle blessure de Marathon. La Grèce s'est trouvée un moment portée jusqu'au ciel par le grand flot de Salamine. Il faut bien redescendre. Voici un nouvel âge. Celui d'héroïsme est fini. Celui de l'harmonie commence, le règne de l'art et du beau, un immense rayonnement du génie inventif et de raison féconde, un monde de grâce et de lumière pour étonner tous les temps à venir. En un seul siècle l'œuvre de deux mille ans !... Est-ce là comme on vit ? Comment ne pas prévoir des jours d'épuisement ? Quel beau jeu aura Némésis pour revenir, ramener les barbares, non d'Asie, mais de Madédoine, au sombre jour de Chéronée !

Il est certain que l'arc d'acier s'est détendu, et que la lyre, enrichie de cordes nouvelles, ne prend son harmonie qu'en quittant le ton âpre et fort qu'elle eut dans le temps des héros. Sophocle nous apprend qu'Hercule, civilisé, a quitté la massue, qu'il étudie, enseigne le chœur des astres et leurs concerts. La seconde Minerve, déjà moins colossale, n'étend plus sur les mers son menaçant regard. Phidias cette fois la fait méditative, de profond et perçant génie, de très-près ressemblant aux effigies de Thémistocle, « celui, dit Thucydide, qui seul *vit* et *prévit.* »

Que regarde-t-elle ? On ne sait. Mais c'est certainement chose immense, infinie et sublime. Plus qu'Athènes elle-même. C'est plutôt le long cours des siècles qu'Athènes éclairera. Elle regarde l'art éternel.

Qui s'étonnera que la Grèce se soit admirée, adorée, dans sa merveilleuse beauté ? qu'elle ait voulu l'éterniser ? Notons qu'avant toute sculpture, la sculpture vivante existait, qu'une puissante création gymnique et harmonique avait fait du réel le parfait idéal rêvé. L'art copia d'abord et commença par le portrait [1]. On ne s'amusa pas à sculpter les dieux au hasard. On fit les effigies de ceux que l'on voyait. La beauté paraissait divine en elle-même, et plus divine encore comme révélation du dedans. Aux courses d'Olympie, Phidias vit courir et vaincre un merveilleux enfant, et il devint sculpteur. Un autre, de suave beauté, qui, à quinze ans, dut après Marathon mener le chœur qui rendait grâces aux dieux, fut deviné, senti, acclamé par Athènes... Et son âme jaillit... C'est Sophocle.

Tout cela grand et pur, très-noble, et cependant si vivant, si fécond! Les dieux humanisés, ou, disons mieux, divinisés par l'âme que mirent en eux les Phidias, sortirent des temples, siégèrent sous les portiques et dans les places mêmes. Les cités eurent deux peuples à côté et vivant ensemble, les hommes et les Olympiens. L'étrange idée de Winckelmann que tout fut immobile, beau de corps, nul d'expression, a reçu chaque jour d'éclatants démentis [2]. Une vie palpitante est partout dans ces marbres.

Même avant Euripide, et déjà dans Sophocle, plus loin que cet art soit froid, on sent que son écueil pourrait être l'attendrissement. J'admire Sophocle, mais non pas sans révolte, quand il m'arrête longuement, tristement sur les

---

[1] En 558 avant J.-C. la coutume s'introduit de dresser des statues aux vainqueurs d'Olympie. Observation importante de M. de Ronchaud dans son beau livre de *Phydias*, p. 59. C'est de là véritablement que l'art prit son essor.

[2] Comparez le génie éclatant de la Renaissance. Jean Goujon, où il est sublime, en tel fleuve, en telle nymphe (*musée Cluny*), a fait des corps fluides d'une ondulation fantastique où fuit la vie et qui nous plonge dans le plus profond rêve... Mort et vie, qu'êtes-vous? Je le sais d'autant moins que je reste abîmé à regarder ceci. – Tout au contraire le Grec donne un sentiment si présent, si fort, si ardent de la vie! Les femmes évanouies qui du fronton du temple regardent si l'enfant livré au Minotaure revient et ne le voient pas, sont au plus haut degré saisissantes et tragiques.

maux physiques, la plaie de Philoctète, quand il m'énerve Hercule, montre faible le fort des forts. Laissez-moi donc entière la salutaire légende, j'en ai besoin bientôt. Songez que tout à l'heure, à la gloire écrasante d'Alexandre le Grand, Zénon n'opposera que *la philosophie d'Hercule.*

Son *Œdipe à Colone* m'attendrit trop aussi. Le sujet est « le besoin de la mort », la guérison des fautes et la guérison de la vie, la douce expiation qui attend la victime de la fatalité dans le long sommeil désiré sous l'abri généreux d'Athènes, la profonde sécurité au bois des Euménides. Les deux filles adorables, enlevées, ramenées, portent au comble l'émotion... Voyez ! tout ce grand peuple pleure.

Je comprends à merveille que le héros Eschyle, qui vit recommencer un tel âge d'émotions, ces attendrissantes merveilles, et d'autres la finesse, de sublime analyse, s'alarma, s'effraya. Que pensa-t-il lorsque vint à Athènes le prodigieux raisonneur Zénon d'Élée, qui le premier formula, enseigna, tous les secrets de la logique ? Par une dextérité terrible, Zénon (accablant les sophistes jusque-là si fiers d'Ionie), prouva en pleine Athènes, au centre d'un tel mouvement, que le mouvement n'existe pas. Périclès l'écouta, et tous. On raffola de cette escrime.

Le centre des penseurs fut bientôt chez une jeune femme, une de ces Ioniennes que la ruine de Milet envoyait à Athènes. Ces Milésiennes, toutes charmantes, touchantes de leur cruel naufrage, plusieurs vendues, esclaves, n'en devinrent que plus reines. Thargélie la voluptueuse, Aspasie fine et pénétrante, eurent une cour, et quels courtisans ! L'ondoyant génie ionique, dans sa grâce fuyante, qui jadis fit l'Olympe et ses métamorphoses, c'était Aspasie elle-même. Phidias, et sa jeune école, s'inspiraient là de la noble ironie qui joua, traduisit les dieux. Périclès, l'orateur réfléchi, calculé, près d'elle apprenait la Mimique et l'imposante comédie qui fascinait le peuple. Les sophistes étudiaient son insidieuse parole, l'art de mêler, démêler, remêler, de fins filets de femmes où le plus fin se trouvait pris. Protagoras y prit le doute universel, et Socrate plus tard l'art de douter du doute.

Étrange affinement. Et si rapide ? Que de siècles en vingt ou vingt-cinq ans ! Hier, c'était la grossièreté de Marathon. Aujourd'hui tout est élégant, délicat, et subtil. Où est le robuste génie qui fit vaincre la Grèce ? Je vois loger chez Périclès son maître, homme obscur, redoutable pour volatiliser les dieux. C'est l'Ionien Anaxagore, qu'on surnomme l'*Esprit*, parce que selon lui il n'est point d'autre Dieu. Idée sublime et pure qui, centralisant le divin, mais noyant dans l'éther les énergies de la patrie, faisant évanouir et Pallas et Hercule, conduit tout droit Athènes au calme monarchique.

L'unité dans le ciel, l'unité sur la terre, c'était le rêve qui couvait sourdement. Beaucoup auraient voulu *un bon tyran,* – remplacer Jupiter, non par l'*Esprit* d'Anaxagore, mais par leur favori Bacchus, Dionysos, dieu tout oriental, qui portait la tiare (*Sophocle*), la molle robe des femmes d'Asie. Il avait pris le thyrse et le lierre du dieu des vendanges, l'ancien Bacchus rural. Il entraînait les femmes, les esclaves, tourbe orgiastique. Les esclaves d'Athènes, au fond très-libres, hardis (comme nos Frontins et nos Lisettes), admis aux spectacles, aux mystères, avaient en lui leur dieu, leur tyran, leur *Sauveur.* Par ses affiliés, il tenait Éleusis. Il avait forcé Delphes, se creusant sous le temple un tombeau, une crypte d'où il ressuscitait. Il forçait Apollon de jouer dans sa comédie. Tout cela n'était rien encore. Il devait enterrer, éclipser tous les petits dieux de la Grèce et la mener aux grandes choses, à la conquête de l'Asie et de l'Inde. Quand cela ? et dans qui ce grand dieu apparaîtra-t-il ? À tout tyran, on s'écriait : « C'est lui ! » Par une fatalité étrange, le glorieux tyran de Syracuse, Gélon, au jour même de la victoire de Salamine, en gagna une sur Carthage, lui imposa la loi de ne plus faire de sacrifices humains. Il se sentit si fort, qu'au retour il quitta l'épée, se promena sans gardes. On le refit tyran. Et ce fut pour toujours. Les tyrans furent des dieux, chefs de la liberté, liberté d'abrutissement. Ils prirent le propre nom du céleste tyran, *Dionysos* (Denis), ou s'appelèrent encore *Démétrios* (fils, mari de Cérès), ou du nom qui plaisait au vague espoir : *Sauveur* (Sôter). Ces sauveurs furent terribles, écrasèrent les idiots qui avaient espéré la liberté par le tyran.

Ténébreux avenir, qu'au temps d'Eschyle on voyait mal encore. Cependant, récemment, les orgies du sauveur Bacchus venaient de commencer à Sparte (*Aristote*). Le Spartiate Pausanias, le vainqueur de Platée, avait cru se faire le Gélon, le Bacchus sauveur de la Grèce.

Dans la lumière d'Athènes, on en riait. Ces obscures machinations paraissaient impossibles. Cependant les vieillards, regardant Périclès, rêvaient, et dans ses traits croyaient retrouver Pisistrate.

Mais revenons à l'art. Sous l'empire de Bacchus, dans la fermentation encore contenue des esprits, le théâtre devint le besoin souverain d'Athènes. Il rayonna, quitta ce qu'il avait encore de ses formes élémentaires. Tout changea peu à peu, la scène, et le drame et l'acteur.

Jusque-là dressée en charpente et temporairement pour le moment des fêtes, la scène était improvisée et faite pour l'improvisation. Le poëte ne remettait à personne le soin, l'effort, le danger de l'*action*. Lui-même il jouait son héros. La tragédie était un acte de courage, un dévouement où l'homme se mettait tout entier. Il se lançait en brave sur ce plancher tremblant, sous lequel grondaient des échos redoutables. De sa personne entière, du geste, de la voix, il bravait les caprices, il bravait les risées. La face au moins était-elle masquée, abritée de l'outrage ? Pas toujours, car

Sophocle, pour son extrême beauté, joua dans une de ses pièces la belle Nausicaa.

Mais cela coûtait à Sophocle. Le peuple qui raffolait de lui, épargna à son favori ce pénible devoir. On lui en donna d'autres, plus conformes à son caractère, un sacerdoce par exemple. On le croyait si bien « chéri des dieux » qu'on lui attribua un miracle. Un jour, pendant une tempête, un hymne de Sophocle était chanté. À l'instant le calme se fit. Neptune et la mer écoutaient.

Il se sentait aimé. Dès vingt ans, il se présenta au concours de la tragédie. Il produisit une gracieuse pastorale, *Triptolème,* à la gloire d'Éleusis sans doute et des nouveaux mystères. Il y disait, d'après Pindare : « C'est le bonheur : Les voir, et puis mourir ! » Un tel mot enlevait, ravissait, à coup sûr, tout un monde d'initiés. L'admiration, la fureur pour le jeune poëte allaient si loin qu'on lui sacrifia une des grandes tragédies d'Eschyle. En vain luttait son vieux parti, héroïque et patriotique. On ne pouvait s'entendre. On remit le jugement aux généraux, au glorieux Cimon qui, revenant d'une nouvelle victoire, en rapportait les cendres de Thésée, don si agréable à Athènes. Cimon, le fils de Miltiade, ne pouvait être hostile au vieux soldat de Marathon. Mais ce vaillant Cimon ne le fut pas devant le peuple ; il vit où était sa faveur et il se détourna d'Eschyle.

Celui-ci, désormais, avait tout contre lui, l'âge et ses longs succès, disons-le, le progrès de l'art, qui va, suit son chemin, à part du génie même. L'art exigeait une tragédie moins lyrique et plus dramatique, d'un nœud plus compliqué, qui saisît le cœur, le retînt inquiet, suspendu. C'était le terrain de Sophocle. Eschyle ne le déclina pas. Il l'y suivit dans l'*Orestie.*

C'est ce que le théâtre grec, disons mieux, le théâtre a produit de plus grand. Shakespeare, avec tant de ressorts et d'effets variés, de magiques et profondes complications, n'a point dépassé cet art-là, de simplicité formidable, qui se passe d'être ingénieux, qui, sans subtilité, sans replis, sans ambages, vous prend d'autant plus fort, vous serre et vous étreint.

Les trois pièces de l'*Orestie* vont dans un crescendo terrible. On jouait du matin au soir pendant les fêtes. On put tout jouer en un jour, *la mort d'Agamemnon* le matin, celle de *Clytemnestre* à midi, le soir les *Euménides*. De drame en drame, de terreur en terreur, l'auditoire ne respira plus. Les plus fermes frémirent. Les femmes s'évanouissaient, et plusieurs, dit-on, avortèrent. Le soir, tout était terrassé. Et seul debout restait Oreste-Eschyle.

Agamemnon déjà saisit. Quand la perfide épouse tendrement le reçoit, l'enveloppe de son voile, le froid prend à l'épine. La *Clytemnestre* (Choéphores) donne d'un bout à l'autre une horripilation sauvage, le frissonnement du parricide, le remords même avant. Oreste sait son sort. Les dieux veulent le meurtre, et le puniront d'obéir. C'est ce que les *Euménides,* d'une audace incroyable, font ressortir, posant les dieux dans leur contradiction. Elles le poursuivent autant qu'Oreste, les accablent ensemble de leur mutuels démentis.

Eschyle osa beaucoup. C'était la pensée populaire, mais on pouvait s'irriter, s'indigner de la voir à ce point éclaircie. On n'a pas senti tout cela, parce que l'on n'a jamais expliqué quelle était la situation morale, la pente où descendait rapidement l'Olympe Hellénique.

Dès la ruine de l'Ionie, Jupiter, Apollon, furent cruellement discrédités. Leurs oracles tombèrent. Crésus qui les payait fort cher, qui crut vaincre les Perses et fut leur prisonnier, fit le sanglant outrage au dieu de Delphes de lui offrir ses chaînes. On le surnomma *Loxias,* l'ambigu, l'équivoque. Consulté avant Salamine, il tergiverse, on rit. Et le seul dieu c'est Thémistocle. Eschyle évidemment rappelait l'oracle incertain qui avait perdu la Lydie et la pauvre Ionie, l'infortunée Milet, tant pleurée par Athènes. Il ose faire dire aux Euménides : « Voyez ce trône de Delphes !... Comme il dégoutte de sang ! »

Outrager Apollon, outrager Jupiter (comme il le fit aussi), n'était pas le plus dangereux. Le mortel danger de la pièce, c'est le mot que les Euménides disent et répètent avec mépris je ne sais combien de fois : « *Les jeunes dieux* ». Si ce mot atteignait Phœbus, bien plus directement il tombait sur Bacchus, dernier-né de l'Olympe (*Hérodote*). Les terribles déesses accablaient cet intrus du fond de leur antiquité.

Eschyle, qui était d'Éleusis, qui (un fragment le dit) filialement aimait la Cérès d'Éleusis, savait mieux que personne le changement profond des Mystères où Iacchus, introduit comme enfant, grandit, devint Zagreus mort et ressuscité, enfin le triomphant Bacchus, qui dompta la pauvre Cérès, bon gré mal gré fut son époux.

Cette révolution semble s'être accomplie de 600 à 500. Mais les choses se précipitent. Au Bacchus d'Éleusis, qui seul garda quelque décence, va se mêler l'ignoble engeance des petits Bacchus de l'Asie (Sabas, Attis, Adon, etc., etc.). Tout cela avant 400. Le grand Bacchus, qui déchira Orphée, le Sauveur, disait-on, des femmes et des esclaves, dieu de la liberté (de délire et d'ivresse), ce Bacchus, avec de telles masses, était un tyran dans la Grèce. Il en inspirait les terreurs [1].

Même à Athènes, la ville incrédule et rieuse, cette masse très compacte d'initiés, de femmes et d'esclaves, se faisait redouter, et surtout au théâtre, où le nombre les rendait

---

[1] Hérodote, qui lut, comme on sait, son histoire aux jeux d'Olympie en 452 (quatre ans après la mort d'Eschyle), est tellement sous cette impression, qu'à chaque fois qu'il trouve Osiris, le Bacchus égyptien, il déclare qu'il se tait et n'ose parler.

hardis. Les esclaves assistaient (*Gorgias*). Ils n'auraient pas parlé, mais ils pouvaient mugir, rugir, et c'était un tonnerre. Les femmes assistaient. Leur sensibilité pour ce tendre Bacchus les rendait parfois furieuses, et très-près de l'assassinat. Eschyle faillit en faire l'expérience. Sur un mot qu'il dit des Mystères dans je ne sais quelle pièce, il aurait péri sous leurs ongles s'il n'avait embrassé l'autel qui était sur la scène même.

On peut juger de l'extrême péril où il était en prononçant ce mot terrible et clair : « *Les jeunes dieux* ». Mais, en bravant les fanatiques, s'était-il assuré du parti opposé, des esprits forts, incrédules ou sophistes, de ceux qui, comme Anaxagore et son élève Périclès, ne voulaient de Dieu que *l'Esprit* ? Point du tout. Ce parti des libertés religieuses était attaqué par Eschyle dans sa vie tortueuse vers la tyrannie politique. Il faisait dire aux Euménides : « Révérez la justice ; rendez honneur aux lois. *Gardez de vous donner des maîtres.* » La pièce entière, on peut le dire, avait la portée d'une attaque contre les intrigants qu'employait Périclès. L'un, aposté par lui, poussait le peuple à supprimer l'Aréopage. Eschyle s'interposa par ce drame hardi, où il montrait Minerve fondant, pour le procès d'Oreste, l'irréprochable tribunal qui longtemps avait fait d'Athènes le centre et le temple du Droit.

L'Aéropage ne fut pas supprimé. On recula. Mais d'autant plus la perte d'Eschyle était sûre. On ne le lâcha plus. Sous vingt prétextes, il est dès lors persécuté, calomnié. On se dit à l'oreille que, si, aux dénouements, il évite de tuer sous les yeux du public, c'est qu'il tue derrière le théâtre ; que, dans la fureur du succès, pour l'obtenir du ciel ou des enfers, il égorge des victimes humaines.

Ces préludes ingénieux préparaient le grand coup qu'on lui porta, l'accusation d'impiété. On a peu de détail. Se défendait-il ? On l'ignore. Il semble que, pour apologie, il montra seulement sa blessure, rappela Marathon, son frère et Salamine. L'accusation rougit, se tut.

Ne pouvant le frapper, on frappa le théâtre. C'était lui-même encore. Un matin, il s'écroule. Vieux théâtre de bois, qui tant de fois a frémi sous ses pas, grondé du tonnerre de sa voix. Il s'écroule... Vengeance manifeste des dieux. Il a lassé leur patience. Ils imposent silence à ses fureurs impies, à cet Ajax, à cet Oreste, à ce géant blasphémateur. Il a brisé lui-même et tué sous lui son théâtre. On en refait un, admirable, de marbre, entouré de statues. Mais il n'ira pas à Eschyle. Il n'est plus, comme l'autre, vibrant et palpitant, imprégné de cette âme antique. Les effigies des dieux, merveilles d'art, partagent désormais l'intérêt, les regards. À leur tête, la rêveuse image, somnolente et voluptueuse, du dieu nouveau Bacchus, Vénus mâle, l'amoureux d'Athènes.

Tout cela dit au vieux héros le mot que dans sa pièce les Furies disaient à Oreste ? « C'est fait de toi... Tu ne parleras plus. »

Je crois que c'est alors [1] que, sur cette scène même qu'il quittait pour toujours, le vieux Titan se dressa son Caucase, se fit lier, clouer et foudroyer par Jupiter, pour de là lui lancer le grand mot de révolte, la prophétie de l'avenir.

Colone, un petit bourg peu éloigné d'Athènes, lieu entre tous tragique, est connu par Œdipe, sa mort, le mystère de sa tombe. Il avait à sa portée le bois des Euménides, et l'autel d'un proscrit, le titan Prométhée. Tandis

---

[1] C'est l'opinion, fort raisonnable, d'Ottfried Müller.

que la *via sacra* d'Éleusis, jour et nuit, était peuplée, bruyante, Colone était désert. Ses vieilles divinités mal famées n'attiraient pas le peuple. Son bois sinistre faisait peur. Le passant s'écartait et détournait les yeux.

Prométhée, comme on sait, est l'ennemi personnel de Jupiter, le maudit qu'il cloua au Caucase. Malgré les dieux, il nous donna le feu, les arts. On n'osait l'oublier ; on lui rendait un demi-culte. On payait à ce bienfaiteur l'honneur économique d'une petite course annuelle. Peu de gens la faisaient. Aristophane s'en plaint. Tandis qu'on s'étouffait aux Mystères équivoques, « personne ne savait porter le flambeau de Prométhée ». Ce flambeau, allumé sur un autel d'Athènes, devait être porté à celui de Colone. Les feux rapides, scintillants ou fumeux, dont le vent se jouait, triste image de nos destinées, passaient de main en main. Mais ils n'arrivaient guère. Le sombre autel restait obscur.

Étrange oubli ! coupable ingratitude ! Prométhée a été l'émancipateur primitif, et toute énergie libre a procédé de lui. Par lui (non par Vulcain qui n'est pas né encore), a jailli la Sagesse, la fille aînée de Jupiter. Le dieu des foudres, entre ses noirs nuages, en était opprimé, la sentait qui couvait sous son front. L'industrieux titan d'un coup (d'un coup sublime, et le plus beau qui fût frappé jamais) lui perça son orage. Un lumineux éther, serein, pur, virginal, resplendit, la vierge éternelle qui fut l'âme inspirée d'Athènes, mais vit toujours, vivra, survivra à jamais à tous les Jupiters.

Légende la plus haute, à coup sûr, de l'antiquité. Noble génération du génie et de la douleur.

C'est la leçon immuable de l'homme, l'émancipation par l'effort, la seule juste, efficace. Elle apprend à chacun de nous à tirer de soi sa Pallas, son énergie, son art, son vrai Sauveur. Elle est directement contraire aux Sauveurs ténébreux, aux faux libérateurs. Et seule elle est la liberté.

Cet éther de Pallas semble être le feu même dont Prométhée alluma l'âme humaine. Le titan le tira de l'Olympe pour le mettre en nous.

Jusque-là, lourde argile, l'homme traînait, troupeau raillé des dieux. Prométhée (c'est son crime) met en lui l'étincelle. « Et voilà qu'il commence à regarder les astres, à noter les saisons, à diviser le temps. Il assemble les lettres et fixe la mémoire. Il trouve la haute science, les nombres. Il fouille la terre et la parcourt, fait des chars, des vaisseaux. Il comprend, il prévoit, il perce l'avenir. » Prométhée ouvre à l'homme la voie de l'affranchissement. Il est l'*anti-tyran*, au moment où l'Olympe, en son jeune Jupiter-Bacchus, est de plus en plus *le tyran,* type imité trop bien des tyrans de la terre.

Je serais bien trompé si ce titan Eschyle ne fût venu souvent demander, comme Œdipe, un siège aux Euménides de Colone, s'il ne se fût assis à cet autel désert du grand bienfaiteur oublié. À cet autel, et non ailleurs, le poëte a pu trouver deux choses que le titan lui seul pouvait lui révéler. Eschyle sut le nom de sa mère, sut que Prométhée n'est pas fils d'une certaine Clymène, comme on le disait sottement, mais *fils de la Justice,* de l'antique Thémis qui a vu naître tous les dieux. La seconde chose, toute divine, que ni Hésiode, ni personne n'avait soupçonnée, c'était le vrai motif pour lequel Prométhée se perdit. Dans Hésiode, le bienfait du titan est un tour de malice : il veut faire pièce à Jupiter. Dans Eschyle, il a eu compassion des misères de l'homme. *Il eut pitié.* Cela le divinise, le fait dieu par-dessus les dieux.

Pitié ! Justice ! Deux tout-puissants leviers qui donnaient à la vieille fable une incroyable force. Trente mille spectateurs furent saisis, furent liés, plus que Prométhée au Caucase, quand il lança ce cri : « Ô Justice ! ô ma mère !... Tu vois ce qu'on me fait souffrir ! »

Quel cœur ne fut percé, quand d'une voix profonde il dit ce mot amer : « J'eus pitié !... C'est pourquoi personne n'a eu pitié de moi ! »

Si, comme on croit, le *Prométhée* parut vers 460, Eschyle avait alors soixante-cinq ans. Je crois pourtant que, malgré l'âge, cette fois encore il parut sur la scène. Dans ces pièces si dangereuses nul autre que l'auteur n'aurait osé jouer. Aristophane ne trouva que lui-même pour jouer celle où il stigmatisait Cléon. Eschyle, après les *Euménides* où il bravait tout à la fois et le parti de Périclès, et le parti des *jeunes dieux,* ne devait pas trouver aisément l'acteur intrépide qui jouerait le titan, l'impie, le solennel ennemi des Tyrans, de la *Tyrannie.* Car c'est ce mot en toutes lettres qui ouvre et explique le drame (Τυραννίδα)

On dit après cela que le *Prométhée* est obscur. Il n'était que trop clair. D'un côté, lié et cloué, il y avait le Fils de la Loi. D'autre part tout-puissant au ciel, le Tyran, l'ennemi de la Loi, le Maître, l'arbitraire, la faveur ou la Grâce. Cela se nomme Jupiter. Mais Jupiter alors se mêle avec Bacchus. Il lui prête la foudre, et l'aigle tout à l'heure (dans les statues de Polyclète).

Là surtout était le danger. Eschyle seul pouvait jouer, joua, livra ses bras aux chaînes, ses mains aux clous, et sa tête au marteau. Spectacle extraordinaire, qui avait tout l'effet d'une exécution personnelle.

Pas un mot dans la première scène, pendant que les cruels esclaves de Jupiter, la Force, la Violence, obligent Vulcain de le river. Elles lui laissent seulement l'ordre net et cynique : « Respecte le *tyran.* » Il n'ouvre pas la bouche encore.

Mais resté seul, alors son cœur éclate, et, du masque d'airain, échappe un terrible soupir...

Dans les *Sept,* dans les *Perses,* Eschyle semble parfois exagéré et emphatique. Mais point du tout dans *Prométhée.* C'est nature, c'est douleur, de vraies explosions de douleur, un sentiment tout à la fois et général et personnel. Il n'y a pas à distinguer. C'est le Titan, et c'est Eschyle. C'est l'homme, comme il fut et sera. L'humanité se plaint,

– s'abaisse ? non. Du fond de la douleur, elle est forte, se dresse. On sent que l'héroïsme en l'homme est la nature.

Aux nymphes Océanides qui viennent pleurer avec lui, il explique son sort, mais dans une grandeur, une fierté qui les fait frémir. Et il parle de même à son faible ami l'Océan, qui voudrait lui donner des conseils de lâcheté. Il marque pour toujours les grands traits du Tyran : « *Celui qui règne par SES lois, des lois À LUI* » (Ἰδιοῖς) – volontés singulières, individuelles, personnelles, – sauvages et non civiles, – volontés inégales, l'amour à l'un, la mort à l'autre. Et il ajoute ce mot fort : « *Il a le droit chez lui* », et il en est propriétaire.

Mais le profond trait du caprice où se marque mieux le Tyran, c'est l'outrage, la cruelle débauche, la barbarie dans l'amour même. Ce que lui-même Eschyle enfant a vu sous les Pisistratides et ce qui fit leur chute, il le marque dans Jupiter. L'infortunée Io, trompée par lui, livrée aux fureurs de Junon, piquée du taon atroce, par les mers, par les précipices, va éperdue, d'un monde à l'autre. Le hasard de sa course l'approche un moment du Caucase. Les deux misérables se voient, Io et Prométhée, l'éternel mouvement, et la captivité, l'immobilité éternelle.

La pauvre Io voudrait savoir son sort. Elle demande l'énigme du monde. « Qui règle le destin ? » – « La Parque, les Furies. »

Mot cruel, qui pourtant n'est qu'un cri de douleur sur le désordre de ce monde. Ces formes fatalistes [1] reviennent fort souvent dans Eschyle, comme des plaintes

---

[1] Quinet, Louis Ménard ont dit très-bien qu'on avait infiniment exagéré le fatalisme grec. Il est absurde de penser que le peuple qui fit, entre tous, l'usage le plus fort de la liberté, n'y croyait point. Le fatalisme musulman, le fatalisme de la grâce chrétienne ont stérilisé le Moyen Âge. Si la Grèce fut si féconde, c'est qu'elle crut à la liberté.

amères, des rugissements. C'est une arme plutôt qu'un dogme. Il se sert du Destin, comme d'un joug d'airain pour faire plier les Dieux, pour briser le caprice de l'Olympe Homérique. Mais regardez le fond, la vraie pensée et l'âme. La liberté vivante est partout dans ses drames. Elle y circule et les anime d'un souffle extraordinaire. Dans les *Sept,* dans les *Perses,* elle respire, et c'est la patrie, le libre génie de la Grèce. Aux *Euménides,* c'est le droit, le débat juridique de la Loi et de la nature. *Prométhée enchaîné* au plus haut degré, c'est le *libre,* – la liberté d'autant plus forte qu'elle est *fille de la Justice.* Elle n'est point fureur titanique, une vaine escalade du ciel, mais la *liberté juste* contre le ciel injuste de l'Arbitraire (ou de la Grâce).

Prométhée est le vrai prophète du Stoïcien et du Jurisconsulte. Il est antipaïen, il est antichrétien. Il s'appuie sur la Loi, n'invoque que ses œuvres. Il n'atteste que la Justice, nul privilège de race, de prédestination, rien de l'aînesse antique des titans sur les dieux. Le salut qu'il attend, lui viendra tôt ou tard du héros de Justice. Hercule, qui le délivrera, tuera le vautour qui le ronge. Jupiter pliera sous le Droit, subira le retour, le triomphe de Prométhée.

Mais tout doit s'expier. Il ne sera pas quitte. Un successeur terrible lui viendra, redoutable géant, armé d'un feu vengeur pour éteindre celui de l'Olympe et son petit tonnerre. Jupiter, à son tour lié, deviendra *le patient.*

Au moment où l'on croit qu'il va nous dire le nom de ce futur vainqueur de Jupiter, Mercure vient, l'interroge. Mais il n'en tire rien que mépris... La foudre gronde... En vain, Prométhée, de pied ferme, attend, défie... Le tonnerre tombe... Nous restons ignorants de ce mystère profond.

La terre d'Athènes, après le *Prométhée,* ne pouvait plus porter Eschyle. Il s'exila. On respira.

Le prophète est l'horreur et le scandale du monde. Isaïe fut scié en deux. L'infortunée Cassandre (en qui semble se peindre Eschyle), victime et du peuple et des dieux, sous son laurier fatal, à travers les outrages, va chercher le couteau mortel. Le peuple est implacable pour ceux qui le forcent de voir. Il leur en veut d'avoir parlé, et voudrait les forcer de parler davantage. S'ils ne s'expliquent, ils sont des imposteurs. « Meurs ! ou explique-toi ! Tu romps la paix publique ! tu es l'ennemi de la Cité ! »

C'est la torture intime de l'esprit prophétique. De ces pics effrayants où l'a porté son vol, il voit l'immensité, l'*incognita terra.* Mais comment la décrire ? Cette vision trouble qu'on ne peut ni éclaircir ni écarter, accable le voyant. Eschyle, réfugié en Sicile, survécut peu. La mort lui vint du ciel. « Un aigle, tenant une tortue, cherchant un roc pour la briser, prit pour roc la tête d'Eschyle, son grand front chauve. » Il ne se trompait pas.

Après lui nul prophète. En ses cent tragédies (où il est si antique et de beaucoup l'aîné d'Homère), il avait fait la Bible grecque, pour ainsi dire, son Ancien Testament. Tout le monde hellénique, même en ses colonies lointaines, tant qu'il dura, le jouait dans les fêtes par un devoir religieux.

À lui seul fut donné de voir, par-dessus le grand siècle des arts et des sophistes, de voir la voie d'airain, de Périclès aux trente tyrans. Dès les *Euménides,* il en parle (Prends garde ! ne te fais pas des maîtres). Dans le *Prométhée,* s'élevant, embrassant le ciel et la terre, il marque la voie tyrannique « des jeunes dieux », l'orgie des dieux-tyrans, qui, par apothéose ou par incarnation, nous vont donner les tyrans-dieux.

Athènes en fut blessée et détourna les yeux. Elle se rejeta vers Sophocle. Les beaux et doux génies de l'harmonie qui ravissait ce siècle, se gardaient d'imiter l'importun, le cruel Eschyle. Sophocle et Phidias, loin d'accuser l'infirmité des dieux, leur triste discordance, leur rendent, dans le marbre ou le drame, sinon la vie puissante, du moins la dignité Élyséenne des grandes ombres. Sophocle, avec douceur, respect, les ménage et les justifie. Par une heureuse adresse, le désordre du monde est éludé, voilé. Le redoutable sphinx qu'Eschyle osa montrer, rassurez-vous, on ne le verra plus. Sophocle, et le fils de Sophocle, Platon qui viendra tout à l'heure, en détournent la vue. Est-il encore ce monstre ? Qui le verrait ? Un bois sacré de lauriers tout autour a poussé si touffu, tant d'arbres, de feuilles et de fleurs !

L'escrime des sophistes, leurs amusants duels rivalisent avec le théâtre. Aux portiques, aux gymnases, on fait cercle autour d'eux. Ce peuple, rieur et curieux, plus qu'aucun jeu d'athlète, estime l'ironie socratique. Il est fier, délicat, subtil. Qui oserait l'occuper des nouveautés grossières qui viennent de Thrace ou de Phrygie, de ces petits Mystères de femme qu'elles font entre elles le soir, de la pleureuse orgie, où, pour le plaisir de pleurer, on lamente la mort d'un Zagreus qui ne fut jamais, ou la mort d'Adonis couché sur un lit de laitue, ou la blessure d'Attis qui n'est homme ni femme. À peine en daigne-t-on parler. D'autant plus aisément gagne en dessous, s'infiltre l'obscur débordement de toutes les folies de l'Asie.

On se demande comment l'Asie qui agit si peu sur la Grèce par son plus pur génie, la Perse, agit par le plus bas, le vertige insensé de Phrygie, par les charlatans de Cybèle, par le sombre et impur génie de la Syrie. Avait-elle tellement baissé, faibli ? Avait-elle par sa décadence mérité cette honte ? On l'a dit, mais à tort. La Grèce n'eut point de décadence. Elle mourut jeune, comme Achille. Sa force et sa fécondité étaient les mêmes. Platon, Sophocle avaient passé. Mais le génie de la science lui ouvrait une voie, non moins grande et plus ferme. Hippocrate, Aristote, ses observateurs admirables, commençaient une Grèce d'un génie adulte et viril, mieux armée de méthode, de lumière supérieure, de procédés plus sûrs, qui allait enjamber deux mille ans, et marcher vers l'ère de Newton et de Galilée.

Les guerres intérieures de la Grèce ne l'auraient pas détruite. Elle aurait trouvé en elle-même de puissants renouvellements. La lutte des factions ne l'aurait pas détruite. Ce fut une partie de sa vie, l'aiguillon de la concurrence qui stimulait l'effort, portait au plus haut l'énergie.

L'esclavage, quoi qu'on ait dit, ne la détruisit pas. Le Grec n'en fut point amolli, se réserva pour lui les œuvres de la force. Jamais peuple ne fut plus généreux pour les esclaves. Ils allaient aux théâtres et furent même admis aux Mystères. Leur sort était fort doux. Car Diogène esclave ne voulut pas être affranchi. Un proverbe d'Athènes dit combien la condition était mobile : « L'esclave d'aujourd'hui, c'est demain l'habitant, bientôt le citoyen. »

Les mœurs, altérées, corrompues, furent-elles la ruine de la Grèce ? Point du tout. La Vénus impure de Phénicie qui fleurissait en Chypre, à Cythère, à Corinthe, tint en réalité peu de place dans la vie grecque. Le plus simple bon sens, la plus élémentaire physiologie démontrent que celui qui sans cesse dépense énormément de force dans tous les genres d'activité en garde bien peu pour ses vices. Si l'on m'assurait qu'un artiste produit vingt heures par jour, je serais bien sûr de ses mœurs.

Les Grecs étaient parleurs, rieurs, souvent cyniques. Bien loin de rien cacher, ils ont mis en saillie des misères et des hontes qui presque jamais n'existaient. Les mœurs grecques dont on parle tant, dont ils ont eu le tort de plaisanter eux-mêmes, sont dans un seul quartier de telle ville chrétienne qu'on peut nommer, plus qu'elles ne furent jamais dans tout le monde grec.

Le peu qui fût réel chez eux vint assez tard. Au premier ravissement de l'art, quand Phidias trouva, prouva « que la forme humaine est divine », le sublime de la découverte mit l'âme à une grande hauteur. Notez que l'extrême beauté, de parfaite harmonie, étonne et stupéfie plus qu'elle ne donne de l'amour. La vie gymnique est chaste et sobre. Elle n'est nullement propre à faire de fausses femmes (comme on les aimait en Asie), au contraire le nerf dur et le muscle de pierre, d'imposants et de puissants mâles.

La femme fut honorée en Grèce. Elle eut toujours, garda sa part au sacerdoce, n'en fut nullement exclue (comme en Judée et chez tant d'autres peuples). Citoyenne orgueilleuse, exigeante, bien plus que l'homme, dans tous les honneurs solennels, elle régnait dans la maison, influait souvent dans l'État (les Comiques le montrent très-bien, et l'affaire de Lesbos dans Thucydide). Elle avait ses Mystères à elle, ses liaisons très-fortes et comme une république féminine. Ces plaisanteries d'Aristophane ne sont que trop sérieuses. Là fut la plaie publique. Elle ne put jamais suivre l'homme, et resta sombrement à part.

La Grèce, dans sa course olympique, au char brûlant, sur la roue qui prend feu, traînera-t-elle cette molle compagne ? Une vie si tendue ! hors de tout équilibre, tant d'œuvres et de combats !... La femme est éblouie, effrayée et n'y voit plus l'homme. Et qu'est-ce ? un feu du ciel ?... Elle craint le sort de Sémélé.

Ajoutez dans cette lumière trop vive l'étrange hilarité qui vient de tout excès de force. C'est ardeur, c'est jeunesse, l'orgueil triomphant de la vie. La femme en est blessée, humiliée. Elle baisse les yeux. Elle se réfugie dans la nuit. – Il n'eût pas fallu l'y laisser. Plus qu'aucune autre, elle aurait pu s'associer. Certes, cette sœur d'Alceste et d'Antigone, d'un tel cœur, admirable aux dévouements de la Nature, méritait qu'on ouvrît son noble esprit à la vie haute de la Loi. Elle eût rendu beaucoup. Et, la Grèce elle-même, avec tout son génie, n'a pas pu deviner ce que la culture, tendre, assidue, de l'épouse, l'approfondissement de l'amour, lui aurait ajouté de délicatesse héroïque.

La femme fut rejetée vers les dieux pleureurs d'Orient, le Bacchus-Attis-Adonis. Aux fêtes du printemps, des enfants étourdis, dans une orgie moqueuse, chantaient la belle délaissée dont Bacchus remplit seul le veuvage et le vide.

Peut-on dire qu'elle n'a fait aucun pas vers la vie plus haute ? Oh non. La mémoire immortelle subsiste de celle qu'on a calomniée, mais qui fut un héros, autant qu'un sublime poëte. Alcée nous la rappelle dans ce beau vers touchant :

Noirs cheveux ! doux sourire ! Innocente Sapho !

Innocente ![1] Ce poëte, fier et fort, pénétrant, dit là une belle vérité : *Le génie est une innocence.* Mystère profond des grands artistes. Quoi qu'il advienne, ils gardent un fond de pureté. Celle-ci naquit pure et très-douce. Platon la met dans les Sept Sages. Nous la voyons étonnée, affligée d'apprendre que son frère ait acheté d'Égypte une trop célèbre

---

[1] Ἰοπλόκαμ' ἁγνὰ μειλιχόμειδε Ραπψω. Éd. Wolf, 127.

Elle naquit à Lesbos en 612, conspira à seize ans, se retira en Sicile. C'était une dame riche et mariée. Elle eut un fils. Sa patrie expia son exil en mettant son image sur la monnaie comme celle du génie de la cité. La Sicile lui éleva une statue. On l'appela la dixième muse. Sa mémoire était adorée. Un siècle ou deux après, une chanteuse de Lesbos (d'amour, d'enthousiasme, probablement) prit le nom de Sapho. C'est celle qui fit le saut de Leucade (V. Visconti, etc.). Vers 1822, les médailles ont fait distinguer les deux Saphos.

courtisane. La tyrannie l'indigne : elle hasarde sa vie pour renverser le tyran de Lesbos. Elle perd sa patrie, mais trouve son génie dans l'exil.

Elle changea toute la musique. Elle inventa le chant des pleurs (*mixolydien*). La lyre, sous le doigt, restait sèche : elle inventa l'archet qui la fait pleinement soupirer et gémir. Enfin (c'est le grand coup), les cadences uniformes qu'on avait jusque-là semblaient mortes à sa passion. Elle trouva le rythme qui darde la pensée et qu'on nomma saphique. Dans un récitatif de trois vers l'arc se tend... Un vers court le détend... Et la flèche est au cœur.

Rien de plus rare que de trouver un rythme. Homère, Shakespeare n'eurent point cela. De ce génie ardent, bon, tendre, étonnamment fécond, qui avait inondé la Grèce de flamme et de lumière, à peine il reste quelques paroles d'or, des mots simples, attendrissants de passion. Qui dirait qu'avec tout cela elle n'ait point trouvé l'amour, l'infortunée ? Qu'elle ait aimé en vain ? que le monde ait fui devant elle ? qu'elle n'ait eu de consolation que la tendresse de ses élèves émues qui essuyaient ses pleurs, et dont on a noirci la compatissante amitié ?

Les pleurs, le désespoir de Sapho sont l'accusation de la Grèce. Le génie grec, il faut le dire, a passé à côté de deux mondes. Il a vécu dans le milieu des choses, négligeant les deux bouts, les pôles, les grandes perspectives qui s'ouvrent d'un côté ou de l'autre. Il n'a approfondi ni l'Amour, ni la Mort.

Deux écoles, et deux grandes voies par où l'âme s'étudie, se pénètre, en elle, et dans le Tout, et dans cette Âme aimante qui, par ces deux formes harmoniques, la Mort, l'Amour, en fait la beauté éternelle.

La Grèce, à l'entrée de ces voies, se détourna, passa, sourit. Son Amour n'est qu'un enfant, un oiseau à petites ailes. La Mort, si elle n'est pas héroïque, n'en tire pas plus d'attention. Elle est parée, légère et couronnée comme au banquet. La belle Proserpine descend là-bas, mais sans lâcher ses fleurs.

C'est un regret pour nous. La Grèce, mâle et pure, très-lucide, avait seule le droit, le pouvoir de nous mener, comme un autre Thésée, au double labyrinthe où l'on se perd si aisément. Les dieux efféminés d'Asie, mutilés, énervés, nous y menèrent très-mal, par les sentiers de l'équivoque.

Un hôte, tout nouveau, très-fâcheux, entra dans ce monde, *la Mort pleureuse,* énervante et décourageante, – exactement contraire à la Mort harmonique, qui salue, qui adopte l'ordre divin, s'en illumine (comme aux *Pensées* de Marc Aurèle). La pleureuse nous vint, ce spectre féminin, qui, dans les forts travaux et les révolutions viriles, l'héroïque élan, près de nous, soupire et nous dit : « À quoi bon ? »

Écoutez-la, la prêcheuse équivoque, vague et molle, nageant au flot des rêveries, mêlant à la douleur je ne sais quoi qu'on aime, les douces et saintes larmes, de deuil ? de plaisir ? On ne sait.

Vierge d'Athènes ! ma fière Pallas, si pure ! Quel fut ton dédain prophétique quand on osa t'offrir le fiévreux instrument, la flûte orageuse et lugubre des cultes de l'Asie ?... Tu la jetas dans la fontaine.

Hercule n'en fit pas moins. Un jour qu'il entendait la fête larmoyante de l'énervé, du dieu-femme Adonis, son cœur se souleva. Il maudit la honte à venir.

Mais la condamnation suprême de ces dieux à deux faces, c'est le père du feu, Prométhée. Il nous a enseigné un autre engendrement que toute l'Asie ne savait pas : comment (par le fer et l'acier, l'effort) l'art fait jaillir cette fille immortelle, la Raison, la Sagesse, – l'éther de la pensée lucide, la seule inventive et féconde, – exactement contraire à la torpeur rêveuse du miraculeux Orient.

Mais l'Orient s'avance, invincible, fatal aux dieux de la lumière, par le charme du rêve, par la magie du clair-obscur.

Plus de sérénité. L'âme humaine, cette Ève curieuse, fouillant dans l'inconnu, va jouir et gémir. Elle trouvera là sans doute d'étranges approfondissements. La force et le calme ? Jamais. Elle aura la foi, – violente, souvent insensée, âcre, et sombre. Elle aura les pleurs (que de pleurs !), le contraste de ces deux choses, leur lutte et l'impuissance, et la mélancolie qui suit.

Deuxième partie

Les peuples du crépuscule,
de la nuit
et du clair-obscur

L'Égypte

La mort

Le plus grand monument de la mort sur ce globe est certainement l'Égypte. Nul peuple n'a fait ici-bas un si persévérant effort pour garder la mémoire de ceux qui ne sont plus, pour leur continuer une vie immortelle d'honneurs, de souvenir, de culte.

La contrée tout entière, dans la longueur de la vallée du Nil, est un grand livre mortuaire, indéfiniment déroulé comme on faisait des manuscrits anciens. Pas une pierre qui ne soit écrite, historiée de figures, de symboles, de caractère énigmatiques, des tombes à droite, à gauche. Des temples qui semblent des tombeaux. Rien de plus imposant pour nous que cette longue rue funéraire.

Tout autre est l'impression pour l'Africain. Le Nil est la joie de l'Afrique, sa fête et son sourire. Ce grand fleuve de vie qui, des monts inconnus, apporte chaque année un tribut si fidèle, est l'idole, le fétiche du monde noir. Dès qu'il le voit de loin, il rit, il chante, adore. Pour ce monde de soif, l'idée fixe c'est l'eau. Du grand désert des sables de Lybie, ou des affreuses chaînes granitiques qui sont vers la mer Rouge et le désert du Sinaï, quel est le vœu, la prière, le soupir ? Une goutte d'eau. Je ne sais quel suintement sous un palmier, on l'appelle emphatiquement une oasis ; on y court et on la bénit. Quel dut être l'amour pour la grande oasis, l'Égypte ? Tu demandais de l'eau. En voici une mer, une immense nappe d'eau où la terre disparaît, abreuvée, noyée, détrempée. Vers le nord ce n'est que limon. Or, c'est justement ce limon, ce Delta trempé d'eau qui est le paradis d'Afrique. Tous voudraient vivre là. Tous voudraient en jouir au moins après la mort. On y portait les corps en barques. On y entassait les tombeaux. Cette basse Égypte, luxuriante de productions, est le triomphe de la vie, comme une orgie de la nature.

Voilà donc deux aspects, bien opposés, de la contrée. Notre Europe l'admire par l'aspect mortuaire. L'Afrique et le Midi pour son fleuve, pour ses jouissances d'eau, d'alimentation. On la rêverait volontiers comme un immense sphinx femelle de la longueur du Nil, une nourrice colossale en deuil qui montre sa belle face, noble et lugubre, au monde blanc, tandis que devant sa mamelle, sa riche croupe, le noir est à genoux.

C'est le premier regard. Et au second, l'impression n'est pas moins grande. Nulle part le drame de l'année, dans l'accord solennel du ciel et de la terre, ne frappe davantage. Le Nil pontificalement à jour fixe descend et roule, s'épand, rafraîchit et féconde. Il se retire à peine, que l'homme, tout aussi régulier, sans perdre de temps, mesure, rétablit tout, laboure et sème, accomplit le cercle agricole, – tandis que, d'en haut, le soleil, tout-puissant bienfaiteur, non moins exactement, vivifie, anime et bénit.

Vie de travail immense. Mais plus immense encore fut le travail conservateur, l'effort contre la mort, la persévérance admirable à garder malgré elle tout ce qu'on pouvait de la vie. La famille se montre là par ce qu'elle a de plus touchant. Exemple unique, un peuple entier, pendant plusieurs milliers d'années, n'a eu absolument en vue que d'assurer aux siens la seconde vie du sépulcre. On ne peut, sans émotion, songer par quelles privations les plus pauvres achetaient cela. Chaque tombe est pour deux, pour l'époux et l'épouse. C'était leur but commun. Lui, par travail mortel, elle par mortelle économie, ils gagnaient, ils cachaient le petit trésor nécessaire, de quoi être embaumés ensemble, ensemble dormir sous la pierre, pour ensemble ressusciter.

Le contraste est très beau. L'Égypte est admirable et par la mort et par la vie. Toutes deux elles contribuent d'autant dans cette grandeur. C'est une contrée, de nature, harmonique, et, tout naïvement, un système. Tout autour rien de comparable. La grande Carthage, par exemple, son empire monstre, dispersé en fragments, n'a rien de pareil. Pas davantage la Syrie. Elle a deux faces, comme l'Égypte, mais nullement harmonisées.

Tout au contraire l'Égypte, en ses institutions et dans ses caractères divers d'art aussi bien que de nature, fut une, parfaitement fondue et par la douceur naturelle de son profond esprit de paix, et par le temps aussi, par l'énorme durée. Elle participait à la majesté du tombeau. Tous venaient honorer en elle la grande maîtresse de la mort. Tous, la Grèce elle-même, se mettaient à l'école, interrogeaient les prêtres égyptiens. Leurs énigmes et leur symbolisme, leurs purifications, leurs grandes fêtes, leurs jugements continuels des morts, les constantes lamentations des *pleureuses* (et *pleureurs,* car les hommes *pleuraient* aussi aux funérailles), tout cela imposait, touchait. Malgré soi-même on imitait, – non pas le tout, mais tel ou tel détail, et souvent maladroitement. La Phénicie opposée de nature, la Judée de haine profonde, en prirent pourtant des pièces, et les chrétiens après les Juifs. En maudissant l'Égypte, ils la suivirent. Ils la suivent encore. Dans les idées, les rites, les fêtes et le calendrier, les dogmes funéraires, le grand dogme de la mort de Dieu, ils vont, avec tant d'autres peuples, derrière sa barque sépulcrale et dans son sillage éternel.

Champollion a dit très-bien : « L'Égypte est toute d'Afrique, et non d'Asie. »

C'est ce que les monuments officiels, dans leur gravité monotone, ne disent pas ; ce que le Panthéon sacerdotal dans ses doctrines ténébreuses ne dit pas non plus clairement. Mais la religion populaire le fait toucher au doigt. Elle est tout africaine, sans mystère, en pleine lumière, toute d'amour, d'amoureuse bonté, – de bonté sensuelle. – Qu'y faire ? C'est Nature, c'est la mère à tous, vénérable, autant que touchante. Quoi qu'elle fasse, amour et respect.

Ce pauvre peuple, – dans sa vie de labeur, entre ce climat monotone, une culture toujours la même, une pesante énigme de dogme, d'écriture incomprise, – eût succombé cent fois sans le bon génie de l'Afrique, la femelle, tendre mère et fidèle épouse, son Isis. En elle il vécut.

Si la bonté existe sur la terre, c'est dans ces races. Leurs types, éloignés du lourd profil du nègre, et non moins différent du sec Arabe ou Juif, ont une extrême douceur. La famille est très-tendre, et pour l'étranger même l'accueil bon, sympathique. L'Égypte connut peu les sacrifices humains. Chaque année, il est vrai, on jetait une fille au Nil, mais une fille d'osier. Point de sérail et point d'eunuques. Point d'amour excentrique, ni de mutilations d'enfants (comme en Éthiopie, en Syrie et partout). La monogamie générale, et libre, volontaire (on pouvait avoir plusieurs femmes). L'épouse avait grand ascendant et le gardait. Sur le haut Nil, elle a ce privilège singulier de ne pas vieillir. Elle conserve les belles formes qu'on admire dans les monuments, ce sein très-plein, mais droit, ferme, élastique [1]. Il

---

[1] Caillaud, II, 224. Le même auteur parle de la piété charmante d'une de ces Éthiopiennes qui, voyant nos voyageurs si épuisés, leur demanda depuis quand ils avaient quitté le Nil. « Depuis quatre mois. » – « Quatre mois ! » dit-elle, fixant sur nous ses beaux yeux noirs pleins de douceur, et, étendant les bras vers nous : « Ô mes amis : ô malheureux frères ! » Elle donna tout ce qu'elle avait, des dattes, de l'eau. *Ibid.*, p. 242.

pointe (comme aux peintures sacrées) d'une virginité éternelle, dresse immuablement la coupe de l'immortalité.

Les rois d'Asie, qui avaient souvent (voyez le Xercès d'Hérodote) un sens profond de la nature, préféraient l'Égyptienne à toutes les femmes, la demandaient aux Pharaons. Ils l'aimaient mieux que la servile Asiatique, ou ce fier demi-mâle qu'on appelle femme en Europe. Ils la croyaient ardente, capable, et cependant docile, surtout la plus riche en bonté, celle enfin qui rendrait le plus par l'amour et l'obéissance.

En Égypte, la femme régnait. Elle pouvait monter sur le trône, et elle était reine dans chaque maison. Elle faisait toutes les affaires. L'homme reconnaissait son génie, ne sortait pas du travail, labourait et tissait (Hérodote). Diodore va jusqu'à dire que le mari jurait d'obéir à la femme. Sans son gouvernement habile, ils n'auraient jamais pu arriver à ce but difficile aux pauvres, l'embaumement commun, l'union du repos éternel.

L'Égypte délirait de son Isis, et ne voyait rien qu'elle. Non seulement elle l'adorait comme femme, jouissance, bonheur et bonté. Mais tout ce qu'il y avait de bon, c'était Isis. L'eau désirée, la rivière, la bonne femelle liquide (Nil était féminin) ne se distinguait pas d'Isis. La terre féconde aussi qu'apporte l'eau, l'Égypte même. La bonne vache nourricière était aimée de la déesse, au point qu'elle prenait les cornes pour parure. Corne ou croissant lunaire ? Isis était la blanche lune, qui vient si bien le soir après tant de soleil, qui rend au laboureur le repos et la femme aimée ; la lune, douce compagne qui règle les devoirs, qui mesure le travail à l'homme, à la femme l'amour, en marque les retours, l'époque et la crise sacrée.

Cette reine du cœur, le bon génie d'Afrique, sans mystère, trônait comme femme, naïvement parée de ses belles mamelles, de tous les attributs de la fécondation. Elle porte le lotus à son sceptre, le pistil de la fleur d'amour.

Elle porte royalement sur la tête, en guise de diadème, l'avide oiseau, le vautour, qui ne dit jamais : Assez. Le vautour, signe de la Mort, sévère entremetteuse qui impose l'amour, le renouvellement maternel.

L'insigne de la vache mère qui, dans cette coiffure étrange, se dresse par-dessus le vautour, dit assez ce que veut l'amour : *refaire incessamment la vie*. La fécondité bienfaisante, l'infinie bonté maternelle, voilà ce qui fait l'innocence de ces âpres ardeurs d'Afrique. Tout à l'heure l'amour et le deuil, et l'éternité du regret, vont trop les sanctifier.

Dans la mère universelle (Isis-Athor, ou la Nuit), furent conçus, avant tous les temps, une fille, un fils, Isis-Osiris, qui, étant deux, n'étaient qu'un. Car déjà ils s'aimaient tant dans le sein maternel, qu'Isis en devint féconde. Même avant d'être, elle était mère. Elle eut un fils qu'on nomme Horus, qui n'est autre que son père, un autre Osiris de bonté, de beauté, de lumière. Donc, ils naquirent trois, mère, père, fils, de même âge, de même cœur.

Quelle joie ! les voilà sur l'autel, la femme, l'homme et l'enfant. Notez que ce sont des personnes, des êtres vivants, ceux-ci. Non la trinité fantastique où l'Inde fait l'hymen discordant de trois anciennes religions. Non la trinité scolastique où Byzance a subtilement raisonné sa métaphysique. Ici, c'est la vie, rien de plus. Du jet brûlant de la nature, sort la triple unité humaine.

Nul mythe n'eut une telle force de positif, de vérité. La mère n'est pas une vierge (comme celle de Bouddha, de Gengis, tant d'autres) ; c'est bien une femme, une vraie femme, pleine d'amour, le sein plein de lait. Osiris est un vrai mari dont on ne peut se moquer, mari réel et actif, de génération assidue, si amoureux de son Isis, que cet amour surabondant féconde toute la nature. Et le fils est un vrai fils, tellement semblable à son père, qu'il témoigne solennellement de l'union des parents. Il est la vivante gloire de l'amour et du mariage.

Et comme tout est fort et vrai, hors du faux, de l'équivoque, le résultat est fort aussi, positif. L'Osiris humain religieusement se conforme à celui d'en haut, travaillant son Isis, l'Égypte, fécondant la femme et la terre, engendrant incessamment du travail les fruits et les arts.

Ces dieux n'ont pas l'impersonnel, l'obscurité, la terreur, de certaines religions d'Asie. Ils sont vénérables et touchants, n'effrayent pas. Le Siva indien, s'il n'avait soin de fermer l'œil, pourrait brûler tout par mégarde de son dévorant regard.

Ici, c'est la nature humaine elle-même qui est sur l'autel, dans son doux aspect de famille, bénissant la création d'un œil maternel. Le grand dieu, c'est une mère. Combien me voilà rassuré ! J'avais peur que le monde noir, trop dominé de la bête, saisi, dans son enfantement, des terrifiantes images du lion et du crocodile, ne fît jamais que des monstres. Mais le voilà attendri, humanisé. L'amoureuse Afrique, de son profond désir, a suscité l'objet le plus touchant des religions de la terre... Quelle ? la réalité vivante, une bonne et féconde femme.

La joie éclate, immense et populaire, toute naïve. Une joie d'Afrique altérée. C'est l'eau, un déluge d'eau, une mer prodigieuse d'eau douce qui vient de je ne sais où, mais qui comble cette terre, la noie de bonheur, s'infiltrant, s'insinuant en ses moindres veines, en sorte que pas un grain de sable n'ait à se plaindre d'être à sec. Les petits canaux desséchés sourient à mesure que l'eau gazouillante les visite et les rafraîchit. La plante rit de tout son cœur quand cette onde salutaire mouille le chevelu de sa racine, assiège le pied, monte à la feuille, incline la tige qui mollit, gémit doucement. Spectacle charmant, chaîne immense d'amour et de volupté pure. Tout cela c'est la grande Isis, inondée de son bien-aimé.

Mais rien ne dure. Comment le méconnaître ? Tout meurt. Le père de la vie, le Nil, tarit, se dessèche. Le soleil, à tel moment, est las. Le voilà défait, pâli ; il a perdu ses rayons. Le vivant soleil de bonté qui sema au sein d'Isis son fruit, toute chose salutaire, il a pu tout créer de lui, sauf le temps, sauf la durée. Un matin, il disparaît... Il a été immolé par son cruel frère Typhon, qui l'a divisé par le fer, l'a démembré, l'a dispersé. L'honneur de l'homme, son orgueil et sa force, sa virilité ont été durement touchés. Où sont ces pauvres débris ? Partout, sur la terre, dans les flots. La mer outrageuse en porte jusqu'en Phénicie.

Ici, nous sortons des fables. C'est la vive réalité, un souvenir très-poignant des mutilations qui se faisaient (et se font) pour préparer aux marchés de fausses femmes, jeunes eunuques qu'on vendait aux sérails d'Orient. Le centre de cette vente fut longtemps la Phénicie.

Isis s'arrache les cheveux, va cherchant son Osiris. Cette douleur africaine, la plus naïve du monde, abandonnée, sans orgueil, confie à toute la nature le cruel tourment de la veuve, son regret, son cuisant désir, la désolante impuissance où elle est de vivre sans lui. Elle trouve enfin de ses membres que les flots ont emportés. Elle va, pour les ravoir, jusqu'en Syrie, à Byblos, obtient qu'on lui restitue ce qui reste des débris. Un seul manque. Profond désespoir ! « Hélas, celui-ci, c'est la vie ! Puissance sacrée d'amour, si vous manquez qu'est-ce du monde ?... Où vous retrouver maintenant ? » Elle implore le Nil et l'Égypte. L'Égypte n'a garde de rendre ce qui sera pour elle le gage d'une fécondité éternelle.

Mais une si grande douleur méritait bien un miracle. Dans ce violent combat de la tendresse et de la mort, Osiris, tout démembré qu'il est et si cruellement mutilé, d'une volonté puissante, ressuscite, revient à elle. Et, si grand est l'amour du mort, que, par la force du cœur, il retrouve un dernier désir. Il n'est revenu du tombeau que pour la rendre mère encore. Oh ! combien avidement elle reçoit cet embrassement... Hélas ! ce n'est plus qu'un adieu. Et le sein ardent d'Isis ne réchauffera pas ce germe glacé. N'importe. Le fruit qui en naît, triste et pâle, n'en dit pas moins la suprême victoire de l'amour, qui, fécond avant la vie, l'est après la vie encore.

Les commentaires qu'on a faits sur cette légende si simple lui prêtent un sens profond de symbolisme astronomique. Et certainement, de bonne heure, on sentit la coïncidence de la destinée de l'homme avec le cours de l'année, la défaillance du soleil, etc., etc. Mais tout cela est secondaire, observé plus tard, ajouté. L'origine première est humaine, c'est la très-belle blessure de la pauvre veuve d'Égypte, et ses inconsolables plaies.

D'autre part, que la couleur africaine et matérielle ne vous fasse pas illusion. Il y a ici bien autre chose que le regret des joies physiques et le désir inassouvi. La nature, à cette souffrance, sans doute avait de quoi répondre. Mais Isis ne veut pas un mâle, elle veut celui qu'elle aime, *le sien, et non pas un autre,* le même, et toujours le même. Sentiment tout exclusif, et *tout individuel.* On le voit aux soins infinis qui se prennent de la dépouille, pour qu'un seul atome n'y manque, pour que la mort n'y change rien, et puisse un jour restituer, dans son intégralité, cet unique objet d'amour.

Dans cette légende si tendre, toute bonne et toute naïve, il y a une saveur étonnante d'immortalité qui ne fut dépassée jamais. Ayez espoir, cœurs affligés, tristes veuves, petits orphelins. Vous pleurez, mais Isis pleure, et elle ne désespère pas. Osiris, mort, n'en vit pas moins. Il est ici, se renouvelle dans son innocent Apis. Il est là-bas, pasteur des âmes, débonnaire gardien du monde des ombres, et votre mort est près de lui. Ne craignez rien, il est bien là. Il va revenir un jour pour redemander son corps. Enveloppons-la avec soin, cette précieuse dépouille. Embaumons-la de parfums, de prières, de brûlantes larmes. Conservons-la bien près de nous. Ô beau jour, où le Père des âmes, sorti du royaume sombre, vous rendra l'âme chérie, la rejoindra à son corps, et dira : « Je vous l'ai gardé. »

Jusqu'ici tout est nature. Une belle tradition populaire y ajoutait un excès incroyable de bonté. On disait qu'Isis, en cette course lugubre où elle allait recherchant les membres de son époux, trouva par terre je ne sais quoi de noir, de sanglant, d'informe, un petit monstre nouveau-né. À la couleur, elle connut que c'était un rejeton du noir Typhon, son ennemi, son bourreau, le féroce meurtrier. L'enfant était Anubis, cette figure d'enterreur à tête de chien ou de chacal qu'on voit sur les monuments. Mais l'adorable déesse, devant la faible créature, qui pleurait ou qui japait, ne sentit que la pitié. Contre l'amour et la douleur, plus forte fut la bonté. Elle la releva de terre, et la prit entre ses bras. Elle pouvait la faire nourrir et l'élever par une autre. Mais Isis est la tendresse, la miséricorde même. Elle ne put rien faire à demi, elle serra l'odieux nourrisson contre son sein, contre ce cœur si profondément déchiré, lui sourit tout en pleurant, et magnanimement finit par le mettre à sa mamelle. Spectacle vraiment divin ! Vienne ici toute la terre !... La veuve de l'assassiné nourrit le fils de l'assassin. Abreuvé du lait de bonté, arrosé des larmes d'amour, le monstre devient un dieu.

C'est ce que la pensée de l'homme a jamais trouvé de plus tendre. Je ne vois dans les mythes indiens ou chrétiens rien de comparable. Celui de l'Égypte innocente la race que le Moyen Âge eût cru damnée, diabolique ; il établit que le crime n'est pas transmissible, que l'enfant du criminel (tout noir encore de son père) n'en est pas moins digne de la compassion céleste, que la divine Bonté le laissera se relever, monter, monter jusqu'à Dieu.

Le résultat est beau. Ce noir enfant, ce fils du crime, qui appartient à la mort par sa naissance, et par sa nourrice à la vie, devient le génie du passage, le bon génie interprète des deux mondes. Il comprend tout, sait tout mystère, crée tout art. C'est lui qui fixe la mémoire, où seront gardées, consacrées nos générations passagères. Il formule, calcule l'année. Il invente l'écriture qui, à tel an, à tel mois, consignera le souvenir. Son art donne à notre dépouille la fixité qui nous permet d'attendre, dans nos bandelettes, le jour de la résurrection. Mais la suprême fonction d'Anubis, son plus haut bienfait, c'est, au moment où la pauvre âme sort d'ici, de la recueillir, de la rassurer, la conduire. Elle entre, triste oiseau égaré, dans un étrange pays, si nouveau!... Dort-elle? veille-t-elle?... Cela est très-bien exprimé dans le magnifique exemplaire du *Livre des morts* (sur une des cheminées du Louvre). L'âme, intéressant jeune homme, ne sait trop ce qu'elle doit faire. Mais elle est en bonnes mains. Le cher Anubis lui touche le cœur et le lui raffermit. « Que crains-tu ? Je réponds de toi... N'aie pas peur du Jugement... Si moi, le noir fils de Typhon, j'ai passé, toi, innocent, candide dans ta robe blanche, tu n'as que faire de t'alarmer. Viens, le bon Osiris t'attend. »

Pendant que j'écrivais ces choses, je parcourais les planches de la grande Description, celles de Champollion, de Rosellini et de Lepsius. Le cœur plein de ces mythes sublimes, je recherchais curieusement, pour les mettre en regard, des images de réalité. Une planche m'arrêta, me donna à penser[1]. C'est celle où le métayer, à la tête de

---

[1] Rosellini, in-folio, t. II, pl. 30.

ses bestiaux, vient rendre compte à un scribe, qui note le nombre, marque si le troupeau a crû ou diminué. Le bonhomme, jeune encore, ce semble, imberbe comme tout Égyptien, croise les bras sur la poitrine dans l'attitude d'un respect religieux. Ce scribe, nullement imposant, est l'homme du roi ou des prêtres. On sait, par la belle histoire de Joseph, que toute la terre d'Égypte était au roi, sauf un tiers qui, selon Diodore (I, 40), était aux prêtres. La propriété en Égypte ne fut jamais guère que fermage. Des Pharaons aux Ptolémées, aux Sultans, aux Beys, le souverain faisait cultiver par qui il voulait. Libre à lui de faire payer à chaque génération, d'obliger le fils à racheter le fermage qu'avait eu son père. On sait les résultats d'un tel système. C'est ce qui a fait la constante misère du pays le plus riche du monde. La famille, à la mort du père, ne savait quel était son sort. Au moment où les embaumeurs entraient, le scalpel à la main, le fils, la mère, fuyaient en pleurs, livraient le corps et la maison. Le lendemain, autre exécution. Le scribe (du roi, du prêtre) entrait à son tour, la plume à la main, relevait le nombre des bêtes, estimait si la famille avait augmenté le troupeau et méritait d'être continuée. C'est, je crois, une scène de ce genre que représente la planche en question. Aux pieds du scribe est prosternée une figure, si bas, si bas, qu'elle semble terrifiée, prier et supplier. Est-ce la femme ? la mère du fermier ?

La pauvre famille, à la fois, subissait deux jugements. Les vivants pourraient-ils garder le fermage ? Le mort serait-il jugé digne d'entrer dans la sépulture sacrée ? Le prêtre en jugeait seul.

Énorme privilège qui, chez des gens si tendres aux affections de famille, le mettait en possession d'une terreur illimitée.

Des corvées accablantes les enlevaient sans cesse. Tout se faisait à force d'hommes. Ramessès en employa cent vingt mille à la fois pour dresser un des obélisques de

Thèbes (Letronne, *Acad.*, XVII, 34). Pour attaquer, piquer le basalte, le granit, le porphyre, avec l'outil grossier d'alors, combien d'hommes et combien de siècles fallait-il ? Tel pris jeune, à peine marié, consumait là sa vie, ne rentrait que courbé par l'âge. Oh ! que de vies humaines, de chagrins et de larmes dans l'entassement des pyramides, ces vraies montagnes de douleur, dans les énormes nécropoles des basses terres du côté Libyque ! Et que de désespoirs dans les percements souterrains des chaînes du côté Arabique, dans ces rocs durs qu'un travail éternel changeait en ruches funéraires. Des milliers de vivants, pour creuser ces demeures des morts ont vécu à la lampe, morts eux-mêmes pour ainsi dire, n'ayant de jour, de ciel qu'aux voûtes enfumées du sépulcre.

« Les caractères sacrés étaient connus des prêtres seuls » (Diod.), et ignorés du peuple, de ces masses nombreuses qui usaient leurs années à la graver dans le granit. On sait toute la complication des trois écritures égyptiennes : ici, c'est symbolisme ; là, c'est tachygraphie ; ailleurs, alphabet ordinaire. Telle figure que je vois, est-ce un homme ? une idée ? Est-ce un mot, une lettre ? Énigmes fatigantes que ne débrouillait pas aisément, à coup sûr, la tête de ce piqueur de pierres. L'eût-il pu lire, cette terrible écriture, en eût-il percé le mystère, sous son obscurité, qu'eût-il trouvé ? Le sens obscur lui-même de la religion sacerdotale, les doctrines absconses de l'*émanation* par laquelle les dieux issus les uns des autres, rentrant aisément l'un dans l'autre, se mêlent et se confondent, tout à fait comme aux noirs conduits qu'on a percés dans ces montagnes s'enchevêtre et s'embrouille le labyrinthe funéraire.

Ni les signes, ni la pensée, ne furent intelligibles au peuple. Voilà peut-être le plus dur : c'est que l'Égypte ait, dix mille ans durant (dix mille ans, dit Platon, *Leg.*, II, 3), langui à ce travail énorme, sans avoir eu seulement la consolation de comprendre !

La bonne religion populaire, si touchante et si claire, toute en Isis, hélas! où est-elle! Qu'est-elle devenue? Isis se voit encore près des rois, dans ces monuments, comme conseillère ou protectrice. Mais, en réalité, l'esprit actif et maître en tout cela, c'est le dieu savant Thoth (forme élevée, raffinée, d'Anubis). Par lui, cette religion de bonté, sortie d'un cœur de femme, change et devient système, un système laborieux, chargé de dogmes, de pratiques, une scolastique de prêtres.

Pour la femme et pour l'homme si souvent séparés, la mort est tout l'espoir. Lui, pauvre travailleur dans la fournaise atroce où le soleil fend la pierre à midi, il prie le soleil même de lui donner, d'un coup libérateur, à jamais le repos avec Elle et près d'Elle. De son côté, la femme cultivant seule avec son fils, ne pense à autre chose; par ses jeûnes, elle amasse le petit pécule de la mort.

Si l'on manquait ce but! si cet infortuné était jugé indigne du sépulcre! et elle condamnée au veuvage éternel!... Dures pensées qui troublaient l'esprit, leur gâtaient la mort même!

L'âme, l'âme la meilleure, ne pouvait arriver à une seconde naissance qu'à travers une série laborieuse de transformations[1]. Qu'était-ce donc de l'âme maudite, qui s'en allait, seule et sans dieu, tenter ce terrible voyage! Elle allait, horrible et immonde, changée en truie, bête exécrée des Égyptiens comme des Juifs. Pour lui barrer la route, des monstres fantastiques se présentaient qu'il lui fallait combattre. Et, pour comble, elle était sous la verge

---

[1] Dans une inscription, le chef des nautoniers, Ahmès, pour dire: «*Je suis né*», dit: «J'ai accompli mes transformations». De Rougé, Acad. des inscr. M. des Savants étr., 1853, t. III, p. 55.

cruelle de gardiens malfaisants, démons-singes ? démons-léopards [1] ?

Voilà déjà les porcs dont parle l'Évangile, où Jésus envoie les démons. Voilà déjà le Moyen Âge, le début et les éléments de ces traditions de terreurs qui ont si cruellement rétréci, faussé les esprits. L'agonie était effroyable. De même qu'aux noirs siècles chrétiens (dixième, onzième, etc.), le mourant croit être emporté par les démons, appelle à lui les saints et se fait couvrir de reliques, l'Égyptien a tellement peur qu'un seul tuteur, Thoth, Anubis, ne peut le rassurer. Il craint pour chaque membre, et pour chacun réclame l'assistance d'un dieu spécial ; il se fait tenir, non à quatre, mais à quinze ou à vingt. Un autre garantit les dents, tel les yeux, tel le cou. La terreur est si excessive, qu'ayant le bras tenu, il fait tenir encore le coude ; ayant la jambe défendue, il veut un autre dieu pour sauver le genou [2].

Les âmes ne *revenaient* pas le jour, pour laisser agir les vivants. Mais la nuit elles se promenaient sur terre, et même les mauvaises âmes. De là mille peurs, mille visions. Nulle sécurité au foyer. L'innocence des animaux, leur air paisible, suffit parfois pour rassurer. De là probablement (bien plus que d'autre chose) leur attache excessive à ces bons compagnons. De là le touchant radotage, le culte des

---

[1] Je ne puis distinguer lequel des deux dans les planches de Champollion (in-folio, t. III, pl. 272).

[2] Déjà Champollion avait donné un de ces rituels des morts au quatrième volume du *Voyage* de Cailliaud. Lepsius en a publié un intégralement en 1842 (in-4°), et M. de Rougé nous en donne un autre (1864, in-folio). J'y vois les choses les plus curieuses. L'âme aura à combattre les animaux fantastiques. Il lui est défendu de travailler dans Ker-neter. Défendu de quitter l'enfer (l'Amenti) pendant le jour. Quand elle ressuscitera, on lui rendra son cœur, etc.

animaux sacrés, les doux amis de l'homme qui le gardaient dans la vie, dans la mort.

Où finit l'animal ? où commence la plante ? Qui le dira ? Les sensitives (Ampère le remarque) sous ce climat puissant approchent de l'animalité. Elles ont leurs peurs, leurs répugnances, comme des femmes délicates, fixées dans la fatalité, sans langage, sans moyen de fuir et d'échapper. Les palmiers visiblement aiment. De tout temps, en Égypte, on servit leurs amours. L'amant séparé de l'amante, par la main secourable de l'homme, en était rapproché.

L'arbre gémit et pleure, et d'une voix tout à fait humaine. Vers 1840, nos Français d'Algérie, qui en coupaient plusieurs, furent surpris, presque épouvantés. Un illustre savant était présent, et fut troublé, ému, comme les autres. Quelle devait être l'impression de ces soupirs de l'arbre, de ces plaintes navrantes sur l'esprit du pauvre fellah ! Comment eût-il douté qu'une âme malheureuse, comme la sienne, ne fût sous l'écorce ? L'arbre est rare en Égypte, d'autant plus aimé et chéri. Celui qui avait le bonheur d'en avoir un à sa porte ou voisin, vivait de même vie avec lui. Il lui racontait tout, lui confiait ses craintes et ses douleurs, les duretés du scribe ou surveillant, le travail excessif et sans consolation, hélas ! parfois d'autres blessures, cruelles, et de la main aimée ! Bref, *il lui remettait son cœur*, en dépôt, le cachait dans l'arbre. Le Mimosa qui frémit et sent tout, parfois le recevait, ce cœur. Parfois le *Persea laurus*, arbre d'Isis, arbre admirable (sa feuille est une langue, son fruit figure un cœur. Plut.).

Mais quelle partie de l'arbre assez discrète pour recevoir ce dépôt délicat ? Le tronc ? Peut-être, car coupé, il gémit. Ou peut-être la branche qui, entre elle et le tronc, peut serrer et cacher, englober maternellement ? Ou bien, tout simplement la fleur ? Aux boîtes des momies, la fleur peinte s'entr'ouvre, laisse passer une petite tête, une jolie âme de femme. Si tel acacia ferme sa fleur le soir, c'est pour garder le cœur de l'homme.

Grand et profond secret. Cet arbre égyptien n'est pas, comme celui de la Perse, le fier Arbre de vie. C'est un arbre inquiet. On peut, pour un bateau, on peut, pour un palais, méchamment le couper demain. Et, alors que devient le cœur ? Aussi, à une seule, l'épouse unique, aimée, on en confiait le mystère, lui mettant sa vie dans les mains. Qu'on juge, après la mort de l'homme, ce que restait cet arbre pour la femme ! Combien sacré, et combien confident, consulté, écouté, aux heures sûres où l'on n'est pas vu. Il succédait. C'était désormais un mari, un amant, un autel, un dieu mort et vivant, souvent trempé de larmes.

De telles choses n'arrivent que dans l'amour fidèle, dans la monogamie, le mariage saint, grave et tendre, comme il fut en Égypte. L'arbre ne manquait pas d'être touché et de répondre. Souvent, la femme vit, à travers ses pleurs, qu'il pleurait. Des pleurs à sa manière, sans doute, pleurs végétales (du pin et de tant d'autres arbres). Était-ce compassion d'ami ? Était-ce l'âme même du mort, prisonnière sous l'écorce, serrée, souffrante, qui, pour se révéler, dans ce pauvre langage, lui pleurait ce mot : « J'aime encore. »

Cette touchante croyance qui devait faire le tour du monde, a son type premier, le plus pur, en Égypte.

La barque sépulcrale d'Isis cherchant son Osiris, aborde en Syrie, à Byblos. Je ne sais quoi au fond du cœur lui dit qu'il s'est arrêté là, qu'il est dans le palais du roi. Pour s'y faire recevoir, elle s'humilie, cette reine, elle se donne comme esclave. Elle observe, voit tout. Le somptueux palais, soutenu de colonnes, en a une (miracle !) qui pleure. La colonne est un arbre, un pin [1]. Isis n'en doute

---

[1] À Ténériffe, les pins qui soutiennent les maisons depuis 1400, pleurent encore.

point: c'est lui. Elle devine la métamorphose. Il a flotté jusqu'à la côte, jusqu'aux pinadas de Syrie, et dans le sable enfoui il s'est fait pin lui-même. Placé dans le palais, toujours il se souvient, il pleure. Isis le tire de là, l'embrasse et l'inonde de larmes, lui rend les honneurs funéraires [1].

---

[1] Cette légende de l'arbre vivant, si douloureuse, et parfois consolante, semble commencer dans la haute Égypte par l'acacia mimosa du désert, continuer par le *Persea laurus*, par le pin en Syrie, le grenadier, l'amandier en Phrygie, etc. – L'unique monument littéraire qu'on ait jusqu'ici de l'Égypte, très-ancien d'écriture, et certainement bien plus d'invention part de l'acacia. C'est une petite histoire individuelle qui sert de cadre à cette idée générale et populaire.

Un garçon très-honnête et très-laborieux, Satou, travaille chez son frère aîné et fait prospérer ses bestiaux. La femme de ce frère, qui est belle, préfère Satou, parce qu'il est fort, et veut un jour, à l'heure brûlante du repos, le garder avec elle. Méprisée, elle l'accuse. Il périrait, si son bœuf et sa vache qui l'aiment ne le mettaient en garde. Il jure son innocence, et l'assure à jamais par une mutilation cruelle. – Fort désolé et seul, retiré au désert, *il met son cœur dans un acacia*. Les dieux en ont pitié, et lui font une femme bien plus belle, admirable, qu'il aime jusqu'à lui confier en quel arbre il a mis son cœur. La belle, adorée, mais ardente, qui veut un amour efficace, s'ennuie et se laisse enlever. Le Nil la porte à Pharaon. Le remords aussi avec elle. Elle croit en finir par un moyen cruel, de couper l'arbre de Satou. En vain, le pauvre cœur devient un superbe taureau qui gémit et mugit pour elle. On le tue. De son sang, deux gouttes ont tombé dans la terre. Et il en naît deux arbres, non l'acacia misérable qu'on a coupé, mais deux arbres sublimes, deux gigantesques perséas. Les perséas jasaient d'amour et soupiraient. La reine épouvantée, les fait scier. Mais un éclat échappe, jaillit si bien vers elle, que la voilà enceinte. Malgré elle, Satou l'a conquise. Lui-même est ramené à la figure humaine, glorifié, et il devient *Phra*, Pharaon, Soleil (même chose). Maître alors de son inhumaine, il n'en tire nulle vengeance que de lui raconter tout ce qu'elle lui fit souffrir. – V. la traduction et la notice très-intéressante que M. de Rougé a données de ce manuscrit du quinzième siècle avant notre ère. *Athenæum français*, 1852, t. I, p. 281.

Syrie

Phrygie

Énervation

Dans la monotonie funéraire de l'Égypte on sent que son âme sevrée, rétrécie (cent siècles durant), fut étouffée dans l'arbre de douleur. Le contraste est étrange lorsque l'on sort de là pour tomber dans le monde trouble qu'elle a tout autour d'elle. Une mer, une tempête de sable, comme au désert Lybique, au désert de Suez, semble voler devant les yeux. Chez les noirs du haut Nil, aux campements Arabes, au monde divisé de Syrie, même en ces grands empires de la dissolue Babylone, de la barbare Carthage, l'esprit semble égaré ; vous vous sentez dans le chaos.

Les mythes, lumineux en Grèce, en Égypte harmoniques, qui gardent un grand air de sagesse même en pleine imagination, ici semblent tourbillonner comme au vent du désert. On n'a pas assez dit combien ce Sud-Ouest, entre Afrique et Asie, où tout est fragmentaire, scindé, inorganique, dans ses cultes bizarres, a l'air d'un véritable songe [1].

---

[1] Dans les consciencieuses peintures égyptiennes, saisissantes de vérité, on peut voir ce qu'étaient, dix-sept siècles avant Jésus-Christ, le Syrien, l'Assyrien, l'Arabe ou Juif, le Nègre, l'Européen (le Grec, ce semble). Vrais chefs-d'œuvre. Le Grec qu'on croirait d'aujourd'hui est le marin des îles, au profil dur et fin, à l'œil perçant. Les nègres sont

Dans la vivante écume de l'eau visqueuse et poissonneuse qui fermente, bouillonne, dans la mer pullulante, la Syrie a senti son dieu. Comme l'Euphrate [1], elle eut pour idéal le poisson et le Poisson-Femme.

Certes, si l'infini de l'amour inférieur, de la fécondation, se montre quelque part, c'est dans le poisson à coup sûr. Il comblerait la mer. Il la noie à la lettre, en certains temps, la blanchit, l'illumine d'une autre mer de lait, grasse, épaisse et phosphorescente.

Voilà la Vénus de Syrie, c'est Dercéto, c'est Astarté ou Astaroth, mâle et femelle, le songe de la génération. L'Hébreu, aux confins du désert, avec sa maigre vie, rêve un

---

vivants. Dans leur gesticulation excessive et dégingandée, on a marqué très-bien qu'ils ne sont pas stupides, mais trop vivants, de sang trop riche, l'esprit au vent, emportés, demi-fous. C'est exactement le contraire de la sècheresse bédouine, du maigre Arabe qui n'est pas sans noblesse, de l'âpre aridité du Juif. Ceux-ci, cailloux du Sinaï, taillés au fin rasoir, vivront, dureront, j'en suis sûr. Mais les figures bâtardes de Babel et de Phénicie ne semblent pas viables. Ce sont des éphémères qui duraient, comme espèces, ainsi que les insectes par le renouvellement incessant des générations. – L'homme de l'Euphrate est un poisson. – L'homme de Tyr, un batracien. – Chez celui de Babel, le front fuyant et la tête en arrière sont du monde aquatique. Ils rappellent son dieu (le Poisson Mage). L'homme n'est nullement désagréable pourtant, ni sans grâce dans le mouvement. Il semble coulant et facile. Il a l'air de vous dire : « Soyez le bienvenu. » On comprend à merveille que les peuples et les dieux soient venus fondre à Babylone, se perdre à ce pêle-mêle. – Les autres, que je crois Phéniciens, ne sont pas comme ce Babylonien, serrés de jolies robes. Ils sont, comme marins, prêts à agir et les bras nus, court vêtus de petites jupes (de sparterie?) qui n'entravent pas l'action. Leur regard est celui de gens qui toujours voient au loin sur la grande plaine de la mer. La figure, belle et grave, étrange pourtant, étonne fort : ils n'ont pas de cou. Étranges avortons, ils ont eu, par l'effet des vices précoces, un arrêt de développement. Ils ont sur le visage un froid cruel qui doit les mener loin dans leurs affreux commerce, leurs razzias de chair humaine.

[1] Voir les monuments dans Rawlinson (1862), t. I, 167, dans Botta, Austen, Layard, etc.

peuple nombreux comme le sable tourbillonnant. Le Phénicien, aux grasses villes des ports mal odorants, rêve l'infini de la marée, un peuple d'amphibies qui grouille et qui regorge de Sidon à Carthage et jusqu'à l'Océan.

Dans l'intérieur des terres, pour l'amoureuse Syrienne, la gente roucoulante, lascive, des colombes innombrables, peuple sale et charmant, fut la poésie. Leurs caresses acharnées, leurs amours (fort irrégulières, quoi qu'on ait dit), furent le spectacle et la leçon. Et leurs nids consacrés, multipliant toujours, purent blanchir à leur aise le sombre cyprès d'Astarté.

Les Phéniciens, pour avoir bon voyage, emmenaient Astarté sur leurs vaisseaux (c'est Vénus Eu-plæa). Ils travaillaient pour elle. Leur grand commerce était d'enlever des colombes (femmes, filles ou jolis enfants) pour les sérails d'Asie. Leur piété était, dans tous les comptoirs qu'ils fondaient, de faire pour Astarté un autel, un couvent d'immondes tourterelles qui rançonnaient les étrangers. Chypre, Cythère furent souillées de ce culte, au point que les filles du lieu subissaient toutes avant le mariage la flétrissure sacrée.

Elles étaient heureuses d'être quittes à ce prix. Car cette Astaroth-Astarté, la Vénus des pirates, ne se distinguait pas toujours de l'autre dieu des Phéniciens, qu'ils appelaient le Roi (Moloch), et qui aimait tant les enfants, qu'il en volait partout. Ce Roi, dieu de sang, dieu de feu, de la guerre, de la mort, avait un plaisir exécrable à presser sur son sein (de fer rougi à blanc) des chairs vivantes. Si l'enfant ne brûlait, il était mutilé. Le fer en faisait une femme.

Ces Moloch, ces cruels marchands, maîtres et sultans partout, avec leurs navires combles de la pauvre denrée humaine, avec les caravanes qui l'amenaient en longs troupeaux, n'avaient que faire des Syriennes. Celles-ci étaient des veuves. La nuit, sur la haute terrasse de la maison ou la muraille sèche qui soutient quelques pieds de vigne, elles pleuraient, rêvaient, contaient leurs douleurs à la lune, l'équivoque Astarté. Du midi et de la mer Morte, soufflait la sulfureuse haleine des villes qui dorment englouties.

Elles rêvaient. Et jamais il n'y eut de si puissantes rêveuses. La Parthéno-Genèse, la force du désir qui sans mâle est féconde, éclata dans la Syrienne en deux enfants qu'elle fit seule :

L'un est le Messie-femme, qui a délivré Babylone, serve jusque-là de Ninive, la grande Sémiramis, née poisson, devenue colombe, qui épouse toute la terre, finit par épouser son fils.

L'autre est un dieu de deuil, le Seigneur (Adonaï ou Adonis). Il est né de l'inceste, et son culte mêlé de pleurs, d'amour, tient de l'inceste encore.

La grande légende syrienne, l'inceste, en ses trois formes, Sémiramis, Loth et Myrrha, aboutit à cette création féminine d'immense importance, *Adonis, mort, ressuscité*. Culte sensuel et pleureur, très-fatal, par lequel le monde descendit misérablement sur la pente de l'énervation [1].

---

[1] Pour le faire bien comprendre, il faut remonter, dire un mot de la très-haute antiquité. – Dans la morale haineuse des petites tribus, dont chacune se croit l'élue et le peuple de Dieu, l'étranger est l'Impur, l'abominable. Épouser l'étrangère, laisser sa parente pour elle, c'est un crime et comme un inceste. Le seul mariage pur, à leur sens, est avec le proche parent. – Aussi les filles de Loth, ayant vu périr leur tribu, disent : « Il n'y a plus d'hommes. » Elles auraient horreur d'épouser l'étranger. Mais d'autre part le dernier déshonneur, dans l'idée syrienne, serait de mourir vierge, sans enfant, comme un fruit stérile.

De tout temps, les enterrements étaient l'occasion des plus tristes folies (Lévit. et Deutéronome), les *pleureurs et pleureuses*, jouant le désespoir, s'aveuglant de vin et de cris, déliraient très-réellement, finissaient par agir comme s'ils eussent été morts eux-mêmes, taillant leur chair, la souillant outrageusement. Loth, qui a vu le monde s'abîmer dans les flammes, qui a perdu sa ville, perdu sa femme, croit que tout est fini et toute loi. Il est mort, rien ne lui importe. On peut le tromper tant qu'on veut.

Le Loth de Byblos est le deuil. Gingras ou Cyniras, la harpe funéraire, dans ce mauvais rêve, est un roi, trop aimé de sa fille. Cette fille est Myrrha (la myrrhe qu'on brûle aux funérailles). Harpe et myrrhe, ces êtres lugubres, ont tant d'affinité qu'ils se mêlent pendant douze nuits. Enfin Gingras s'indigne. Elle non. D'inconsolable amour, elle pleure et pleurera sous la forme de l'arbre à myrrhe.

« Arbre puni, maudit ? » Nullement. La Syrienne en fait l'être exquis, parfumé, qui charmera la mort. Une de ces

---

Elles s'adressent au seul homme qui reste encore, leur père, le trompent et ont de lui deux fils, Moab, Ammon. Nul blâme là-dessus dans la Genèse. Au contraire, de Moab les Juifs font venir Ruth, la charmante Moabite, d'où descendent leurs rois David et Solomon. – L'histoire de Loth ne diffère point de celle de Sémiramis et des reines réelles, Amitis, Parisatis, etc. Elles veulent maintenir l'unité de leur race contre le pêle-mêle de la vie de sérail. Pour cela elles épousent ou désirent épouser leur fils, selon l'usage des Mages Chaldéens. Ce mariage étrange, dans un pays où la femme vieillit si vite, était en réalité une sorte de célibat. Peut-être était-il symbolique, la mère ayant le titre d'épouse (pour repousser toute épouse étrangère), et se faisant remplacer par son esclave (comme fait Sarah dans la Genèse). Il concentrait dans la famille la tradition mystérieuse des arts des Mages, des connaissances astronomiques, des formules et recettes industrielles ou médicales, dont ils étaient extrêmement jaloux. Deux historiens très-anciens, Conon (cité par Photius) et Xantus de Lydie (Clém. *Strom.* III, 185), parlent de ces mariages, ainsi que Euripide, Catulle, Strabon, Philon, Sextus Empiricus, Agatgias, Origène, saint Jérôme, etc.

belles larmes odorantes est Adonis, un enfant, si joli !...
que pour elle dès lors il n'est plus d'autre dieu. Elle l'appelle mon Seigneur (Adonaï), mon Baal (propriétaire, époux). Elle-même elle rêve qu'elle est sa Baaltis, son Astarté qui doit le posséder, Astarté aux deux sexes, Adonis femme d'Adonis. Et pour folie dernière, son nom d'amour est Salambo, la folle flûte, lugubre et furieuse, dont on joue aux enterrements.

Mais en le faisant son Baal, elle a cruellement irrité Baal-Moloch, *le Roi*, le roi du Feu, roi de la guerre et de la mort (Mars-Mors). Ce démon prend la forme de la bête démoniaque. *Il entre en un pourceau*, ou, disons mieux, un sanglier sauvage qui blesse, au sexe même, le bel enfant, le tue, ou tue en lui l'amour.

Qui douterait de tout cela quand son sang coule encore ? À Byblos, au moment (décrit par le Cantique des cantiques) où la saison des pluies a cessé, où le sang fiévreux court dans l'agitation d'un printemps de Syrie, par une rencontre singulière, le torrent de Byblos se trouble aussi, rougit. « C'est le sang, le sang d'Adonis ! »

Les pleurs sont un secours. Ces pleureuses en étaient insatiables. Tout en retentissait. On pleurait à Byblos devant la mer, au souffle chaud d'Afrique dans les ivresses du printemps. Dans la Syrie, à la fin de septembre, lorsque la vigne avait pleuré l'année (c'était le dernier mois), sept jours durant jusqu'au 1er octobre, sur la cuve fumante, on délirait, on s'aveuglait de larmes. En certains lieux, on ne pouvait attendre l'automne, et pendant la moisson, sous le trait acéré du Soleil Adonis, ses amantes insensées, dans sa victoire suprême, le fêtaient à force de pleurs.

C'était une furie d'enterrement. Elles se figuraient qu'elles avaient perdu (tout se brouillait en elles) et leur amant et leur enfant. On faisait tellement quellement une poupée, figurant un jeune garçon très-féminin [1]. Sur ce pauvre poupon, on accomplissait avec des cris navrants les rites des funérailles. Le corps était lavé. On l'ouvrait, l'embaumait. Exposé sur un catafalque, on le contemplait longuement, surtout en la cruelle blessure, ouverte à son flanc délicat. Toutes assises par terre en cercle, échevelées, avec des litanies, des silences et de gros soupirs. De temps en temps une disait: « Hélas! mon doux Seigneur! où est ta seigneurie maintenant? » On suffoquait. Au bout de sept grands jours, il fallait bien finir, il fallait bien se séparer, mettre en terre cet infortuné. Eh quoi! ne plus le voir! Sa Baaltis, son Astarté, l'éperdue Salambo, le cherchait vainement. Était-il mort?... On avait soin d'arranger un petit miracle. Dans des pots préparés, on mettait de ces plantes que la chaleur fait éclore subitement, bien exposées au haut de la maison sur la terrasse où l'on couche en Syrie. C'étaient les *jardins d'Adonis*. Au jour septième exactement, on allait voir... Il avait éclaté... La plante avait fleuri... De terrasse en terrasse, des cris d'amour volaient: « Bonheur! Il est ressuscité. »

Partout, l'Astarté délirante ressaisissait son jeune amant, vivant, entier, non mutilé. On rassurait le monde. Il n'avait rien perdu. On arborait le signe de la fécondité, comme il se faisait en Égypte. Mais grande, très-grande différence. Pour Isis, l'africaine épouse, c'était l'exaltation du bonheur mutuel, et l'adoration de l'époux. Pour la Baaltis syrienne, c'était l'ivresse aveugle, la tendresse indistincte qui, dans l'hôte étranger, le passant, l'Homme enfin, accueillait l'ami inconnu. Adonis le voulait. Celle qui se gardait et qui fermait sa porte, devait en pénitence faire

---

[1] Je suis pas à pas les textes anciens, qu'on trouve réunis dans les *Phéniciens* de Movers, I, ch. VII, 190-253.

tomber ses cheveux, pour longtemps rase et laide rester sans oser se montrer.

Baaltis-Astarté semblait faire l'envers de Moloch. Ce terrible jaloux, pour garder ses comptoirs par l'effroi, immolait des hommes. Elle, au contraire, ouvrait toutes grandes les portes au passant, disait : « Pauvre étranger ! » – Moloch, le grand vendeur, le grand mutilateur, partout, pour les sérails, faisait des Adonis. Astarté, au contraire, adora l'enfant mutilé.

Opposition frappante, ce semble ? Point du tout. L'amour impur, c'est de la mort encore. Moloch, dans son horreur, était moins dangereux que l'abîme profond d'Astarté. La pitié amoureuse, la mollesse et les pleurs, la contagieuse douceur des *Adonies* amenèrent dans le monde le grand fait, terrible et mortel : *l'évanouissement de la force mâle.*

Voyez ce progrès de faiblesse. En Égypte, Osiris meurt, il est vrai ; pas tout à fait pourtant : tout mort qu'il est, il engendre Harpocrate. En Syrie, le mâle n'est plus qu'un faible adolescent qui ne fait que mourir. Point de paternité. Point d'enfant d'Adonis. Il est enfant lui-même. Mais sous un autre nom, il tombe bien plus bas en Phrygie.

La Syrienne, sous forme languissante, au fond véhémente et terrible, n'est pas femme à se résigner. Elle est pleine d'audace et d'initiative, en mal, en bien. Les Jahel et les Déborah, Judith, Esther, sauvent le peuple. Athalie, Jézabel, sont rois. Il en advient de même à la fameuse colombe d'Ascalon, la Sémiramis, qui s'envola de Syrie à l'Euphrate. La déesse-poisson, Dercéto, gonflée du dieu Désir, avait enfanté un matin l'étrange créature. D'esclave reine, lascive et guerrière, elle se débarrasse d'un mari qui l'adore, se fait épouser par Ninus, le grand roi d'Orient, lui prend la vie, le trône. Elle détrône aussi Ninive, et fait à son image Babylone aux cent portes, aux gigantesques murs, gouffre monstrueux de plaisir, qui ouvre à tous l'asile de son impure fraternité.

Babel était déjà la tour, l'observatoire célèbre des Mages Chaldéens (Diod.). Elle était le marché où chaque année, du haut Euphrate, les vins d'Arménie descendaient (et descendent, *Rennell*), apportant les fêtes et la joie. Elle était toute ouverte. L'Asie craignait les murs, l'obscurité des villes (Hérod.). Le libre chef de caravane croyait, s'il s'engageait dans une ville fermée, qu'il y serait perdu, volé, vendu, tué peut-être. Lorsque la ruine de Ninive chassa son peuple à Babylone, ce peuple industriel attira à tout prix les marchands et les rassura. On suivit à la lettre l'avis que Balaam (prophète de l'âne ou Belphégor) donnait dans la Genèse, *de séduire par la femme*. Les fières dames de Babylone s'assirent aux portes, invitèrent l'étranger. Quoi de plus rassurant ? Quel que fût ce passant, d'Orient, d'Occident, de toute race, marchand, chef de tribu, sauvage Ismaélite, un fugitif peut-être, misérable esclave, la grande dame, en pompe et sur son trône d'or, recevait de lui la petite monnaie qu'il lui jetait sur les genoux. La Vénus de Babel imposait ce devoir d'humilité, d'égalité. Il semblait l'acheter (tout mariage était un achat), et l'épouser, pour ainsi dire. À lui de commander ! – Pure cérémonie symbolique ? – Mais quel orgueil pour lui d'épouser Babylone, la grande reine d'Orient, « la fille des géants », qu'il a tant rêvée au désert ! Il se sentait aimé, adopté et Babylonien, acquis lui-même, acheté pour toujours. C'était le piège de cette ville. L'étranger, dès le seuil, perdait ses souvenirs. Avec cette petite monnaie, donnée à la belle dame souriante, il se trouvait avoir jeté dans sa main le passé, la patrie, la famille, les dieux paternels.

Cela allait au point que lui-même, en retour, il bâtissait, augmentait Babylone, travaillait ardemment aux murs de cette nouvelle patrie. Ils montèrent par enchantement à deux cents pieds de haut. Les Mages, par un coup de génie, avaient prévu cela, tracé d'avance astronomiquement (au nombre des jours de l'année) une ville de trois cent soixante-cinq stades de tour. Le soleil cuit les briques. L'asphalte regorgeait. Tout fut bâti d'un coup, avec une vraie furie d'amour, *par les amis*[1], amants, de la reine Sémiramis (autrement dit Babylone). Les murs (vraie chaîne de montagnes où quatre chars passaient de front), en un moment dominèrent la contrée. Les rois voisins étaient furieux et menaçaient. Ils s'arrêtèrent en voyant Babylone déjà inattaquable. Ce fut pour deux ou trois cents ans l'asile universel, l'arche des arts d'Asie, qui les enveloppa, les garda des déluges qui menaçaient l'horizon.

Grand spectacle de voir tant de peuples devenus les enfants de cette mère étrange qui, sous sa vaste robe, accueillait, abritait tout homme, noir ou blanc, libre, esclave. Les esclaves mêmes avaient leurs fêtes où leurs maîtres les servaient. Les captifs y étaient si bien qu'ils y faisaient fortune (on le voit par les Juifs). Dans ce grand pêle-mêle, on se croyait volontiers frères. Les femmes se mariaient l'une l'autre, les laides avec l'argent des belles. Les malades, avec confiance, se mettaient sur les places et consultaient la foule amie.

Babylone, achetant des soldats mercenaires du Nord, fut conquérante. Ses Mages, ou Nabi (Nabuchodonosor), effrayèrent un moment le monde, enlevant, amenant sur l'Euphrate des peuples entiers, comme Israël, Juda. Grandeur qui n'était pas la force. Des masses hétérogènes ne

---

[1] Des récits combinés d'Hérodote, Ctésias, Diodore, etc., il résulte que cette ville énorme *qui payait le tiers des revenus de l'Asie,* fut tracée d'avance et *faite en une fois,* que ses murs prodigieux furent l'œuvre *spontanée* des foules qui s'y réfugiaient sous la protection de la tour des Mages. Cela rappelle en grand certaines œuvres du Moyen Âge, comme la cathédrale de Strasbourg bâtie par les pèlerins qui y travaillaient jour et nuit.

pouvaient qu'augmenter la discordance de Babel, la confusion d'esprit, de langues, qui est restée proverbiale. Babel et Babylone semblent des noms imitatifs (comme *barbare* en grec) pour dire le bégayeur, le barbouilleur, qui mêle plusieurs langues. Ces mélanges malsains pour l'esprit y faisaient le vertige. Témoin le grand Nabi qui *tombe à la bête* (Daniel). Les femmes, plus sobres et plus froides, que nul excès n'épuise, de plus en plus se trouvèrent les seuls mâles. Babylone elle-même était femme. Les reines-mages, surtout Nitocris, qui régnèrent avec gloire, firent en vain des travaux immenses de défense pour arrêter, retarder l'ennemi.

Le Perse n'en tint compte, entra et se crut maître. Mais c'est lui qui fut pris. La vieille ville voluptueuse l'embrassa, l'enlaça, lui fit un lit si doux, qu'il y mollit, fondit. Le génie mage, obscur, profond, impur et de naissance, et d'art, et de calcul, et qui avait mangé le haut fruit de l'arbre du Mal, pervertit à fond ses vainqueurs. Les mères reines prirent l'amour et l'audace des Sémiramis ; les rois, l'orgueil (la chute aussi) des Nabuchodonosor. Les Mages firent deux idoles, l'idole *Roi*, gardée tout autour par cette comédie de terreur qu'on voit aux monuments (l'aigle-taureau à face d'homme, etc.). L'autre, l'idole *Mère*, la grande mère, Mihr-Milytta (Vénus-Amour), en qui ils engloutirent tous les dieux d'Orient, et qu'ils mirent hardiment entre Ormuzd, Ahrimane, comme un *Médiateur* qui domina la Perse même.

Vrai vainqueur de l'Asie, Volupté-Milytta trôna au sommet de Babel, en son luxurieux colosse, lascivement bercé sur des lions amoureux. Entre ces bêtes était le Roi des rois, qu'elle tenait énervé et doux par un sérail babylonien où chaque année cinq cents jeunes créatures, un troupeau « d'enfants gras » (Daniel), étaient incessamment versées.

Milytta, au bas de Babel, et sous les basses voûtes où

jadis on nourrit les reptiles sacrés, avait ses jeunes *abbati*, galants, rosés, fardés, faux garçons, fausses filles, de voix fausses et mignardes, qu'on prêtait pour argent, et qui, victimes honteuses, dans leur immolation, *voyaient* le ciel ouvert et disaient la bonne aventure.

Immonde religion qui s'étend. Milytta gagne à l'Occident. En Lydie, en Phrygie, aux grands marchés d'esclaves, aux fabriques d'eunuques, elle est Anaïtis-Attis ; elle est la grande *Ma* aux riches seins, que la Grèce appela Cybèle. En ce pays brouillé (vrai chaos) de Phrygie, où l'on mêle tout sans comprendre, par une légende monstrueuse, Attis devient le petit mâle, l'Adonis de cette grosse Cybèle. On copie la *Passion* d'Adonis, la semaine sainte de Byblos. Toujours le Bambino mutilé, perdu, retrouvé, lamenté par les femmes. La mise en scène plus pathétique encore, barbare, grotesque et très-choquante. On promenait non pas un petit simulacre de bois, mais une viande sanglante qu'on donnait pour la tête d'Adonis ou sa relique obscène. L'horreur était au comble. Alors l'arbre d'Attis (un pin, comme à Byblos) apparaissait, arbre enchanté, gémissant et plein de soupirs. La foule échevelée priait et l'évoquait. Enfin, de l'arbre ouvert jaillissait un enfant ; Attis ressuscitait ravissant, adoré, dans sa grâce équivoque, garçon, fille à la fois, rêve incertain d'amour.

Ce drame du vertige et du rêve fut du plus grand rapport. Les prêtres de l'Asie Mineure, comme nos princes ecclésiastiques d'Italie, triplement commerçants, exploitaient à la fois la piété, l'amour et la bonne aventure. Ils tiraient des Attis un fructueux courtage. Ils s'enrichirent, devinrent rois, papes. (Creuzer-Guignant, livre III, ch. 2, p. 80 et *passim*).

Ils poussaient leur succès, envoyaient partout des Attis ambulants, mendiants, quêteurs, avec un âne, devins, rusés marchands de prières et d'expiations, vrais capucins antiques. – Demi-eunuques (et par là rassurants), ils vendaient à la fois le plaisir et la pénitence. Comme nos Flagellants, ces drôles, impudemment exhibés sous le fouet, attendrissaient les cœurs sensibles. Ils saignaient, et les femmes déliraient, s'évanouissaient.

Voilà les conquérants du monde. Dans leur Attis Sabas s'engloutira l'Antiquité.

BACCHUS-SABAS

SON INCARNATION

LE TYRAN

L'effroi d'Athènes au jour où la mer disparut sous la flotte du Perse que conduisaient les Phéniciens, l'effroi de Syracuse lorsque les vaisseaux de Carthage lui apportaient son noir Moloch, je l'éprouve en voyant la Grèce envahie, pénétrée par les sombres dieux d'Orient. Qu'adviendra-t-il du genre humain si le pays de la lumière est enténébré de leur culte ?

Tous sont de la Syrie [1]. Par la Syrie tout passe, ce qui est même d'Égypte ou de Chaldée. Les baroques dieux de la Phrygie, un Attis, un Sabas, sont les contrefaçons des syriens Adonis, Sabaoth. Les comptoirs phéniciens sont le grand véhicule de ce torrent bourbeux.

Rien de plus singulier que les métamorphoses par où ces dieux sauvages s'insinuent, s'infiltrent en Grèce.

L'Adonaï farouche du désert, pleureur à Byblos, devint le charmant Adonis.

Sabaoth (*seigneur des sept cieux*, de l'armée des étoiles),

---

[1] L'antagonisme de la Phénicie et de la Grèce n'est pas moins chair que celui de Carthage et de Rome. – Sur *Adonis-Attis, Sabaoth-Sabas, Milytta* (Mithra)-Vénus, *Baal-Péor*, l'âne Bacchique, V. les textes hébraïques et grecs, surtout dans Movers, t. I, 350, 365, 383, 668, 695. Sur *Mithra*-Vénus, V. les *Recherches* de Lajard, et surtout son mémoire (de riche érudition) sur le Culte du cyprès. Acad. des Inscr., t. XX.

vieux père des mages et dieu du Sabéisme, devient Sabas-Attis, jeune martyr dont le deuil sabatique et les nocturnes fêtes vont durer pendant deux mille ans.

Tout à côté, non moins vivace, plus sournois, durera (et dans l'Antiquité, et dans le Moyen Âge) l'autre démon, le rusé Bel-Phégor de Syrie, aux longues oreilles, l'âne du vin, de la lasciveté, indomptablement priapique. « *Orientis partibus – Adventavit asinus – Pulcher et fortissimus.* »

Mais ces figures bizarres auraient effarouché la Grèce, si la plupart n'avaient passé par une grande transformation, n'eussent plongé, bouilli, écumé, fermenté, non pas au chaudron de Médée, mais dans la fumante cuve d'un dieu rural qui semblait innocent, dieu qu'on trouve partout, celui de la vendange, celui de la joyeuse ronde[1] et des farces grossières qu'on fait à ce moment. Et c'est de là que sort Dionysos, *Bacchus Sabasius,* le grand capharnaüm des dieux, le faux Médiateur, le faux Libérateur, dieu des Tyrans, dieu de la Mort.

Nous avons, dans l'Inde Védique, noté la liqueur fermentée, le Sôma, hostie de l'Asie. Il fut destitué par le vin. Avançant vers l'ouest, il rencontra la vigne, qui lui fut préférée et parut plus divine. Chaque année, ce dieu en tonneaux partait de l'Arménie, chargé sur des barques de cuir cerclées de planches où l'on mettait un âne. Il descendait l'Euphrate. La Chaldée qui n'avait que son mauvais vin de

---

[1] Bacchus vient de partout, reçoit tout et absorbe tout. Comme dieu du vin, de l'agitation bruyante, des rondes et des *tourneurs,* il est Thrace (V. Lobeck). La Thrace et la Phrygie sont la terre classique du vertige ; les derviches *tourneurs* continuent la ronde de Bacchus-Sabas-Attis ; la plupart mercenaires, ivrognes qui *tournent* pour boire, boivent pour *tourner.* – Sur le Bacchus Thrace, Grec, etc., Éd. Gerhard (*Griech. Mythol.*, I, 467-512) est admirablement complet.

palmier, buvait dévotement ce nectar d'Arménie. Les planches étaient vendues. L'âne prenait le cuir, le remontait en haut pays[1]. Cet aimable animal, l'orgueil de l'Orient, qui chaque année sans fatigue, en triomphe, comme un roi mage, entrait à Babylone avec la joyeuse vendange, était fêté et honoré. On lui donnait le titre de Seigneur, Bel, Baal. On l'appelait avec respect Bel-Péor (Seigneur Âne).

Respect bien plus grand en Syrie où sa gaieté lascive et ses dons amoureux, sa supériorité sur l'homme, émerveillaient la Syrienne, dit le prophète. Prophète il fut lui-même, parla sous Balaam. On appelle encore l'*Âne* la montagne où il a parlé. Au fond, il est démon, le Bel-Phégor, démon impur et doux, qui sert tous et à tout, se fait monter, brider.

C'est sur la montagne de l'Âne que les anges eux-mêmes, atteints de Belphégor, eurent désir des filles des hommes (*S. Hil.*) Au désert même on fit (*Ézéchiel*) déjà la fête de l'Âne. Il évita l'Égypte, où sans pitié on lui rompait le cou. Il marcha vers le nord, vers l'ouest, magistralement, prêchant la culture de la vigne, le vin, ce petit frère d'Amour.

L'âne eût tout envahi, eût été Priape et Bacchus. Sa forte personnalité, toute comique, ne le permit pas. Il n'eût pas été le Protée voluptueux des pleurs et de la joie. Il n'eût pas fait l'enfant pour attendrir les femmes. Il ne se fût pas fait un beau garçon martyrisé. Il n'aurait pas créé le spectacle des *Pathèmata* (*la Passion*).

---

[1] Tel on voit ce commerce du vin dans Hérodote, tel on le voit chez les modernes. Rennell, etc. Sur l'âne de Babylone, de Balaam, des Talmudistes, de Bacchus, etc., voir (outre Movers) les textes recueillis par Daumer, Ghillany, Creuzer, Rolle, etc.

Ce spectacle semble né en Crète par la tradition de l'enfant livré au Minotaure (Bacchus). L'enfant joua Bacchus, la victime remplaça le dieu. Ce petit Bacchus, ou Zagreus, déchiré, immolé sur le tombereau des vendanges, par ses cris et ses pleurs, le faux sang qui coulait, faisait rire d'abord, puis pleurer. Les *Pathèmata* de Zagreus, cette Passion tragi-comique, jouée à Athènes et partout, commence le théâtre grec, comme celui du Moyen Âge s'ouvre par les Mystères, les confrères de la Passion.

Les femmes dans leurs petits Mystères de printemps et d'automne (Anthestéries, Thesmophories), fêtes où la mère Cérès deux fois par an disait *le droit d'amour,* les femmes, dis-je, trouvaient très-doux d'en avoir dans leurs bras le fruit, d'apporter un petit enfant, qu'on nommait Iacchus. – Bacchus, sous cette forme enfantine, entra à Éleusis, avec ses tragi-comédies, sa Passion d'un dieu démembré, ses équivoques incestueuses de symbolisme obscur. Surcharges déplorables. Le grain mourait, ressuscitait, et Proserpine aussi. Bacchus mourait, ressuscitait. C'était un drame dans un drame, qui compliquait, sans le fortifier, ce beau et grand thème moral [1].

On l'a dit, non sans fondement, c'était la messe païenne. Les initiés participaient à la cène de Cérès, au pain, au breuvage mêlé qu'elle but dans ses courses lugubres, dans

---

[1] Le livre capital, le plus complet, le plus critique, est et restera celui de Lobeck, *Aglaophamus.* Tous les textes y sont jugés, élucidés avec une vigueur singulière. – Cette thaumaturgie des Mystères, confuse, obscure, fumeuse, n'était pas saine pour l'esprit : Bacchus avait gâté le mythe antique et charmant de Cérès. Voilà pourquoi Socrate, Épaminondas ne voulurent pas être initiés. Du reste, à Éleusis, il ne pouvait y avoir aucune indécence. Une haute dame, l'hiérophantide, surveillait. Sur l'autel assistait toujours un jeune enfant. Diodore, Gallien, disent qu'on n'en rapportait que des idées pures et pieuses.

sa Passion maternelle. Communion sous les deux espèces, à laquelle Bacchus toutefois ne mêlait pas celle du vin. Mais dans ses fêtes propres, il prenait un nom inférieur, Ampelos (Vigne), et s'y offrait en sacrifice funèbre. Bacchus-Vigne se dévouait, s'immolait à Bacchus-Pluton, et prétendait mourir pour nous. (Creuzer, III, 1027.)

Il est ici *Médiateur* visiblement, adoucit le passage, mène doucement les âmes d'un monde à l'autre, sa charge de plaider et de payer pour l'homme. Il peut agir pour l'homme, ayant été d'abord non dieu, mais simplement *héros,* homme *héroïque.* À cette époque singulière, l'humanité semble se croire indigne de parler à Dieu. Il lui faut des intermédiaires, des guides, des interprètes. Mithra là-bas, ici Bacchus désormais parleront pour nous. Dieu et l'homme ont deux langues. Les voilà séparés! Le glorieux privilège de communication directe, l'homme en est destitué. Chute immense. Le ciel est plus haut. Je ne sais. Mais je suis plus bas.

Les sages avaient d'abord violemment lutté contre Bacchus. Nous avons vu la guerre d'Apollon contre lui, la lutte mémorable de la flûte et de la lyre. La lyre tue Marsyas, la flûte d'Orphée. Les pythagoriciens, d'abord antibachiques et visant à la pureté, se soumettent pourtant au vainqueur. Ils l'adoptent dans leurs hymnes *orphiques,* où ils veulent concilier tout, accouplant pêle-mêle avec Bacchus l'Amour (ou Désir) phénicien, le Zeus grec, les nouveaux Mystères.

Ainsi les sages et les non-sages, les purs et les impurs, tout se déclare pour lui. Platon (contre Socrate et l'esprit socratique) veut un *Médiateur d'amour*[1]. Grand rôle

---

[1] « L'homme, aîné des dieux, naît de l'amour et du chaos. » Doctrine phénicienne qu'on s'étonne de voir dans les *Oiseaux* d'Aristophane. Mais elle était restée probablement, avec le règne de la Vénus orientale, dans les îles, les ports grecs, vieux comptoirs phéniciens. Les phi-

qu'Éros, l'enfant ailé, ne prendra pas en Grèce, mais qui revient tout entier à Bacchus, dès lors irrésistible, tout-puissant, qui emporte tout.

L'art n'y aida pas peu, suivit la pente, et la fit plus rapide.

D'abord, dans les statues, Bacchus est assez mâle.

---

losophes, à la légère, trop aisément prenaient ces dogmes asiatiques, qu'ils comprenaient fort mal. Pythagore copiait l'Égypte, Phérécyde la Phénicie. Ils croyaient suivre des idées, et ne voient pas qu'ils suivaient l'affaissement du monde, devenu général par la chute des empires d'Asie. La Perse a molli, a subi le Mihr, la Milytta de Babylone, médiateur d'amour. Ce dogme entrerait-il en Grèce ? Ne pouvait-on espérer que la logique, l'école de l'analyse, du bon sens Socratique, l'excluerait ? Peu de jours avant sa mort, dans son admirable *Eutyphron,* Socrate avait formulé le plus profond de l'idée grecque, la *Loi, reine même des Dieux,* fermant la porte aux dieux tyrans de la faveur et de l'amour. – Or celui-ci justement, le vrai tyran oriental, indifférent à la justice (disons mieux, ennemi de la Loi), il rentra par une fausse porte. Quelle ? l'école même de Socrate, divisée, discordante. Platon, le grand artiste, aux hypogées d'Égypte, aux volcans fumeux de Sicile, prenait volontiers de douteuses, d'incohérentes lueurs. Cette poésie du Médiateur d'amour le troubla, le gagna aussi. Dans l'étonnant dialogue du *Banquet* (choquant, sublime, austèrement licencieux), il prête à son maître, à Socrate, la doctrine qui devait profondément miner l'enseignement socratique. – « Qu'est-ce que l'amour ? Un dieu ? Non, puisqu'il désire, ne se suffit pas à lui-même. Un homme ? Non. Il est immortel. C'est un être qui tient le milieu entre le mortel et l'immortel. Il est le Médiateur qui fait le lien du tout... L'Amour est un démon, Socrate, un grand démon ! *Dieu ne se manifestant pas immédiatement à l'homme,* ces esprits sont ses interprètes. »... Μεταξὺ θνητοῦ καὶ ἀθανάτου... Δαίμων μέγας. Καὶ γὰρ πᾶν τὸ δαιμόνιον μεταξὺ ἔστι θεοῦ τε καὶ θνητοῦ. – Τίνα δύναμιν ἔχον ; – Ἑρμηνεῦον καὶ διαπορθμεῦον θεοῖς τὸ παρ' ἀνθρώπων, καὶ ἀνθρώποις τὰ παραθεῶν... (Plat., X, 229, éd. Bipont, 1787). – Tout cela dit en passant, avec une grâce rieuse. Puis vient un conte charmant. Puis une scène hasardée que nous trouverions honteuse, mais que le cynisme léger des Grecs goûtait assurément et qui devait faire courir de main en main ce petit livre. Incalculables en ont été les conséquences pour la ruine de la Grèce et l'affaiblissement de l'esprit humain.

Gendre, fils, époux de Cérès, selon ses noms divers, au dernier acte des Mystères, quand il était auprès de la vénérable déesse sur un lit triomphal, il était noble encore. Égal au Jupiter du ciel dans les statues de Polyclète (ayant l'aigle et la foudre), et Jupiter d'en bas avec la sainte coupe des morts, Sauveur du ciel, sur la terre, aux enfers, ouvrant partout l'espoir, il apparaissait dieu des dieux.

Mais au fond il est femme, et tel paraît de plus en plus. Il se fait Adonis, Attis, Attis-Sabas, l'efféminé jeune homme que Nature par méprise a décoré du sexe mâle. Somnolent et l'œil demi-clos, il semble une belle paresseuse. Tout le contraire d'Éros, l'enfant vif et sauvage qui n'était qu'étincelles[1], cette endormie a le charme malsain d'un marais sous les fleurs. L'art va l'efféminant, n'osant lui donner la mamelle, mais le faisant rival indécent de la Callipyge. Tout cela par degrés jusqu'au jeune Bacchus, gras, quelque peu bouffi, sombrement impudique, de la colonne des jardins de Néron. Il fixe un regard triste, altier, sur le soleil, qui rougit de le voir.

Des fables vaines ornèrent ce favori. Sans respect pour Homère qui note la lâcheté de Bacchus, on en fit un Hercule combattant les Titans. On le fit conquérant de l'Inde,

---

[1] Le modèle ordinaire d'Éros était visiblement l'âpre enfant grec, scintillant, de perçant regard, bref, *un Esprit*. Cela relevait tout. La haute admiration qui le divinisait y sentait le héros et voulait qu'il fût tel. – Le modèle de Bacchus, tout au contraire, est la beauté suave, féminine, molle et délicate (de l'esclave du Nord, ce semble ; rien de tel au Midi). Parfois il lève au ciel un regard de tristesse, et parfois il ferme les yeux. On en fait, si l'on veut, le Génie du Sommeil (*au Louvre*), ou de la douce Mort, libératrice, aimable, espérée de l'esclave (*Bibl. impér.*, gravures des statues antiques). Conceptions funestes d'un art très-corrupteur qui attendrit le cœur de pitié amoureuse pour ce dangereux fils du rêve et du caprice, en qui est le cœur du Tyran.

on lui donna des tigres pour le traîner, au lieu de l'âne, sa monture. On le chantait courant toute la terre, l'amphore en main, renversant les plus forts par la force invincible ou du vin ou de la beauté.

Je ne sais comment Aristophane, le comique intrépide, osa dans les *Grenouilles* montrer le vrai Bacchus, la femme grasse, immonde et poltronne, qui pour un rien se meurt de peur. S'il voulait l'avilir, il réussit bien mal. C'était la maîtresse adorée, le mignon populaire. Ce peuple, où déjà dominaient l'affranchi et l'esclave, la fausse Athènes qui remplaçait la vraie, se reconnut en lui et le trouva charmant, l'honora justement comme esclave gourmand et poltron, ennemi surtout du travail, Ivresse et Paresse incarnées. C'était bien là le Roi, le Tyran qu'ils rêvaient.

C'est la force terrible de Bacchus. *Il est le dieu des tyrans, des esclaves.* Il est *le bon tyran* d'ivresse et de hasard, de bonheur et *Bonne Aventure* (Bonus Eventus).

C'est le Libérateur, celui qui dénoue et délie (Éleuthéreus, Lysios, Lyæos) ; il délie l'homme des soucis de l'année, des travaux de l'été pour entrer en vendange. À l'automne, au printemps, il fait la fête de l'esclave. Il le nourrit d'espoir, de la chimère du règne de Bacchus, et de la vie *sans loi*, où la seule sera de boire et de dormir.

Un dieu qui délie tout, est naturellement délié, sans ceinture : ses bacchantes aussi, en signe d'abandon. Plus de *tien*, ni de *mien*, plus de limites. Surtout plus de travail. Bacchus l'abolit. À la place, il institue un éternel banquet, où il fera les parts. Son diadème semble porter son nom : *le Partageur* (Isodetés).

S'il délie tout le monde, ne déliera-t-il pas la femme ? Il lui donne d'abord la liberté des larmes, des larmes sensuelles, « la douceur de pleurer ». Avec son cortège rieur de satyres, de Sylènes, il est pleureur par excellence. La femme grecque, tristement sédentaire, s'épanche avec Bacchus, verse en pleurs ses amours [1]. Elle a toujours à elle, qui ne la quitte pas, l'indispensable et confidente nourrice, tendre et folle, orageuse, de Thrace ou de Phrygie, ou la rusée Milésienne, la suave amie d'Ionie. La douceur est, le soir, d'aller pleurer ensemble chez Bacchus-Adonis, aux vêpres de Syrie, où trois nuits tout entières soupire et gémit la colombe. On en riait. On ne rit point du tout quand certain soir, au moment solennel où la fatale expédition de Sicile fut décidée, un chant de deuil remplit la ville. C'étaient les dames qui pleuraient... La Patrie ? non... mais la mort d'Adonis (Aristophane, *Lys.*). Au vain deuil se mêle la peur. Les démons, les esprits mauvais, vont et viennent, s'agitent. C'est une épidémie. La vierge en est malade. On lui conseille « au plus tôt de se marier ». Mais la femme n'est pas plus tranquille. Plusieurs sont tellement poursuivies des démons, qu'elles désespèrent et s'étranglent. Les frayeurs, les saisissements répandent la *maladie sacrée*, le fléau de l'épilepsie [2].

Le remède à la peur, certainement, c'est le mouvement, c'est la danse, le thyrse, l'orgie bruyante. La femme qui le soir à peine, gardée de sa nourrice, allait à ses petits mystères, se trouve maintenant si hardie qu'elle s'en va en bandes à Éleusis, bien plus, au promontoire désert, et que dis-je ? à Delphes, au Parnasse. Thyade elle pleura, et délira

---

[1] Les femmes surabondaient (Aristoph., *Acharn.*). Et, d'autre part, les hommes ayant péri entièrement (à Milet et ailleurs), elles étaient réduites au désespoir (*Id. Lysistr.*, v. 231). À Athènes, l'inexcusable indifférence des hommes les faisait vivre entre elles, liées intimement et formant comme une république féminine (*Id., Ibid.*). Aristophane, en tout ceci, est un grand historien.
[2] Hippocrate, éd. Littré, IV, 361, VIII, 467, etc.

Ménade. Mais (tremblez), elle est Mimallone, la guerrière de Bacchus, elle a le Thyrse et le poignard.

Ce doux Bacchus est un Dieu de la Mort. Les bacchantes en prennent le nom (*Ditis famulae*). Ce doux Bacchus aime le sang, et se souvient d'avoir été Moloch. S'il n'exige plus de victimes humaines, sa soif n'a pas changé, si bien que ses amantes, dans la rude Arcadie, se fouettent et se déchirent pour lui offrir du sang de femme (Paus., VIII, 25). Ces impures et cruelles religions s'étendaient dans les fausses Grèces, cyniques en Sicile, en Italie (on le voit par les vases), en Phrygie troubles et folles; en Thessalie, Épire, en Thrace et Macédoine, compliquées de magie barbare.

On avait le pressentiment que de grands maux allaient venir, un terrible bouleversement. Les femmes avaient le cœur serré. D'avance le deuil de Chéronée pesait sur elles. D'avance, l'épouvantable fin de Thèbes, où Alexandre vendit trente mille Grecs en un jour. Elles sentaient, craignaient le danger, et cependant le préparaient. De la lugubre orgie allaient venir ces maux que l'on pleurait sans les connaître, dissolution, ruine, esclavage, et la victoire barbare, la vivante orgie, le Tyran.

– Suite –

Incarnation de Sabas

L'orgie militaire

La gloire du grand Gélon, *le bon Tyran* qui repoussa Carthage, avait en Sicile et partout perverti les idées. Dans les Sept sages on comptait deux Tyrans. Chef du parti contraire à l'aristocratie, le Tyran se donnait pour ami et bienfaiteur du peuple, son bon père nourricier qui le ferait boire et manger, serait son Bacchus, sa Cérès. Pour le flatter, d'après ces dieux, on l'appelait souvent Dionysos (Denis), Démétrios (de Démèter, Cérès).

Mais nulle dynastie de tyrans n'avait duré. Ils surgissaient, tombaient. Pour en faire un solide, il fallait hors de Grèce une base, un point fixe. Chercher cet appui chez les Perses, c'était trop odieux. Le rusé roi de Macédoine, Philippe, comprit parfaitement que la vraie base serait demi-grecque et demi-barbare, que s'il pouvait, autour de sa petite Macédoine, grouper la rude Épire et la Thrace sauvage, surtout la Thessalie, le pays des Centaures, toute cette fausse Grèce très-guerrière lui serait une épée terrible contre la vraie, épuisée, divisée. Il fit deux choses très-habiles. Il délivra la Thessalie de ses tyrans, se fit ami et chef de l'admirable cavalerie thessalienne. Il honora l'Épire en y prenant une reine, et par là s'assura les vaillantes tribus albanaises, leurs fermes fantassins. C'est le secret de sa victoire. C'est aussi celui de sa mort. Il périt pour avoir épousé la femme épirote.

On connaît ce pays (l'Albanie d'aujourd'hui) de discordants contrastes, si petit, et pourtant comptant quatorze peuples. Un éternel orage y frappe incessamment les monts Gérauniens de la foudre. Vieux volcans, tremblements de terre, fiévreuses alluvions de torrents, voilà l'Épire. D'énormes chiens féroces, mais l'homme bien plus féroce encore. En tous temps force assassinats. Les femmes mêmes armées, farouches et violentes, dominées et des vieux esprits de la contrée (aux forêts de Dodone), et des démons nouveaux de Thrace et de Phrygie. Elles naissent bacchantes et sorcières, savantes aux herbes dangereuses du rêve ou du poison. Leur joie était, à l'instar des Médées thessaliennes, de se rouler de belles, d'ondoyantes couleuvres au bras, au sein. Elles disaient avoir jadis, par leurs seuls hurlements, par leurs serpents, mis des armées en fuite (Polyaen., IV, 1). Vaines fables. Ces bêtes innocentes étaient plutôt sur elles une parure de prostitution. Hercule, dit-on, avec dégoût, horreur, vit dans ces terres barbares commencer l'orgie syriaque, phrygienne, d'Adonis et d'Attis-Sabas. Ces reines du thyrse et du poignard, d'orgueil viril, s'y roulaient au niveau des fausses femmes ou demi-hommes, les Attis impudiques, soi-disant mutilés, marchands d'amour stérile, de songes, et devins du ruisseau. Si de la sainte orgie un fruit naissait, miracle ! l'enfant était le fils d'un dieu.

Manieurs de serpents, charlatans inspirés, danseurs et *tourneurs* de Sabas, bacchantes et bacchants de Bacchus, tout se tenait. La fille qu'épousa Philippe était de celles qui jouaient des serpents. Elle était protégée par les plus grands oracles (tous alors soumis à Bacchus). Philippe le sut peut-être et crut s'en faire un instrument. Il fut pris à ses propres ruses.

Elle s'appelait Myrtale. Mais par une ambition impudente elle se faisait appeler Olympias. Après la noce, elle dit hardiment à Philippe que la veille elle avait conçu, qu'elle avait eu le rêve de Sémèlé, un déluge de feu. La foudre avait rempli son sein, et de là toute la terre. Il goûta peu la confidence. Il eut l'idée que cette foudre dont elle était enceinte lui porterait malheur.

Il fut curieux de savoir pourquoi elle était seule la nuit, regarda par un trou, et près d'elle vit coucher un grand serpent qui le dégoûta fort. Il comprit que sa reine était une affiliée des rites malpropres de Sabas[1]. La vaste confrérie, mêlée à celles de Cybèle et Bacchus, embrassait les bas-fonds de la prostitution, les coureuses et les charlatans, vendeurs d'amour, de prières, de remèdes d'avortement et de poison.

S'il chassait cette femme, il révoltait l'Épire. Il mettait contre lui un monde de bacchants et bacchantes. Il dut le croire quand l'oracle de Delphes, consulté par lui, répondit qu'il devait faire offrande au dieu qui lui avait fait tant d'honneur, que pour l'impiété d'avoir regardé par ce trou il perdrait l'œil. Mot qui courut en Grèce et qui fit faire la chose. Un adroit archer s'en chargea.

Bâtard ou non, l'enfant (Alexandre) grandit. Sa mère n'avait rien négligé pour faire croire à la fable de sa naissance. Partout elle avait des serpents, en logeait dans des vases, des corbeilles, d'où ils sortaient, se lançaient en sifflant, non sans effroi des visiteurs. L'enfant, élevé au milieu de ces comédies, se crut fils de Bacchus-Sabas. Pour imiter la grâce de Bacchus, l'abandon du beau paresseux, tel qu'on le voit dans les statues, il inclinait le cou à gauche. Cependant, comme Sabas était trop synonyme de menteur et de charlatan, on dit que c'était Zeus-Sabas, et plus tard Alexandre se donna les cornes d'Ammon.

Rien n'était moins grec qu'Alexandre, rien de plus opposé au héros grec (Ulysse ou Thémistocle). Il avait le

---

[1] Voir surtout Movers et Lobeck. J'y reviens tout à l'heure.

vrai sang du Nord, était *très-blanc,* avait un autre trait qu'on ne trouve jamais au Midi, *les yeux humides (hygrotèta),* avec des lueurs (de fureur sanguine, ou d'ivresse). Bref, un parfait barbare, plein d'élan, mais buveur, colère, capable de grands crimes et de grands repentirs. On sait qu'il eut parfois cette indigne aventure (inouïe pour un Grec) de tuer dans l'ivresse un ami de sa main. Le visage très-probablement disait trop haut la barbarie native, car il semble avoir craint qu'on ne le fît ressemblant, et défendit, sous peine de mort, de s'écarter du type officiel de son artiste, le grand fondeur Lysippe.

Jusqu'à treize ans, Philippe l'oublia, le laissa entièrement à sa mère, si négligé qu'il n'apprit même pas les exercices les plus ordinaires en Grèce (il ne sut point nager). Philippe avait un héritier, son bâtard Aridée, bien né et bien doué. Olympias y pourvut secrètement par certain breuvage, qui lui brouilla le sens. Philippe eut alors à songer à qui il laisserait l'œuvre précieuse de sa vie, un État, une force créée par tant d'art et de ruse. Cet homme vraiment supérieur était très-froid, n'avait nulle répugnance pour l'enfant, quel qu'il fût, qui semblait intrépide et que beaucoup appelaient fils des dieux. Il l'adopta. De treize à dix-sept, il le mit dans les mains d'un client de sa famille, un très grand esprit, Aristote, mais si Grec et si réfléchi qu'il était justement le plus impropre à avoir prise sur cette jeune nature barbare. Aristote d'ailleurs l'eut tard, formé par son indigne mère et par sa légende menteuse, déjà dieu, entouré des bas flatteurs d'Olympias. Le maître qu'Alexandre aima filialement ne fut point Aristote, mais son sot nourricier, certain Léonidas qui ne parlait que de l'Asie, de l'Inde, des victoires de Bacchus que le petit garçon allait renouveler. Ajoutez un concert d'oracles qui annonçaient jusqu'aux moindres détails de sa conquête future.

Philippe était arrivé au plus haut. Vainqueur à Chéronée, il avait eu la gloire de la modération, refusant tout triomphe et renvoyant les prisonniers. Sa grande œuvre était faite ; non-seulement il était fort, mais il était aimé. Nombre d'hommes sincères croyaient que la Grèce sans lui ne pourrait accomplir sa mission dernière, l'*hellénisation* de l'Orient. Ce n'était rien que de le vaincre. Il fallait y faire pénétrer les mœurs, les lumières helléniques, coloniser, civiliser, rendre désirable ce grand changement. Nul ne pouvait le faire mieux que Philippe. Élevé chez Épaminondas, il avait, sinon ses vertus, du moins sa patience et sa ferme douceur. Il avait ce qui fit défaut au fougueux Alexandre, *la notion du temps,* des tempéraments nécessaires, sans lesquels la conquête n'était qu'un fléau pour le monde et ne fondait que le chaos.

Philippe avait quarante-six ans. Autour de lui se groupaient au moment solennel de son expédition un monde d'hommes éminents dans les sciences, précisément comme cette Commission d'Égypte que de nos jours forma le Directoire pour le général Bonaparte. Le centre en était Aristote, qui refusa de partir sous Alexandre, mais qui aurait suivi Philippe, et sans doute avec Théophraste, l'illustre naturaliste. L'école d'Aristote y était, son neveu Callisthène, ses élèves Anaxarque, Pyrrhon, nombre d'historiens, le grand marin Néarque, etc. On devinait parfaitement, d'après le retour triomphant de Xénophon et les succès d'Agésilas, que la guerre ne serait pas sérieuse contre un empire dissous d'avance, qu'on pourrait fort à l'aise suivre l'armée, étudier, connaître parfaitement le pays, fixer surtout les points où l'on créerait des colonies. La plus importante était prête. Une masse de Grecs, soldats, marins, marchands, occupaient le rivage de l'Égypte.

Philippe n'avait qu'une épine, sa barbare Épirote qui tâchait d'empêcher son départ en armant contre lui l'Épire, et ce fils de Sabas, ce dangereux jeune homme, très-convaincu de sa divinité et capable de tout pour renverser les résistances. La mère, le fils avaient pour eux les temples. Philippe ayant voulu encourager les siens en emportant un oracle de Delphes, n'en eut que celui-ci, à deux sens, qui causa sa mort : « Le sacrifice est prêt, le taureau couronné. »

Il passa outre, prit femme, eut un enfant. Cela précipita les choses. Olympias le fit tuer, et sous son propre nom consacra le poignard à Delphes. On put juger alors ce qu'on avait perdu, ce que serait le nouveau règne. La mère prit sa rivale avec l'enfant et les fit cuire dans un vase d'airain. Le fils, en un seul jour, vendit trente mille Grecs à l'encan, justement les Thébains qui avaient élevé Philippe, fait la grandeur de sa maison.

Tout s'aplanit devant le fils des dieux. La lassitude extrême, l'atonie et le désespoir ont pour effet de produire en ce monde la maladie qu'on peut nommer : l'épidémie messianique. Tout ce que renfermait la Grèce d'éléments troubles et superstitieux, était pour le jeune dieu inauguré par le massacre. On lui voyait la foudre en main, une force réellement énorme et inouïe. Tous les moyens de la sagesse s'étaient accumulés pour la grande entreprise, infaillible et fatale, attendue, espérée, qui devait s'accomplir par les sages ou les fous. L'heure en avait sonné, et la nécessité en était telle que nulle faute d'Alexandre ne l'aurait fait manquer. Il put impunément en faire d'étranges où tout autre eût péri. Il put livrer bataille aux lieux les plus défavorables. Il put prendre des routes absurdes à travers des déserts sans eau, hasarder son armée, et la mettre aux dernières épreuves ? – Comment cela ? on s'est gardé de vouloir le comprendre. Mais quand on a un peu l'expérience, le sens des forces vives, on devine fort bien que derrière le miracle il y eut autre chose qu'une bonne armée disciplinée. Il y avait vraiment un Dieu et *un esprit*, l'aile de feu et le souffle de feu, ce que j'appellerais *l'âme de la Grèce*, qui toujours allait droit, semblait menée, menait, suppléait, réparait, et qui fut réellement l'infaillibilité de la victoire. Les narrateurs ont mis cela dans l'ombre, tant qu'ils ont pu. Mais Alexandre avec dépit le sentait bien, quand il disait ironiquement cette chose vraie : « Ne dirait-on pas que les Grecs, au milieu des Macédoniens, sont des esprits parmi les bêtes ? »

C'était la singularité de la Grèce que depuis cent ans, dans l'attente des grandes choses qu'on prévoyait, il s'était trouvé beaucoup d'hommes d'équilibre, bons à tout, guerriers et lettrés, philosophes, soldats d'aventure. Tels, comme Xénophon, avaient déjà mordu l'Asie et fait fortune. Tels, comme le sophiste Clitarque, intrépide et cruel, se faisaient tyrans d'une ville. Tel l'excellent tyran, accompli, qui donna sa sœur à Aristote. Mais ces tyrannies de cités n'étaient pas pour les satisfaire. Ils avaient de bien autres rêves, Babylone ou Persépolis. Ils savaient que (un moderne l'a dit) : « On ne travaille en grand qu'en Orient. » Dans ces hommes d'élite, de génie supérieur, était une Grèce ambitieuse qui attendait qu'enfin se rompît la barrière, qui suivit Alexandre et le servit trop bien. Ce que Condé et Bonaparte (pour la campagne d'Italie) eurent, l'insigne bonheur de prendre partout et grouper une élite d'officiers hors ligne, cela se fit de soi-même autour du jeune roi, et c'est par là surtout qu'il fut Alexandre le Grand.

Les Perses aussi avaient à leur solde des Grecs, mais mutins, mécontents, peu nombreux, dont on a enflé, tant qu'on a pu, le nombre. Rien ne fut négligé pour tromper le monde et l'avenir. Force historiens patentés furent emmenés. Les généraux eux-mêmes écrivirent, mentirent tant qu'ils purent. Et encore Alexandre ne s'y fiait pas. Il eut le temps tout le long du chemin (ce qui prouve que la guerre n'était nullement ce qu'on a dit), d'écrire à tout propos à ses amis ou lieutenants de Grèce (Plut., c. 51, 93) les nouvelles qu'ils faisaient courir. Ainsi qu'on a vu

Frédéric au dernier siècle écrire sans cesse en France, et se faire Français de son mieux, Alexandre semblait inquiet de n'être pas tout à fait Grec, et courtisait l'ombre d'Athènes.

Partout il emportait Homère et le mettait sous son chevet. Ce qui montre pourtant combien peu il en profitait, c'est qu'au rebours des vrais Grecs qui tous suivaient Ulysse, il prit pour idéal le brutal héros du pays des centaures, la fougue et la furie d'Achille. Pour imiter Achille et la destruction de Troie, il fit l'horrible sac de Thèbes. Il fit à Ilion, au moment pressé de la guerre, des jeux, de longues fêtes. Quand il eut pris Gaza et le chef de la ville qui avait longtemps résisté, il imita Achille en le traînant derrière son char par une corde et les pieds percés.

Un matin, cet Achille est tout asiatique, tourne le dos à Homère, à la Grèce. Babylone, la grande maîtresse en prostitutions monarchiques, fait sur Alexandre en un jour ce qu'elle fit sur les Perses en cent ans. Spectacle honteux et imprévu. Les vaincus se trouvent vainqueurs. L'Asie, à ce moment si usée, si souillée, à cet état cadavéreux de la pourriture chaldéenne, la vieille Asie a pour amant son maître. Ce sépulcre fardé, l'égout d'amour où le monde a passé, voilà la passion d'Alexandre le Grand. Les modernes sont fous de voir là une sagesse, une politique admirables. Si l'on prenait un peu des mœurs, des idées de l'Asie, ce n'était pas par là à coup sûr qu'on devait le prendre. Il eût fallu le dominer par le haut esprit grec. Il eût fallu (point essentiel) y procéder avec une prudence fort lente, d'intelligents ménagements.

Prendre l'Asie par l'enfant Bagoas, les fausses filles, la Bonne Aventure et la perversité des Mages, se jeter tête basse dans la fange et la fosse immonde, c'était manifester le barbare d'origine, qui dans la barbarie impure, se retrouvait chez lui. C'était rappeler sa naissance, le fils de la bacchante, du charlatan Sabas. Son palais était plein de devins et de charlatans.

Il ne se fiait plus qu'aux vaincus, les armait, impudemment, aveuglément et sans précaution. Il élevait, formait trente mille Perses pour combattre ou chasser les Grecs. Il voulait que ceux-ci, changés en un moment, devenus Perses eux-mêmes, reniant le bon sens, l'*adorassent* à l'orientale.

Ce n'était pas, comme on a dit, chose puérile de vanité pure. C'était chose perverse et calculée. L'*adoration* était la pierre de touche pour l'abdication du bon sens et de la dignité humaine. Les mages, ses maîtres, sentirent que là serait la limite de l'obéissance grecque, qu'arrêté à ce pas, il haïrait la Grèce et serait Perse entièrement.

Quand plus tard les Césars firent ces choses, le monde était si bas, tellement amoindri, que tout était facile. Mais au temps d'Alexandre, devant la Grèce encore vivante, dans cette haute lumière de génie, de raison! précipiter l'homme à la bête, c'était un crime fou, par-delà les Caracalla.

Chose curieuse, des Grecs apostats en furent cause en partie. Quand, dans la colère et l'ivresse, il eut assassiné Clitus, le sophiste Anaxarque qui le voyait pleurer, lui dit, en s'en moquant : Qu'en lui rien n'était crime, puisqu'il était la Loi ; que Jupiter avait Thémis, pour le servir, assise auprès de lui. Ce mot entra profondément. Dès lors il se fit adorer.

Les Grecs obéissaient, riaient. Un seul ne rit pas, résista. Il déconcerta Alexandre, et l'arrêta, aux dépens de sa vie. Son nom ne mourra point. C'était le neveu d'Aristote, le philosophe Callisthène.

Le plus sûr, le plus grave historien d'Alexandre, son capitaine et ami Ptolémée, roi d'Égypte plus tard, dit positivement que Callisthène, pour avoir refusé d'adorer Alexandre, fut par son ordre *mis en croix*[1].

Énorme événement. Plutarque, qui avait Ptolémée et tous les historiens contemporains que nous avons perdus, dit qu'Alexandre désormais recula, que Callisthène se perdit, mais sauva la Grèce de ce dernier degré de honte.

Moi, je n'en fais pas doute. Cet acte solennel fut de portée immense. Ce que la profonde pensée d'Aristote venait de fonder dans la sphère intellectuelle, créant en théorie *la philosophie de l'énergie,* – son neveu le porta sur le terrain des faits, et, du haut de sa croix (plus que Zénon, plus que Cléanthe), il commença le Stoïcisme.

Œuvre riche et féconde, qui n'est pas seulement la lutte, *la défense* héroïque de l'âme et de la conscience, de la Raison écrasée sous les dieux, mais qui bientôt devient l'heureuse fondation de ce que l'ancien monde a laissé de meilleur, *la loi et la jurisprudence,* qu'en grande part nous suivons encore.

La sagesse est posée. Je ne conterai pas la folie. Le nouveau Bacchus pousse aux Indes. Avec quel résultat réel ? Est-ce vraiment le génie de la Grèce qui a vaincu et pénétré l'Asie ? Le chaos sanglant qu'on va voir, l'éphémère empire grec, est-ce là une fondation ? L'Asie n'en a que le mépris, l'horreur, un retour violent à ses dogmes antiques, la fanatique réaction qui bientôt fait l'empire des Parthes.

L'armée plus sage que son chef s'arrête enfin, et le voilà forcé, lui ce dieu tout-puissant, d'obéir et de retourner. Ce retour est extraordinaire de folie et de désespoir. Son

---

[1] Plutarque, qui le dit, a sous les yeux Ptolémée, cette haute autorité, la première de toutes. – Des historiens d'Alexandre, le pire est Arrien (c'est le seul que suit Montesquieu). Arrien vient après des siècles pour fausser cette histoire, pour y mettre sottement du bon sens. Il faut la laisser *ce qu'elle est réellement,* absurde, romanesque et folle.

esprit l'a quitté et c'est à peine un homme. Il bâtit une ville à la gloire de son chien, une au tombeau de son cheval. Il joue Bacchus, prend le thyrse, enguirlande de lierre toute l'armée, fait des bacchantes de tous ces vieux soldats bronzés, tannés. Il affiche, il enseigne du haut de ce trône du monde ce que les rois d'Asie cachaient dans leur sérail. C'est déjà Héliogabale, toutes les infamies d'Attis, d'Adonis aux deux sexes, « l'amoureux de Vénus et l'aimée d'Apollon. » Il pleure Éphestion avec la furie d'une femme, il tue les médecins, brûle le temple d'Esculape, force l'oracle d'Ammon de faire du mort un demi-Dieu. Plus étonnante encore fut la fête d'amour de l'enfant Bagoas, étalée par devant l'armée, scène unique qui manque dans l'histoire des Césars. Exemple si fatal dans un Alexandre le Grand, qui, du poids de sa gloire et d'une autorité immense, allait peser sur l'avenir, qui fit les Césars mêmes, fit les mœurs militaires des armées, la morale des soldats et des rois.

À ce spectacle étrange, monstrueux, l'armée d'Alexandre applaudit, de risée ; – mais aussi d'une joie sauvage de se sentir lâchée dans les libertés de l'outrage, le cruel carnaval qui dura si longtemps. Tous sont émancipés pour toutes les ordures de la guerre. Une fausse Grèce, effrénée, de tout peuple, mettra le monde à sac. Chacun, pour l'infamie, sera Bacchus, Sabas, chacun Alexandre le Grand.

Vaste est son héritage. Il consiste en trois choses :

1° Il a tué l'espoir, la dignité humaine. Chacun, jouet du sort, rencontrant devant soi des forces énormes, imprévues, fortuites, désespère de soi-même, devient faible et crédule. Partout des pleurs, partout des mains levées au ciel. Un immense commerce d'esclaves ; les marchands suivent les soldats. Ces masses infortunées de Syrie, de Phrygie, du haut Orient même, abrutissent l'Europe de leurs folies messianiques.

2° Alexandre tua la raison. Le fait prodigieux de son expédition rendit tout croyable, acceptable. On ne se souvint plus qu'avec dix mille hommes Xénophon, avec six mille Agésilas avaient mis à néant tous les efforts des Perses. On ne se souvint plus que le miracle d'Alexandre avait été arrangé, préparé par un concert de choses raisonnées depuis deux cents ans. On fut stupéfié. À toute chose absurde, insensée, chimérique, dont on aurait ri jusque-là, on baissa tristement la tête en disant : « Pourquoi pas ?... C'est moins qu'Alexandre le Grand. » Des gens d'esprit, comme Pyrrhon, devinrent absolument sceptiques. Il avait suivi, vu la chose, et il ne pouvait y croire ; elle semblait un rêve, et tout dès lors aussi lui parut incertain. La plupart au contraire tombèrent à la foi idiote des fables monstrueuses. Évhémère platement disait que tout dieu fut un roi. Plus platement ils crurent que tout roi était dieu.

« Et pourquoi un serpent divin n'aurait-il pas, pour sa Léda, pris la mère d'Alexandre ?... Mystère ! profond mystère !... Taisez-vous, raison imbécile !... Sans doute les Socrate ne l'avaient pas prévu. Qu'importe ? Alexandre s'en passe. Suffit que ses miracles aient prouvé sa divinité. »

Dès lors nombre de rois sont dieux et fils de dieux. Le thème est fait. On pourra copier. La mère d'Auguste vous déclare qu'elle eut les faveurs du serpent, que le gluant reptile a mis dans son sein les Césars.

3° La sotte imitation est la loi de ce monde. Osiris est copié par Sésostris en ses conquêtes, celui-ci par Sémiramis avec très-peu de variantes, et Bacchus en sa guerre des Indes, en sa conquête de la terre, copie ces vieilleries d'Orient, ainsi que Bacchus-Alexandre sera à son tour imité par les Césars, les Charlemagne, Louis XIV, etc.

Mais le vrai fondateur en toute sottise monarchique est plus que tout autre Alexandre, non-seulement à cause de l'autorité infinie de sa gloire, mais parce que de lui date pour notre Europe la *mécanique royale,* conservée, imitée servilement. L'idée du roi moderne, la cour et l'étiquette nous viennent exactement de lui.

L'ancien roi d'Orient, le roi patriarcal, sacerdotal, a l'onction, le sceptre de prêtre plutôt que l'épée. Le tyran grec est un chef populaire qui a l'épée, la force. Deux genres d'autorité qui, pour la première fois, s'unissent en Alexandre. Dès lors la double tyrannie en un seul, pèse sur la terre, et pèsera. Car le roi moderne, aux temps chrétiens, tout en portant l'épée, a la chappe, le caractère prêtre. (Voir mon *Histoire.*)

C'est par là que les mages prirent si aisément Alexandre. Son entrée triomphale à Babylone est curieuse comme idolâtrie politique, divinisation de la royauté.

Par un chemin jonché de fleurs, entre deux longues files d'autels d'argent où fumaient les parfums, l'énorme Babylone, tout entière, richesse et plaisirs, sciences et arts, musique, astronomes, femmes et lions, léopards privés, jolis enfants fardés, mignons de Milytta, tout cela vint se prosterner. Il en est ébloui, enivré à ce point que ses maîtres et corrupteurs en font tout ce qu'ils veulent. Ils lui font accepter les purifications des mages (si impurs). Ils lui font accepter leurs puérilités solennelles, lui constituent un sérail de trois cent soixante-cinq femmes, au nombre des jours de l'année[1]. Ils l'affublent du *cidarim,* le diadème (de Mithra, de Bacchus), oint de la myrrhe, qui des rois fait les dieux. Maison d'or, trône d'or, sceptre d'or, le bric-à-brac royal, ils lui imposent tout cela, avec les comédies de l'aigle, l'aigle-lion, le griffon, tout ce que les Césars ont mis plus tard sur leurs enseignes, et la féodalité dans ses beaux mystères héraldiques. Plus, une éti-

---

[1] Voyez Diodore, Plutarque, et les textes divers que réunit Hyde, *De regno Persarum.*

quette assommante de sept dégustateurs, de sept grands attachés à sa personne, sept planètes du soleil royal. Un soleil chevelu ; il doit porter les cheveux longs. On aperçoit d'ici les fausses chevelures romaines et la perruque de notre Roi-Soleil.

Le Juif

L'Esclave

Un voyageur, sur le soir, dans un paysage aride, est arrêté par un torrent largement extravasé. Un vieux pont s'élève au milieu, mais rompu des deux côtés. Deux arches, deux ou trois piles subsistent inaccessibles. De quel âge cette construction ? On aurait peine à le savoir. On n'en peut même apprécier la véritable hauteur. L'inabordable ruine, hérissée d'arbustes sauvages, a un grand air solennel. Et, si la nuit se faisait, il grandirait, ce fantôme, et nous ferait presque peur.

C'est précisément l'effet qu'a produit si longtemps la Bible des Juifs, l'effet d'une ruine isolée qu'on ne verrait qu'à distance. On en raisonnait au hasard, n'ayant ni l'optique sérieuse pour la bien examiner, ni les moyens d'étudier les approches d'un tel monument, je veux dire les peuples voisins ou parents mêlés aux Juifs, les grands empires où ils furent transplantés, où ils vécurent. Tout cela manquant, la Judée, restée seule, trompait le regard. Avec la fantasmagorie du miracle religieux, les nuages irisés ou sombres du mysticisme allégorique, elle a rempli tout l'horizon, que dis-je ? elle a caché le monde.

Notre siècle n'est pas resté contemplateur immobile du monument mystérieux. Il ne l'a ni adoré, ni démoli, mais complété, rebâtissant des deux côtés les piles et les arches détruites. La grande ruine du milieu n'a plus son isolement. Par cela seul tout est changé. Plus de fantasmagorie. On approche, on voit, on touche, on mesure. D'un bord à l'autre, embrassant tout le paysage, on voit, dégagés du brouillard, les colosses de l'Égypte, de la Perse, les deux maîtres et docteurs de la Judée. On voit près d'elle, et tout autour, ses parents, les Syriens, Phéniciens et Carthaginois. C'est là le grand coup de lumière. On avait cru que ces peuples étaient tout à fait disparus. Alexandre ayant ruiné Tyr, Scipion Carthage, la Judée restait héritière de tout un monde détruit.

Il n'y eut jamais, il est vrai, une si terrible ruine. Les débris, fragments, épaves, brisés, rebrisés, sont de plus en plus dispersés de tous côtés. Une patience miraculeuse pouvait seule les retrouver. Cette recherche, si difficile, s'est accomplie cependant. Des Bochart et des Selden jusqu'aux Munter, aux Movers, on a obstinément cherché, ramassé, recueilli. Sur Carthage, qui fut détruite avec tant de soin, on a retrouvé des milliers de textes instructifs. Plus nombreux infiniment sont les textes qu'on a réunis sur les dieux, les mœurs, le commerce, le génie de la Phénicie. Ces Phéniciens sont tout à fait identiques aux Chananéens, population indigène de la Judée, qui y subsista toujours au milieu des Juifs et qui en différait très-peu de mœurs et d'habitudes.

Comment la Judée eût-elle pu s'isoler entièrement ? Elle n'est en réalité qu'*une bande étroite de collines que le Jourdain serre à l'est ; à l'ouest, la côte, les ports philistins et phéniciens*. Au plus large, elle a quinze lieues [1]. La côte offre les grosses villes philistines, Gaza, Azot, Ascalon ; puis les puissants ports phéniciens, Sidon, Tyr, etc. Population exhubérante, tournée tout à fait vers la mer, qui s'empara

---

[1] Hier, op. Ad. Dard, 85 – Munk, Palestine, p. 40.

plusieurs fois du triste pays des montagnes, mais plus souvent le dédaigna.

À l'orient du Jourdain, la Judée, hors d'elle-même avait encore quelques tribus qui, dans les basses vallées, trouvaient un peu de pâturage ; mais les hauteurs sont affreuses, noires, d'un lugubre basalte.

Strabon dit avec raison que la Judée en général est un très-mauvais pays. Il est toutefois varié : il pouvait cultiver des vignes qu'on soutenait en terrasses, un peu de blé aux oasis que forment naturellement le Jourdain et quelques ruisseaux. Toutefois, les voyageurs de bonne foi, à toute époque, disent qu'en y entrant on sent comme une grande sécheresse et un ennui infini. Sauf la Galilée et le pays de Naplouse, tout est morne et monotone, terne, gris de cendre.

Le bon sens indique assez que pour préférer ce pays à la riche Syrie de Damas, à la grasse contrée *des géants,* à la charmante Ascalon (*la fiancée de la Syrie*), à Tyr, Sidon, reine des mers, – il fallait des raisons bien fortes.

La Judée, dans les deux points centraux de ses deux royaumes d'Israël et de Juda, semblait offrir deux asiles, deux refuges naturels. Au nord, la close vallée de Samarie est défendue de toutes parts. Au midi, Jérusalem sur un point très-haut qui domine, n'est abordée que par des gorges faciles à défendre, la vallée de Jérémie et la vallée des Térébinthes.

Le Juif admet, appelle, invite autant qu'il peut l'étranger. Il lui promet bonne justice (Deut., I, 16 et 24), lui promet sa part de terre égale à celle du Juif (Éz., XLVII, 22). Il lui promet de l'admettre à ses fêtes, à ses festins (Deut., XVI, 11, 14), et bien plus, à ses prières (Reg., *III,* VIII, 41).

L'étranger sera en Judée comme il serait dans son pays ; *le Juif l'aime comme lui-même* (Lévit., XIX, 34).

Cela est fort. Et quel est cet étranger ? On le voit, c'est

un fugitif qui arrive sans habit, ni subsistance : « *Dieu l'aime et lui donnera de quoi manger et se vêtir* » (Deut., X, 18).

Un peu plus loin, le jour se fait mieux encore. L'étranger peut être un esclave. « *L'esclave qui se réfugie* parmi vous ne sera point rendu à son maître. Il demeurera où il voudra et trouvera le repos, la sûreté dans nos villes, sans qu'on puisse l'inquiéter. » (Deut., XXIII, 15, 16.)

Dès lors, nous voilà rassurés. Avec ce seul mot, le pays le plus triste, le plus stérile, ne sera jamais désert.

Cette politique qui veut à tout prix des habitants est d'autant plus remarquable qu'on la trouve ici chez un peuple économe, avide même (on le voit, aux livres des Rois, dans Jérémie, etc.). Les Juifs sont entièrement étrangers aux sentiments chevaleresques[1] de l'Arabe, encore plus à la grandeur généreuse, souvent imprudente, des races Indoceltiques, qui éclate dans leur poésie, du Râmayana au Shah Nameh, des *Nibelungen* aux chants français de Roland et de Merlin.

Le Juif est dès l'origine homme de paix, homme d'affaires. Son idéal n'est ni le guerrier, ni l'ouvrier, ni l'agriculteur. Nomade jadis, comme berger, plus tard il revient à sa vie nomade, comme colporteur, comme banquier ou brocanteur.

La Bible pose fortement, simplement, cet idéal. C'est Jacob qui a le type et le nom consacré du peuple (Israël). Jacob est homme pacifique « *qui demeure à la maison* », tandis que son frère Ésaü (l'Iduméen) laboure et chasse. Ce frère, tout velu, a la peau d'une bête, Jacob n'a point de poil. Jacob, berger comme Abel, est béni. Ésaü, laboureur comme Caïn, est condamné, déshérité.

L'art, l'industrie, sont condamnés (aussi bien que l'agri-

---

[1] Si David ne tue pas Saül, au moment où il le tient, ce n'est pas par chevalerie, mais parce qu'il est l'*oint* du Seigneur.

culture), dans la figure de Tubalcain. Les constructeurs sont flétris, raillés, et ils n'aboutissent qu'à la vaine œuvre de Babel. Le vrai Juif, le patriarche, est le *berger spéculateur* qui sait augmenter ses troupeaux par un soin intelligent d'acquisition et de calcul. Il plaît à la femme (sa mère Rebecca), et il semble étonnamment femme, plus que prudent dans ses soumissions, ses adorations au frère Ésaü, auquel si subtilement il a ravi le droit d'aînesse.

Le fils chéri de Jacob, c'est l'esclave qui devient vizir. C'est le financier Joseph, devin d'abord, qui s'élève par l'interprétation des songes. Histoire impossible en Égypte, où l'hycsos (le berger), considéré comme impur, aurait trouvé tout fermé, mais fort naturelle en Chaldée, où les Tobie, les Mardochée, les Daniel, sont devins, vizirs, argentiers.

La grande et vraie gloire des Juifs qu'ils ont due à leurs misères, c'est que, seuls entre les peuples, ils ont donné une voix, une voix pénétrante, éternelle, au soupir de l'esclave.

Ailleurs, c'est un mot, un cri à peine émis, comprimé [1]. Ici, pendant plusieurs siècles, continuent les chants de douleurs, admirables et profonds. Tels que la plupart des hommes, dans leurs deuils, dans leurs chagrins personnels les plus sincères, se contentent de les emprunter. C'est que le Juif eut le malheur au complet sous toutes ses formes les plus dures. Berger errant, puis enlevé en Égypte, et ouvrier malgré lui, il est cruellement fixé au travail des

---

[1] Virgile à peine a osé laisser échapper le soupir de l'âme italique, de l'infortuné Tityre, devenu serf du soldat. Nos Polonais contemporains ont un moment élevé la voix d'un désespoir sublime : Krasinski, Mickiewicz, sont les égaux d'Isaïe.

Pyramides. Je le vois en Palestine agriculteur malgré lui. Les lois dites mosaïques font de terribles efforts pour le pousser à la culture. On organise des fêtes agricoles et rurales. Il n'en reste pas moins agité, inquiet, nomade d'esprit.

Pour le misérable esclave, essentiellement lucifuge, la nuit, c'est la liberté. Les psaumes et les chants des prophètes, la plupart sont des chants de nuit.

Il a travaillé sa vigne. La nuit est venue, se ferme. Sous le ciel étincelant, étendu sur sa terrasse, il dort un moment, s'éveille. Les lions qu'il a dans le cœur bondissent... C'est un rugissement (*Rugiebam*). Mais bientôt des larmes viennent (*Ah ! ah ! ah ! Domine deus*).

Dieu n'entend pas. Celui qui souffre, crie, l'appelle d'autant plus : « Levez-vous !... Dormez-vous Seigneur ?... Attendez-vous que je meure ?... Les morts ne vous loueront pas. »

Ce qui est original, et infiniment touchant dans ces longues alternatives, c'est que les aridités, les langueurs, la lenteur de Dieu qui ne daigne l'écouter, il n'en accuse que lui-même. Il se frappe la poitrine. « Assis sous le genévrier, il dit : Reprenez-moi, Seigneur !... Je ne suis pas meilleur que mes pères. »

Combien ceci est différent, non-seulement de l'Arabe, indomptable de l'Hedjaz (Antar), mais de celui de l'Idumée, le noble disputeur Job, dans sa querelle avec Dieu. On sent dans ce violent poëme que Job, accablé à la fin, s'il se tait et fait silence, ne se tient pas pour battu. Dieu lui parle avec fracas de Léviathan, de tonnerre, etc. Ces arguments de la force ne sont pas des arguments. Job garde en lui sa pensée : « Tu es fort, mais je suis juste. »

Tout autre est la pensée du Juif. Il n'a pas l'expansion du désert et du libre Arabe, de sa vaste respiration, de cette vie haute et fière, dont Job se rend le témoignage. La plus grande misère de l'esclave, c'est de se sentir les vices qu'entraîne avec lui l'esclavage, d'y corrompre sa volonté. Aussi, dans ses lamentations, nulle douceur et nulle innocence. Ce ne sont chants de rossignol. On y entend des cris sinistres d'oiseaux de nuit, ou le *planctus* d'un cœur qui dans la pénitence se sent plus impur encore.

Mais l'orgueil a pris le dessus : « Dieu me tiendra lieu de justice ! Dieu ne m'impute pas mes fautes. Qu'il soit béni jusqu'à l'aurore, et de l'aurore jusqu'au soir (*Benedicam usque in noctem*).

Et cependant les ténèbres s'éclaircissent. À l'horizon se dessine un noir caroubier sur un ciel d'un gris lumineux. Le jour enfin va venir. « Si les pleurs coulent le soir, la joie viendra le matin... »

Il est venu. La mer Morte étincelle !... Et même avant que le soleil ait passé la cime chauve des mornes collines, sa rouge image ensanglante tout à coup les lugubres eaux... Ainsi bientôt va venir le Libérateur, le Vengeur, Jao ou Jéhovah !

Cette conception d'un Dieu vengeur, exterminateur, est le besoin profond de l'esclave. Il la couve, c'est son cher trésor. Le vague Jao de Chaldée (*Movers*), qui n'était qu'un souffle de vie, le sombre Jao phénicien, voix de mort et voix de deuil, ici c'est l'âme du désert. Tournez-vous vers le Midi. Tout finit, la vie expire. Ni animaux, ni végétaux, nulle forme visible. En revanche, une puissance invisible se fait sentir, souffle embrasé (qui rappelle le Typhon égyptien). On ne voit rien, et pourtant on ne peut se tenir en face. Il a pu dire à Moïse : « Si tu me vois, que ce soit par le dos... Ou tu es mort ! »

Ce dieu terrible, sauvage, on s'en éloigne sans cesse, et toujours on y revient. « Chose étonnante ? Miracle ? » Nullement. Avec toutes ses lois gênantes, c'est pourtant la liberté juive, la liberté de haïr, maudire les dieux des peuples forts. Pour comprendre cette passion pour un dieu si répulsif, ces retours fidèles, obstinés, il faut songer que le Juif, sur lequel passe et repasse tout le torrent de l'Asie, est le jouet de tous ces dieux, leur victime. Madian, avec son dieu noir, vient, dévorante sauterelle, camper chez lui et manger tout. À chaque instant, les géants (il nomme ainsi les Philistins) le font serf de leur Astarté, de son outrageuse orgie, où Samson, David eux-mêmes ont figuré comme acteurs. Bien plus, en pleine Judée, porte à porte, les vieilles tribus chananéennes subsistent pour l'éternelle tentation du Juif qu'incessamment on mêle aux danses luxurieuses de la Génisse ou du Veau.

Culte d'énervation profonde où l'esclave, entraîné le soir, se retrouvait le matin brisé, plus esclave encore. Avec honte, avec fureur, il revenait au dieu mâle, à son Jéhovah farouche, qui seul lui faisait un mur, un mur invisible de feu contre la douce pression de ces divinités de mort qui l'entouraient de toutes parts.

Tout cela restait obscur jusqu'à ce que, au dernier siècle, un critique pénétrant (Astruc) jeta sur la Bible une lueur de génie. Il vit la dualité, le combat de l'âme juive. Dans ce livre de la Bible qu'on croyait simple, il vit deux Bibles. Et cela est resté dès lors adopté de tous les critiques. Deux religions s'y produisent côte à côte, deux cultes divers. La religion agricole d'Élohim ou des Élohim que suivait la majorité, et qui aisément se mêlait au culte chananéen de la Génisse ou du Veau. Une minorité plus sévère, en haine de l'idole oppressive, faisait effort pour se donner à Jéhovah l'invisible, dont l'arche était cependant décorée de figures grossières, de terreur, deux taureaux ailés. Ce dieu qui, dans les malheurs extrêmes ou dans les paniques, se confondait trop aisément avec le taureau de fer (Moloch), n'en resta pas moins l'âme de pureté orgueilleuse qui soutint, sauva le peuple, lui donna son unité [1].

Les prophètes de Judée sont de véritables martyrs, torturés par les contrastes d'une situation violente. Ils sont les chefs populaires, représentent le vrai esprit juif contre les rois, trop syriens. Ils luttent aussi contre le peuple, contre les tendances barbares des cultes qui le divisent, Élohim et Jéhovah. La grande affaire des prophètes, entre ces dieux opposés, est d'épurer le premier, de lui défendre l'orgie, la folie des nuits Baaliques, d'humaniser le second, d'en écarter le brasier de Moloch. Les prophètes sont là admirables, vrais bienfaiteurs du genre humain, vénérables gardiens du peuple contre ces cultes qu'ils repoussent dans une lutte désespérée, souvent aux dépens de leur vie.

Filii areae maeae! filii triturae meae. « Fils de mon aire et de ma meule, vous que j'ai battus en grange, c'est vous qui êtes mes fils ! »

Ce mot sublime d'Isaïe qui résume les prophètes a eu d'étranges conséquences. Les coups pesants, redoublés, la grêle de douleur et d'outrages, n'ont pu lasser ni briser l'élasticité surprenante du Patient éternel. Aplati, il se relève. Disparu, il se retrouve. Contre le présent cruel, très-

---

[1] Sans s'entendre, les nations marchaient vers l'*Unité de Dieu*, – de l'an 1000 à l'an 500, elle se fait partout et de même manière, négative et destructive, par l'éclipse et la mort des dieux. L'Olympe grec, en sa haute sphère, pâli, desséché, s'éthérise, devient le *Nous* d'Anaxagore, ou par en bas se fond, se mêle en la cuve impure de Bacchus. En Perse, le grand combat cesse ; Ahrimane énervé tend à s'absorber dans Ormuzd. Tous les baals de Babylone, dans le giron d'Anahid ou Mylitta s'ensevelissent. Ceux de Syrie, comme anathème, semblent brûlés en Jéhovah.

Babel l'impure unité. En Judée l'unité de haine.

réel et très-certain, il tient pour bien plus certains la chimère et l'impossible.

Il espère contre l'espérance, et plus la tempête augmente, plus il croit que c'est là qu'enfin va se montrer le bras de Dieu. Il gémirait d'être sauvé par sa propre prévoyance. Il veut le hasard de la Grâce, le salut par un coup de dés. Tendances aléatoires qui corrompent profondément le jugement de l'esclave, *lui font haïr la Raison, désespérer de l'action.*

C'est l'esprit Messianique qui trouble, travaille ce peuple, dès ses plus hautes origines. Le livre des *Juges* surtout le montre admirablement. Chacune des sept Captivités finit par un coup merveilleux, un hasard contre la sagesse. Le principe tout à la fois très-orgueilleux et très-humble de cette curieuse histoire, c'est que le peuple de Dieu, miracle perpétuel, doit avoir une destinée constamment extraordinaire, hors de la prévoyance humaine.

Dieu choisit de préférence, au sein du peuple choisi, pour manifester sa gloire, *le faible plus que le fort, le petit plus que le grand,* le cadet contre l'aîné. Au fier Juda il préfère Joseph ; au vaillant Ismaël, au fort Ésaü Jacob, fin et doux comme une femme. Par lui le petit David tue le géant Goliath. Il aime, pour la même raison, il s'est choisi, approprié, un petit peuple, seul élu. Le genre humain est rejeté.

Il faut suivre la conséquence ultérieure de ce principe. Dieu aime et choisit volontiers *le plus petit en mérite,* qui vaut peu, ne vaut, ne fait rien. Il dit, répète sans cesse que le peuple élu est *indigne.* Il choisit l'*oisif* Abel *contre le travailleur* Caïn. Abel ne faisant nul effort, n'apportant aucun mérite qui exige récompense, qui force la main à Dieu, lui plaît et en est béni.

Et voici qui est plus fort. Celui qui, non-seulement n'a point mérité, mais *qui a démérité* et outragé la loi de Dieu, qui ne peut être élu, béni, que par un étonnant miracle de clémence et de bonté, sera justement celui qui glorifiera le plus la libre puissance de Dieu. Plus que le juste, il est élu. Jacob, qui fraude son frère, trompe son père, est *élu*. Lévy, maudit de Jacob pour trahison et pour meurtre, est *le père de la tribu sainte*. Juda qui vendit Joseph et qui achète sans honte les amours impures du chemin (V. l'histoire de Thamar), Juda est *le chef du peuple*, et lui donne son nom.

Est-ce une préférence expresse pour le mal et le péché ? Nullement. C'est un système, une application rigoureuse du principe d'après lequel celui à qui Dieu ne doit rien, s'il est élu, *manifeste* d'autant plus glorieusement *la miséricorde gratuite*, la toute-puissance de Dieu.

On dira : « Est-ce que ce peuple n'est pas celui d'une Loi qui veut la Justice ? » Oui, mais cette Loi elle-même, exclusivement donnée à un peuple *favori*, à un peuple que Moïse lui-même déclare *indigne*, cette Loi est bâtie sur un fond étranger à la Justice, un fond de préférence *injuste*.

La Loi même, chargée, surchargée de prescriptions minutieuses, d'un immense formalisme étranger à la conscience, ne fait qu'endormir celle-ci. D'autant plus en suivant ces rites et toute cette vaine police, on se sent dispensé du droit. Le fond du Juif est ceci : « Je suis l'heureux à qui Dieu lui-même tiendra de justice. » Pourquoi ? « Je suis *le peuple élu*, le fils de la faveur divine. »

Mais enfin pourquoi *élu* ? Par quel mérite Abraham et Jacob ont-ils obtenu que Dieu fît avec eux une éternelle alliance ? – Sans mérite. *Ils plurent à Dieu*.

Ainsi cette antiquité juive donne déjà dans sa nudité la théorie de la Grâce. Et l'histoire juive à côté en montre le fruit naturel, les chutes et rechutes éternelles, pleurées en vain, et, sous les pleurs, la secrète sécurité de cette doctrine d'orgueil qui se ramène à ceci : « Tout me sera pardonné... Je suis le fils de la maison. »

Que Moïse fasse sa grosse voix, qu'Isaïe tonne et foudroie ! Toutes ces apparences mâles n'empêcheront pas cette doctrine d'être celle de la passion, de la fantaisie *féminine*, du caprice de la femme, qui ne veut donner de l'amour d'autre raison que l'amour, qui se croit reine en choisissant *l'indigne*, qui dit : « Comme tu es néant, tu glorifieras d'autant plus ma faveur, ma bonté, ma grâce. »

C'est la désolation du juste, le découragement de l'effort, – la porte fermée pour toujours *à la grande volonté*.

La justice de Dieu, disent-ils, dépasse toutes nos justices, toutes les petites idées que le cœur de l'homme a du juste. Donc il peut punir l'innocent. Quand il punit le coupable, il est contraint de le faire, il ne peut faire autrement. Mais quand il frappe l'innocent, le fils innocent du coupable, qu'il est grand ! et qu'il est Dieu !

C'est à la Captivité seulement ; quand un événement si terrible ébranla toute existence, toute idée, tout le vieux fond, que deux captifs, deux prophètes, Jérémie, Ézéchiel, par un grand et noble effort, arrachant de leur cœur sanglant ces détestables racines, proclamèrent enfin le Droit.

L'infortuné Jérémie, qui, très-raisonnablement avait conseillé les Juifs et qu'ils appelaient un traître, affranchi à Babylone, n'usa de sa liberté que pour revenir pleurer sur les pierres de Jérusalem. Là, il eut cette belle lueur anti-juive, anti-mosaïque, au-delà de l'ancienne Loi. « Le Seigneur dit : J'ai détruit, mais un jour j'édifierai. On ne dira plus alors : *Nos pères mangèrent le raisin vert, et nos dents en sont agacées.* Chacun n'aura mal aux dents que pour ce qu'il aura mangé lui-même, et il ne mourra qu'à cause de son propre péché. »

« Je ferai nouvelle alliance. J'écrirai la Loi (non plus sur la pierre, mais) dans le cœur et les entrailles. L'homme n'aura plus besoin de se poser en docteur, de dire au prochain : *Connais Dieu.* Car tous alors me connaîtront, les plus petits me connaîtront aussi bien que les plus grands. »

Ézéchiel sur le point de la responsabilité personnelle, *du salut de chacun par ses propres œuvres,* est encore plus admirable. Il prévient toute équivoque, reprend par trois fois la chose, s'arrête avec une force, une lenteur, une gravité digne des juristes romains. On voit qu'il sent l'importance de la pierre sacrée qu'il fonde, scelle à chaux et à ciment. Le prophète Juif, le sage Grec ici s'accordent et s'embrassent. Ce chapitre d'Ézéchiel qui pose Dieu comme juste juge, comme Justice, est précisément dans l'esprit de l'*Eutyphron* de Socrate : « Le divin n'est divin qu'en tant qu'il est juste. »

Les Juifs, emmenés en Chaldée, ou émigrés en Égypte, eurent un grand malheur dans l'exil : *Ils firent fortune.* D'un petit peuple, tari, épuisé, ruiné, ils devinrent, dans ces grands empires, ce qu'ils sont restés, des tribus riches et nombreuses, faisant partout le commerce et le commerce d'argent, entrant par la petite porte, mais entrant pourtant chez les rois, qui apprécièrent leur mérite, leurs formes humbles et leur souplesse. Ils devinrent le *medium* général des affaires humaines.

Sans quitter le formalisme mosaïque, la foi des prophètes, le Juif en eut une autre encore, la foi au gain, à l'argent. Dans les grands bouleversements, il se dit que la richesse était seule une sûreté. « Elle est pour le riche une ville, une fortification, comme une muraille dont il est environné. » (Prov., XVIII, 11) – Quelle richesse ? La plus facile à garder ou à sauver, mobile et légère, c'est l'or. – Quelle ? encore mieux, *l'invisible,* l'or placé dans des mains sûres. Si les Phéniciens, comme on dit, ont inventé l'écriture, les Juifs presque aussitôt ont inventé *le billet.*

C'est un fait tout naturel de la vie d'esclave, inquiète, vie de lièvre entre deux sillons. De bonne heure, le Juif trouve aussi la politique de l'esclave, infaillible dans les cours, *donner, donner secrètement :* « Un présent secret calme tout » (Prov., XXI, 14). La servilité monarchique de bonne heure est leur caractère, le culte illimité des rois. « Crains Dieu, et crains le Roi, mon fils (XXIV, 22). Sa colère est signe de mort, son doux regard donne la vie, sa clémence est la pluie d'automne qui peut faire tout refleurir (XVI, 14, 15). Mais ne va pas t'élever en honneur devant le Roi ; ne sois pas un Grand de la terre » (XXV, 6). – Une foule de maximes semblables enseignent une extrême prudence, une obéissance parfaite, même une admiration réelle de la puissance monarchique. Le Juif sera aimé des rois. Il n'est pas de meilleur esclave, plus docile, plus intelligent. Souvent il croit que le Roi est de Dieu, mais *comme fléau* (Prov., XXVIII, 2). Et ce fléau, il l'honore, ne marchandant pas la bassesse, parce que, gardant sa Loi en lui, il croit ne pas pouvoir s'avilir au dedans. Distinction en pratique délicate et difficile : d'être par derrière un saint ; par devant, le souple instrument de toutes les tyrannies du monde.

La belle encyclopédie juive que l'on appelle la Bible est partout fortement marquée de ce très-grand esprit d'affaires, d'habileté, d'expérience, qui devint celui des Juifs quand ils connurent, brassèrent les grands empires par la banque et l'intrigue, – pieuse intrigue, humble, prudente, déclinant les grands rôles. Ces livres faits ou refaits, arrangés, d'après des fragments anciens, ou bien de souvenir, furent lus, adoptés, arrêtés par *la Grande Synagogue* qu'Esdras tint longtemps assemblée. On y a conservé nombre de traits antiques. On a gardé aussi, avec la ténacité juive, bien des choses que le sacerdoce eût pu par pudeur écarter.

Ce qui frappe le plus, c'est un vrai génie du récit, vivant, mais grave et sobre, de souffle contenu. Joseph, Jacob, l'homme de ruse, délecte, inspire le narrateur. Mais son favori est David, Juif-Arabe, fin, vaillant, impur, issu de Ruth la Moabite (partant de l'inceste de Loth), « le chef des gens ruinés qui s'enfuient au désert ». Ce rusé politique, plus prêtre que les prêtres, charme, édifie le peuple en dansant devant l'arche, en chantant et faisant le fou.

Tout cela est merveilleusement fin, fort, même d'un libre esprit. Ce qui y fait tort, c'est le plaisir avec le narrateur goûte, savoure avec bonheur, passe et repasse sous la langue telle sensualité, telle rancune envieillie. Il jouit de conter des vengeances impossibles. On ne peut croire un mot des massacres épouvantables que les Juifs auraient faits dans le pays de Chanaan, de cette extermination prétendue des tribus qui subsistent après. Leurs nombreuses servitudes les mettaient fort loin, à coup sûr, de la vie guerrière des Arabes et de ces gloires de bouchers. Ces récits sont pure vanterie, une revanche en paroles de tant de maux réels. Vous retrouverez de telles choses dans les chroniques monacales du temps de Charles le Chauve (dans *le Moine de Saint-Gall*). Ce bon moine, en sa cellule, ne dit que mort et ruine. Le sang chez lui va comme l'eau. L'un de ses héros de couvent est si fort qu'il perce et porte jusqu'à sept guerriers à la fois, tous embrochés à sa lance. Cela fait penser aux histoires extraordinaires de Josué.

Du reste, ce qui attriste, ce qui peut sécher l'âme, ce sont bien moins les massacres improbables, les sensualités mauvaises, que l'aridité générale. Sauf telle partie de la Genèse, des Juges, et les premiers livres des Rois, l'esprit est dur et sec. Souvent la flamme y est, mais la flamme du buisson qui flambe un moment, brille et brûle, effraye, n'échauffe ni n'éclaire.

Et dans la forme et dans le fond, la sécheresse est radicale [1]. Tout le progrès des Juifs aboutit à la stérilité profonde.

D'un côté, le parti zélé de la Loi, plus estimable qu'on n'a dit, les Pharisiens, qui (d'après la donnée de Jérémie, d'Ézéchiel) semblaient d'une pente naturelle aller aux doctrines fécondes de l'Équité grecque et romaine, s'arrêtèrent dans le formalisme étroit des prescriptions Mosaïques.

D'autre part, le parti mystique, plus indépendant de la Loi, celui qui semblait graviter vers l'amour et la Grâce, loin d'y trouver le flot du cœur, tomba dans l'excentricité étrange d'un culte de grammaire, l'adoration de la langue et la religion de l'alphabet.

L'hébreu, essentiellement fragmentaire, elliptique, est le

---

[1] Rien ne m'a plus coûté que ce chapitre. J'aime les Juifs. Je n'ai perdu aucune occasion de rappeler leurs martyres, leurs vertus de famille, les admirables talents qu'ils ont déployés de nos jours. Comment ne pas être touché de la destinée de ce peuple, auteur du monde chrétien, et tellement persécuté, crucifié par son fils ? Dès qu'on veut être sévère, on le regrette, on se dit : « Ses vices sont ceux que nous lui fîmes, et ses vertus sont à lui. » – Respect au peuple patient sur qui, tant de siècles durant, le monde a toujours frappé ; qui de nos jours a tant souffert en Russie. – Respect au peuple fidèle dont le culte antique nous garde le type d'où l'on partit, où l'on retourne, *le pontificat domestique*, celui où va l'avenir. – Respect à la vive énergie qui, du fond Oriental, a suscité de nos jours tant de talents imprévus, savants, artistes en tout art. – Et pourtant comment se taire ? C'est par les anciens livres juifs qu'on autorise partout, qu'on sanctifie l'esclavage. Aux États-Unis du Sud, les maîtres citent les textes bibliques. En Europe, la Sainte Alliance fut jurée et se jure encore sur les livres juifs et chrétiens. Le Juif, par toute la terre, *a été le meilleur esclave*, l'appui de ses tyrans même. Pourquoi ? plus qu'aucun autre homme il eut la liberté secrète du sentiment religieux qui fait porter légèrement la servitude et l'outrage ; – de plus, l'industrieux esprit qui exploite le tyran et qui fait de l'esclavage le champ de la spéculation. – Il a de grandes destinées, sa race étant une des plus acclimatables du globe, comme l'observe M. Bertillon, dans son précieux livre sur ce grand sujet de l'*Acclimatation*.

plus rebelle idiome. Il exclut la déduction. La plus cruelle sentence de Jéhovah sur les prophètes fut de leur infliger une langue impossible. « Je suis bègue », lui dit Moïse. Tous les prophètes le sont. Tous font de terribles efforts et désespérés pour parler. Efforts parfois sublimes. Des dards de feu jaillissent... Les éclairs, la nuit qui les suit, les pénètrent eux-mêmes d'une sainte horreur. Cette langue leur semble ou divine, ou Dieu même. Le scribe appelle Dieu *la Parole*.

Est-ce la Parole d'Ormuzd, rapportée de la Perse ? On le croirait. À tort.

Ce que le Perse nomme ainsi, c'est l'émission de la vie, la divine manifestation de la lumière et de l'être, identique à l'Arbre de vie (Hôma), au fleuve universel qui part de lui, coule à ses pieds.

Cette riche vie qui avait fait le paradis de l'Asie, d'arbres, de fruits, d'eaux courantes, est étrangère au Juif. L'arbre est maudit. La Parole n'est plus vie, amour, génération. Elle est l'ordre, *le mot de Dieu*. Plus de préludes. L'être qui jusque-là venait par les voies progressives (fécondation, incubation), naît tout à coup, à sec, adulte, et comme il restera toujours. Il jaillit effrayé du néant et se précipite à genoux. Il est un coup d'État, un fait arbitraire, accidentel, de cette volonté terrible.

Quelle volonté, quel mot, quel nom ? C'est là la question, la grande inquiétude de l'homme. Le mystère universel est de connaître de quelles syllabes, de quelles lettres est le nom de Dieu. Une puissance épouvantable y est, et l'on y participe dès qu'on peut prononcer ce nom. Maudits soient les profanes qui en trahiront le secret ! Les Septante veulent qu'on lapide celui qui le révélera.

Ce nom s'étend. De trois lettres (pour exprimer, embrasser les perfections divines), il croît jusqu'à douze lettres, jusqu'à quarante-deux. L'alphabet est divin. Chaque lettre est une force de Dieu. C'est au moyen de l'alphabet qu'il a créé. L'homme même, par l'emploi de certaines lettres, pourrait créer, pourrait guérir. Les trente-deux *voies de la Sagesse* toute-puissante comprennent aussi les nombres (qui sont les lettres encore) et certaines *formes de grammaire.*

Enfance de la décrépitude !... Des pratiques puériles deviennent toute la dévotion. Les scribes s'appelaient *les compteurs,* parce qu'ils passaient leur vie à compter les mots et les lettres que contenaient les livres saints (Franck, *Kabale,* p. 69).

Tout s'allie dans le radotage. Cette magie de l'alphabet, cette bizarre superstition des lettres, se mêlait on ne sait comment à un mysticisme unitaire où l'homme croyait se perdre en Dieu. Des choses analogues, du reste, se voient aux temps chrétiens. Les scolastiques arides, dans leurs creuses cervelles, s'imaginent délirer d'amour. En un cœur âpre, un esprit de recherche, qui veut la pointe et vise à l'étincelle, saint Augustin, saint Bernard, à l'exemple des rabbi juifs, osent croire que Dieu va descendre, consommer avec eux des Noces spirituelles. Ils osent, à la grande Âme, la Mère des mondes, offrir ce bel hymen, un tel lit nuptial d'aiguilles et de silex. Ils prétendent (insolents !) la posséder, cette éternelle amante ! ils entonnent le chant d'amour sur leur aigre psaltérion.

Quel chant !... Ceci est le plus fort ! Ce cas pathologique fera l'étonnement de l'avenir. Ils sont si loin de la nature, si dévoyés d'esprit, que tous, juifs et chrétiens, pour une chose si grave et redoutable (à faire pâlir les anges), un mariage avec Dieu ! ils choisissent le chant de luxure, le chant des voluptés morbides, abandonnées, de la Syrie.

Spectacle, en conscience, diabolique et démoniaque, de voir ces rabbi, ces docteurs, ces évêques, ces pères, presser, tordre ces impuretés, et d'une bouche effroyablement grimaçante, dire solennellement les mots de l'oreiller, les plus secrets aveux d'une fille éperdue de la furie d'amour, qui ne se contient plus.

LE MONDE FEMME

Dans le plus populaire des livres, la Bible, la partie la plus populaire a été incontestablement le Cantique des cantiques. Les mondains et les non-croyants, tout aussi bien que les croyants, l'ont admiré, lu et relu, comme la haute expression de l'amour oriental, ou, tout simplement, de l'amour.

C'est visiblement un recueil, décousu, de chants d'amour, mais placés dans un ordre qui donne à l'ensemble un certain degré d'unité.

Ce qui frappe, c'est que ce livre tellement adopté des Juifs qui, n'ayant nul chant de joie, ont pris celui-ci pour leur Pâque, ce livre, en grande partie, n'est nullement juif. Il est d'un élan et d'un charme, d'une liberté singulière, qui détonnent et contrastent avec la sombre bible des Hébreux, généralement sèche et tendue. Ici, il y a au contraire une effusion, un abandon (je ne dis pas de cœur, je ne dis pas d'amour, mais de passion et de désir) sans bornes. C'est un chant de Syrie.

La Sulamite est Syrienne. La Juive est bien plus contenue. Son amant, à coup sûr, ne l'eût pas comparée « à la cavale arabe, indomptée, de Pharaor ». – Ce n'est pas d'elle qu'il eût dit, l'admirant avec tremblement, « quelle était plus terrible qu'une armée en bataille ». Les Juifs par les lois les plus dures ont contenu la femme, lui imputant la Chute et la craignant toujours, comme impure (Lévit., XII, 5) et suspecte, à ce point de donner au père l'étrange avis : « Ne souris jamais à ta fille » (Eccl., VII, 26).

Le Cantique, à coup sûr, ne fût point sorti d'une noce juive. Cérémonie sévère où la femme achetée, emmenée par celui qui lui passait l'anneau à l'oreille (ou au nez)[1], subissait un jugement assez dur (trop public) sur sa virginité. La Juive, si charmante, et touchante d'humilité[2], n'existe pas en droit ; elle n'est pas comptée dans les dénombrements du peuple.

La Sulamite du Cantique est bien plutôt la fille de Syrie, armée des sept Esprits, pour envahir, troubler, tenter, enivrer l'homme, en faire un faible enfant. Et c'est tout le sens du Cantique, sens qui en ressort fortement dès qu'on écarte les surcharges grossières dont on l'a obscurci.

Les Juifs, ayant eu la très-bizarre idée de chanter au saint jour ce chant luxurieux, ont cru le sanctifier en supposant d'abord que c'est un chant de *noces* honnêtes et légitimes. Puis de noces *royales,* ce qui purifie tout. Puis les noces bénies du *saint roi Salomon.* De là les ornements grotesques,

---

[1] Aujourd'hui encore, la femme orientale porte souvent l'anneau au nez, comme pour dire : « Je suis obéissante, soumise, et j'irai où l'on veut » (V. tous les voyageurs ; Savary, I, 298 ; Lefebvre, I, 38, etc.). – L'épousée différait peu du captif qui recevait l'anneau au nez ou à la lèvre (Rawlinson, *Assyrie,* planche du t. I, 297). Dans la Genèse (c. 24, v. 47), le serviteur d'Abraham passe l'anneau au nez de Rebecca, et saint Jérôme traduit ridiculement : « Je lui ai mis des boucles d'oreilles » (V. Bible de Cahen). – L'anneau qui défigure la face et exclut le baiser, humilie fort la femme, la fait bien plus passive, une femelle domptée qui subit le plaisir. La mutualité en disparaît. Pour les circoncis (moins sensibles que les incirconcis (V. le chirurgien Savaresi, *Peste d'Ég.,* 57), il est lent et indéfini, solitaire dans l'union même, comme une longue rêverie mystique où l'on ne voit que sa pensée. – Lorsque l'amant du Cantique dit à l'amante qu'elle a « le nez fier comme la tour du Liban », cela veut dire qu'elle est vierge, n'a pas reçu l'anneau au nez, n'est pas soumise encore à l'humilité conjugale.

[2] Le Juif dit au matin : « Merci, Seigneur, de ne m'avoir fait femme. » Et la Juive : « Merci Seigneur, de m'avoir faite comme tu as voulu. »

les cinquante hommes forts autour du lit, etc. Puis du luxe, de l'or. Saint métal ! Au moment où l'amante ne dispute rien, livre tout, l'amant qui admire et adore, dit platement : « C'est beau comme les œuvres des orfèvres » (C. VII, V. 1).

Additions misérables, mais qu'il est aisé d'écarter. Le livre, dégagé, reste admirable de sa beauté locale, toute syrienne, brûlant d'amour physique, fort mal édifiant, plein d'un souffle morbide, d'une certaine fièvre, comme d'un vent d'automne, mortel et délicieux.

L'histoire n'est pas obscure, comme on a tâché de la faire. Elle est trop claire en vérité.

C'est le printemps, le moment où en Syrie (en Grèce et partout) on faisait une fête d'ouvrir et goûter les vins de la dernière vendange. C'est le moment où le sang rouge d'Adonis coulait à Byblos avec les sables du torrent, torrent d'amour lui-même, du plaisir éperdu, de pleurs. Un beau jeune homme (fils d'un émir, je pense), fort jeune, il est encore « d'ivoire » (*eburneus*), blanc, délicat, est venu aux celliers qui sont creusés dans la montagne près de la ville, pour ouvrir et goûter le vin. Sur son passage il voit une belle fille, brune, richement dorée du soleil d'orient, qui près de là garde sa vigne. Il l'invite à venir, à entrer, à goûter. Elle est fort ignorante. Ce mignon à la voix si douce lui semble une fille, une jeune sœur. Elle obéit, le suit, et je ne sais ce qu'il lui fait boire, mais elle sort palpitante. Elle dit : « Encore ! et baise-moi d'un baiser de ta bouche !... Te toucher [1], c'est plus doux que le vin que tu m'as fait boire... Quelle suave odeur vient de toi ! je te suivrais à ton parfum. »

---

[1] Toucher *ton sein*, « *Ubera tua meliora sunt vino* ». Personne n'a compris cela. Il faut songer qu'on est en pays d'Adonis où l'enfant et le jeune homme sont plus féminins que la femme. Dans les molles et chaudes contrées, la femme est le vrai mâle (ex. à Lima, etc. V. Ulloa) ». Ici, la belle et puissante fille des champs voit cette fine créature de classe supérieure comme un objet de volupté. « Je plaignis Bajazet, je lui peignis *ses charmes* » (Racine).

L'admiration de l'innocente, c'est le sein si blanc du féminin jeune homme (*ubera*), « ivoire nuancé de saphir » (*Venter ejus eburneus, distinctus saphiris,* v. 14). Elle se compare et rougit, s'excuse de ne pas être blanche. « Si je suis brune, le soleil en est cause. Mes frères qui me font la guerre m'ont fait garder cette vigne... Et voilà que ma vigne à moi, je n'ai su la garder... »

Je vois d'ici son triste et fin sourire. Nulle plainte. Mais je devine : son petit cœur est inquiet. Si ses frères sont ses maîtres, c'est qu'elle est orpheline. Ne sera-t-elle pas maltraitée ? J'en ai peur. Elle aussi. Elle a l'air de sentir que maintenant c'est lui qui doit la protéger. Elle se serre à lui, et elle ne veut pas le quitter. « Dis-moi, toi que j'aime tant, de quel côté sont tes tentes (elle croit dans sa simplicité qu'il conduit ses troupeaux lui-même) ? Dis-moi, où couches-tu au repos de midi ?... » Et, comme il se tait, elle ajoute avec une gentille menace pour le rendre jaloux : « Que je n'aille pas me tromper et m'en aller égarée vers les tentes de tes compagnons. » Mais elle n'en peut rien tirer. Il la paie de flatteries, de tendresses et lui promet de beaux colliers.

Elle est une pauvre fille. Lui riche. Manifestement il a peur qu'elle ne s'attache ainsi à lui. Est-il en âge d'épouser ? N'aimerait-il pas mieux oublier ? On ne peut le dire.

« Voilà une histoire bien commune. » Mais la suite ne l'est pas du tout. Une charmante et terrible puissance se révèle en cette fille. Elle est enlevée, transformée par l'amour et la passion. Les sept Esprits y sont, comme dans la Sarah de Tobie, la Madeleine qui d'un mot fit un monde. La force de celle-ci, c'est de n'en avoir pas, de suivre éperdument l'orage, de ne rien dérober, de dire : « Je meurs d'amour », de dire... ce que femme ne dit jamais. Dès lors le petit poëme, comme la trombe ailée des démons, se précipite, emporte tout.

L'aimé vient, revient malgré lui... En vain, il échappe, il

élude. Même un moment (l'impie!) il rit de la pauvre petite, il se vante avec ses amis[1]. Il a beau faire. Il est conquis. La merveille, c'est que réellement en sept nuits, elle a grandi de façon surnaturelle. Elle est noble et fière, elle est reine ; il est étonné d'elle ; il en a presque peur, tant elle est imposante et belle ! Bref, c'est sa dame de maison.

On sait ce chant par cœur, la belle scène où elle est gisante, malade, oh! si malade, et s'évanouissant, soignée par ses amies, – la nuit, orageuse et terrible, où toute prête et parfumée elle l'attend, l'entend, croit le sentir, tressaille... Malheur ! il est parti ! Elle court la ville ténébreuse, rencontre des soldats, est battue, est blessée. Il a bon cœur, il est touché, revient, apporte des bijoux, des chaussures et de beaux habits. Là, il est ébloui d'elle, il ne rit plus, il se prosterne[2].

---

[1] Il en parle vraiment avec une outrageuse légèreté, et déjà avec l'insolence de la satiété : « Mangez et buvez, mes amis ! J'ai fait ma récolte complète, cueilli ma myrrhe et mes parfums, bu mon vin et bu mon lait... J'ai mangé si bien tout mon miel que j'en ai mangé le rayon. » – Ignorant ! Mais tout reste encore ; tout reste, le plus délicieux... Du reste, il a beau dire, faire le fier. Une invincible attraction est sur lui, le ramène. Il vient, revient la nuit, ne veut pas qu'on l'éveille. Il est ému, il est tremblant, quand, après de vaines caresses, elle devient tout à coup si sombre : « Ne me regarde pas ainsi ! Tu es une armée en bataille. C'est déjà ce qui m'a fait fuir... Tu sembles venir du désert, des lions et des léopards !... Sœur ! amie ! pour blesser mon cœur, il suffirait d'un doux regard, du moindre de tes beaux cheveux. »

[2] Gisante encore, languissante, ayant perdu ses vêtements dans cette nuit si cruelle, on ne pouvait les supporter dans la lourde chaleur du soir, elle attend, elle est à lui. Il est saisi de pitié, de tendresse et d'admiration. Il énumère ses charmes, décrit en avare son trésor. Si abandonnée, si soumise, elle n'en est pas moins digne et elle inspire tout respect. Il met à ses jolis pieds nus, d'élégantes et riches chaussures. Elle marche, c'est une fille de prince (*filia principis*). « Ô ma belle ! que tu es noble ! que tu es reine dans l'amour ! Tes cheveux sont la pourpre

Ce moment tranche tout. « Partons, dit-elle, allons (et le dernier chapitre montre très-bien qu'elle va s'établir chez lui). Vivons dans les campagnes ! Quel bonheur de voir le matin la fleur de la vigne et des fruits... Ah ! les miens seront tout à toi » (*Dabo tibi ubera*).

Le soir est venu. Ils arrivent dans la campagne solitaire. Elle dit amoureusement : « Je sens la mandragore » (qui rend les femmes fécondes). Tendre insinuation qui, ce semble, n'est pas perdue. Le lendemain matin, en la voyant tout autre, et déjà mère peut-être, comme transfigurée de je ne sais quelle grâce solennelle, il s'écrie orgueilleux avec l'emphase d'Orient : « Oh ! quelle est celle-ci, molle et voluptueuse, qui monte du désert appuyée sur son bien-aimé ? »

Tout cela c'est nature, c'est le sang du midi, c'est ce climat d'amour. Seulement, je l'avoue, on ne peut pas le lire sans avoir la tête pesante. – J'aime mieux l'amour pur de Râma, de Sîta, la scène où la sainte montagne, vierge autant que ses neiges, versait sur eux la pluie de fleurs ! – Ici il y a trop de parfums, d'aromates âcres et forts, et de vins médicamentés. Je ne sais si la Sulamite a, comme Esther, passé « six mois dans l'huile et six mois dans la myrrhe », mais l'huile parfumée qui nage dans la coupe d'amour fait qu'on hésite à boire. De verset en verset, la myrrhe, toujours la myrrhe, le parfum des embaumements. Il y en a au moins pour trois morts. Le nard, la noire

---

sombre qui consacre le front des rois ! Ta tête est comme le Carmel ! Ton nez est fier comme la tour qui, d'un promontoire du Liban, regarde et brave Damas !... Ta gorge est la grappe pleine de nos riches raisins de Judée... Ta taille est celle du palmier... Oh ! oui, j'irai sur mon palmier, et je cueillerai mes fruits, et ton sein sera ma vendange ! » – Ce mot tombe comme une étincelle. Elle se jette à son cou, elle s'écrie : « Douce parole ! C'est comme un vin délicieux qu'on savoure, qu'on passe et repasse entre les lèvres et les dents... Partons donc. » (On voit la suite dans mon texte.)

racine indienne (de valériane, herbe aux chats), d'effet si puissant sur les nerfs. La cinnamone et je ne sais combien d'aromates de toutes sortes, depuis l'odeur fade du lis juqu'à l'amer et brûlant aloès, qui lance tous les dix ans sa fleur [1].

Mais l'amour n'a-t-il pas assez de son ivresse, sans recourir à ces drogues étranges, propres à brouiller le sens, pervertir la volupté même ? Tous deux s'aspirent, s'odorent, ne se distinguent plus des parfums. « Je te suivrais, dit-elle, à ta suave odeur. » Et lui, languissamment, il dit tout au complet les exquises senteurs, divines émanations, qui lui viennent de l'objet aimé (*emissiones tuæ paradisus*, etc.).

Tout cela malsain, maladif. La tête se prend fort. Et voilà que cette ignorante, cette vierge d'hier, en présence du jeune endormi, a tout à coup des idées diaboliques. Est-ce sa faute ? ou celle de sa race ? Innocemment impure, elle a du sang de Loth et de Myrrha. « Oh ! que n'es-tu mon frère ! » etc. Elle a l'air de gémir de ne pas pécher davantage. Bien plus, comme *ultima ratio*, plusieurs fois, elle emploie un surprenant appel, touche hardiment aux plus saints souvenirs (c'est la chambre où ma mère... Voici l'arbre où ta mère... etc.) [2]. Impureté suprême, et qui sent le sépulcre.

Ce mot dit au matin de la dernière nuit est le *consum-*

---

[1] En quatre pages, il y a sept fois le mot myrrhe, dix-sept fois ceux d'encens et autres parfums, plusieurs peu agréables, le purgatif aloès, etc. Bref, une complète pharmacie.

[2] C'est bien plus fort que Cham montrant l'ivresse de Noé. Il y a là du vieux génie des mages et de l'impiété de Babel. Le principal passage est au matin qui suit la septième nuit, la longue nuit où il l'a eue chez lui, dans sa campagne solitaire. L'amour est bien calmé. Mais elle tourne comme une panthère : « *Quis mihi det te fratrem sugentem ubera matris meae... Apprehendam, ducam... Docebis...* » – Puis : « Voici le grenadier sous lequel... *Ibi corrupta est mater tua, ibi violata est genitrix tua* » Cap. VIII, v. 1, 2, 5.

matum. Il est suivi de la formule décisive qui finira tout, et qu'on pourrait traduire : À la vie ! à la mort !

« Mets-toi sur ton cœur comme un sceau. L'amour est fort comme la mort... » c'est-à-dire *irrévocable.* Il la prend, il la serre, et la voilà épouse. Il voudrait avoir tout, la mer et ses trésors, pour les donner. Du moins, il lui donne ses biens, ne veut rien avoir qu'avec elle (*omnem substantiam*) [1].

Elle est tendre, mais qu'elle est fine !... Elle songe à sa famille. « Nous avons une petite sœur qui n'a pas de mamelles encore. Qu'en ferons-nous quand viendra l'âge où on pourra lui parler ? » Elle se souvient très-bien des deux sœurs, femmes de Jacob, de Lia et Rachel. Quand viendra la seconde femme, comme il arrive en Orient, elle aime mieux la donner elle-même, prendre l'enfant qui lui sera docile, faire le bonheur de la petite pour qui elle est mère plus que sœur. Il sourit, il comprend, et (sous forme délicate, orientale) promet ce qu'elle veut.

À quel point donc celle-ci est-elle maîtresse, épouse, et sûre de la situation ! « Je me sens forte comme un mur qui défendrait une ville. Mes mamelles ont gonflé, monté, comme une tour, quand j'ai trouvé ma paix en toi ! »

Cependant on entend du bruit. Ses jeunes amis l'ont découvert, ils viennent le chercher, ils l'appellent. Mais elle peut lui donner congé. Tout est fait. Qu'il aille et s'amuse : « Va, mon doux faon de biche, aux monts parfumés... Fuis, gazelle ! »

L'explication que je donne est prise non dans les nuages de la vague fantaisie, mais dans le texte, suivi, serré de

---

[1] Personne n'a compris. Mais plusieurs ont trouvé mieux que le texte. M. Dargnaud dit ici avec une charmante délicatesse que n'a pas ce texte si matériel : « L'homme donnera sa vie pour l'amour, et il croira n'avoir rien donné. »

près, ramené au vrai caractère local : *sensualité de Syrie,* et par moments *âpreté Juive.* C'est à Salomon même, à sa vaste expérience de la femme que j'ai demandé de m'interpréter le Cantique. J'entends ici par Salomon les livres qu'on lui attribue, les Proverbes, l'Ecclésiaste, etc. Ces livres, amers parfois pour la femme (surtout Syrienne), n'en caractérisent pas moins avec force son mystère, qui se traduit d'un mot : Magie des *Sept Démons.*

Et ce n'est pas seulement dans la femme de plaisir, la Dalila, la Madeleine, ni dans celles d'intrigue et d'audace, Hérodiade ou Jézabel, c'est aussi dans la vierge même, la jeune Sarah de Tobie.

Sept démons dans cette innocente. Tous amoureux, jaloux, dominant tout à tour. Tous d'Astaroth à Bélial, et d'Adonis à Belphégor, tous s'agitent et se la disputent.

Les Sept dieux de Syrie (poissons-serpents-colombes, ou arbres enchantés) sont « nés du dieu Désir ». C'est lui qui doue celle-ci. Quand elle sort du cellier rougissante, et dit : « Encore ! » un iris est sur elle... Est-ce l'éclair arabe de Jéricho, de la fille aux yeux sombres ? Est-ce la mollesse mourante des pleureuses de Byblos ? Est-ce l'énigme bizarre, voluptueuse, que porte encore la Juive orientale, qu'on voudrait deviner ?

Tout cela y est, mais bien plus, ce qui sera la Tentation elle-même, l'humble aveu de la femme qui l'abaisse, mais la rend si forte. La magicienne éperdue de Théocrite ou de Virgile qui fond comme au feu du brasier, qui par l'effet désespéré rappelle un absent trop aimé, garde plus de noblesse et aussi trouble moins que la malade du Cantique, défaillante parmi ses amies et qui dit sans détour : « J'en meurs. »

Elle unit les deux caractères de celle qui, entre toutes, doit opérer la Chute : elle a de l'Ange et de la Bête. Elle est reine, et elle est esclave, soumise et brûlant d'obéir. C'est par là qu'elle règne, qu'elle est irrésistible.

Elle a la force enveloppante. Salomon le dit à merveille, lui qui l'avait tant éprouvé. « Elle est comme le rêt du chasseur. Elle est le filet du pêcheur (Eccl., VII, 27). – Trois choses sont insatiables, et une quatrième encore qui ne dit jamais *assez* : « L'enfer, le feu et la femme, la terre qui boit altérée » (Prov. XXX, 16).

La merveille dans le Cantique, c'est qu'au moment où elle semble abandonnée à la nature, où la douce femelle Syrienne paraît égarée dans le rêve, – la parfaite lucidité Juive subsiste, timidement se révèle. Si jeune, comme elle sait déjà le cours de la vie d'Orient et la brièveté de l'amour!

Cela s'accorde tout à fait avec ce que les Proverbes de Salomon disent ailleurs de l'esprit avisé, habile, de la dame de maison, de son aptitude aux affaires. Elle augmente la fortune, fait, fait faire des tissus, les vend. Du fruit de ses mains, elle acquiert, achète une vigne, elle devient propriétaire, et elle s'habille de pourpre. Mais tout cela, sans nuire aux intérêts de son mari, – un bonhomme, ancien de la ville, qu'elle dirige en ses jugements.

Salomon qui eut sept cents femmes, et fut, dit-on, terriblement asservi, gouverné par elles, ne leur a pas pardonné. « J'ai trouvé, dit-il, que la femme est plus amère que la mort. » Il conseille au mari ce que sans doute il fait lui-même[1] : c'est, quand elle est insupportable, de se réfu-

---

[1] Il semble que pendant que le Sage étudiait la Création, du cèdre jusqu'à l'hysope, ses reines, Syriennes lascives, ou Arabes et du sang de feu (comme la reine de Saba), changeaient les dieux, faisaient des temples, bref imposaient à ce grand roi la honte du culte baalique qui met l'homme aux pieds de la femme. Ce qu'un conte de Moyen Âge nous dit d'Aristote amoureux (qu'une belle le dompte, le monte et fait de ce savant un âne) est peu en comparaison du rite singulier de Syrie qui s'est conservé chez les Druses. La femme (toute femme et de tout âge assise royalement au temple, exige de l'homme prosterné comme un aveu de son néant, hommage obscène, humiliant, à la puissance

gier dans un coin, de fuir sur la terrasse au plus haut de la maison. (Prov., XXV, 24.)

De plus en plus, selon l'avis du sage roi, le Juif est sur sa terrasse, loin, très-loin de sa femme, occupé ou de faire ses comptes, ou de nombrer les mots, les lettres de la Bible. Dans sa vie tremblante, inquiète, il craint la fécondité, suit le conseil de l'Ecclésiaste : « Je te souhaite peu d'enfants. » La Sagesse, pour rassurer tout à fait sa conscience, lui dit « que même l'eunuque peut être béni de Dieu ».

Ajoutez un fait général alors, l'affaiblissement. Dans les malheurs incalculables, les révolutions imprévues, continuelles, qui suivent Alexandre, le cœur et la force baissèrent. Plus d'hommes. Tout peuple perd le nerf des mâles.

Vico a dit ce mot profond : « Dans le langage antique, qui dit *vaincu* dit *femme*. » Sésostris, gravant ses victoires, donne au vaincu le sexe de l'épouse. Comme une épousée d'Orient, le captif a l'anneau à la lèvre, au nez, à l'oreille, pour être mené où l'on veut. Des peuples entiers sont traînés des troupeaux d'enfants et de femmes. De main en main, de maître en maître, ils passent avec leurs dieux d'Asie, leurs rites voluptueux et sombres.

Une chose, à ce moment, trouble, apparaît toute nouvelle, d'infinie portée, – *le Roman*.

L'histoire, même sérieuse, des Juifs, portait sur un fond romanesque, – le miracle arbitraire, où Dieu se plaît à choisir dans le moindre, dans l'indigne même, un *Sauveur*, libérateur, vengeur du peuple. Dans la Captivité, la banque

---

qu'on dit faible et qui cependant participe à l'infatigabilité de la nature. – « Ce sont les femmes mêmes de Syrie qui ont introduit ce rite. » Sacy, *Journal Asiatique*, 1827, X, 341.

ou l'intrigue de cour, les fortunes subites lancèrent les imaginations au champ de l'imprévu. Les très-beaux romans historiques de Joseph, Ruth, Tobie, Esther, Daniel, et bien d'autres parurent [1]. Toujours sur deux données : C'est *le bon exilé* qui, par l'explication des songes et l'habileté financière, devient ministre ou favori, – ou bien *la femme aimée de Dieu* arrive à un grand mariage, à la gloire, séduit l'ennemi, et (chose étonnante, contraire aux idées Mosaïques) est *le Sauveur du peuple*. Pour Moïse, elle était impure, dangereuse, avait fait la Chute. Mais c'est justement la prise imprévue que saisit le roman [2]. Dieu fait de la femme un piège, se sert de sa séduction, par elle opère la Chute de celui qu'il a condamné.

L'amour est une loterie, la Grâce est une loterie. Voilà l'essence du roman. Il est le contraire de l'histoire, non-seulement parce qu'il subordonne les grands intérêts collectifs à une destinée individuelle, mais parce qu'il n'aime pas les voies de cette préparation difficile qui dans l'histoire produit les choses. Il se plaît davantage à nous montrer les coups de dés que parfois le hasard amène, à nous flatter de l'idée que l'impossible souvent devient possible. Par cet espoir, le plaisir, l'intérêt, il gagne son lecteur, gâté dès le début, et qui le suit ensuite avidement, à ce point qu'il le tiendrait quitte de talent, d'adresse même. L'esprit chimérique se trouve intéressé dans l'affaire, il veut qu'elle réussisse.

---

[1] Les anachronismes y sont monstrueux, comme si on mettait au même temps saint Louis et Louis XIV. V. de Wette, etc.

[2] Monsieur, qu'est-ce que le roman ? Madame, c'est ce qu'en ce moment vous avez dans l'esprit. Car comme vous ne vous souciez ni de patrie, ni de science, ni même de religion, vous couvez ce que Sterne appelle un *dada* et que j'appelle : une jolie petite *poupée*. – Nous avons un fade roman. Pourquoi ? Parce que nous n'avons pas une grande poésie.

Ces romans Juifs sont sensuels, même le plus admirable, Ruth, si finement conduit, irréprochablement lubrique [1]. Ils sont dévots, ils sont courbés et comme prosternés sous la crainte (crainte de Dieu, crainte du Roi), mais ils ne déguisent rien du manège par lequel la femme est habilement mise en avant, exploitée. Judith dit expressément que le grand prêtre l'envoie à la tente d'Holopherne [2]. Dans Esther, on dit comment l'adroit Mardochée se faufile près des eunuques pour faire présenter, préférer sa nièce.

Le beau roman d'Esther est profondément historique, d'immense instruction. Ce n'est pas seulement à Suse ou Babylone que la captivité conduit la belle et onctueuse fille. Elle entra partout. Esther, par les mille aventures de l'esclavage, voyage aussi dans l'Occident, et les mille sœurs d'Esther. Si les Asiatiques cherchaient, volaient des Grecques, filles superbes du Péloponnèse, riches de sein, de jeunes voix puissantes, belles chanteuses, qui les amusaient, – les Occidentaux, au contraire, voulaient les Syriennes, les Gréco-Phéniciennes de Chypre [3], d'Ionie, des Cyclades, de ces nids de colombes, fondés jadis pour Astarté. Celles-ci n'avaient pas couru le Taygète, dansé, lutté, pris les formes accomplies que l'art fit éternelles. Elles semblaient plus femmes en récompense, molles, lascives, amoureuses en naissant. Assouplies aisément à tous les arts luxurieux, elles faisaient du plaisir une dévotion,

---

[1] C'est un pastiche habile des temps antiques. La langue n'indique rien de très ancien (de Wette). Cela dut être fait contre Esdras, qui chassait les femmes étrangères.

[2] Saint Jérôme n'est pas scrupuleux. Il supprime bravement ce verset.

[3] Voir dans Lamartine, *Voyage,* le portrait merveilleux de mademoiselle Malagamba, une Grecque de Chypre, et mêlée de Syrie. Plus loin, la *femelle* de Jéricho, aux yeux charmants, âpres et terribles.

de la honte un office, un rite. L'intelligent marchand d'esclaves, l'homme d'Éphèse, ou de Cappadoce, plus tard les chevaliers romains qui faisaient ce commerce, achetaient, préféraient, ces filles d'Orient, de sang voluptueux. Ils achetaient les Juives, modestes et contenues ; au fond d'ardeur bizarre (s'il faut en croire le prophète) jusqu'à étonner la Syrie. Hantées du sombre Esprit qui dort sous la mer Morte, elles priaient pour être outragées. (Ézéchiel, XVI, 33.)

Ces rêveuses emportaient leurs rites d'impureté, de purifications, peurs et remords, désirs, fétiches. L'esclavage, puissant véhicule pour répandre les femmes et les dieux, menait partout ceux de Syrie. Et c'est à force d'être esclaves qu'ils devinrent les maîtres du monde.

La Syrienne, suivant sa destinée, de sérail en sérail et d'outrage en outrage (les Sept démons aidant), souvent allait très-haut. Celui qui l'avait eue petite, dédaignée, revendue, la revoyait un jour siéger épouse d'un tétrarque, d'un Romain, sous le nom qui la déguisait (Drusilla, Procla, etc.). De nom Romaine, et d'âme Juive, sentant toujours Esther, elle agissait par un charme morbide, l'odeur voluptueuse et funéraire des Adonies, les parfums d'un dieu au cercueil, par la magie du deuil qui fait dire au Romain : « Oh ! que tu me plais dans les pleurs ! » (Martial.)

Nombre de femmes qui portent des noms grecs venaient des temples phéniciens répandus dans les îles, et pouvaient être orientales. Les Délia, les Lesbia, de Catulle, Tibulle et Properce, ces filles des Cyclades que leurs amants nous peignent amoureuses et dévotes, n'ont-elles pas la même origine ?

Elles étaient élevées avec soin par des maîtres avares qui en tiraient profit, cultivées et lettrées, bien plus qu'aujourd'hui ne sont nos dames du demi-monde. Elles n'étaient pas aux passants. On les louait pour quelque temps. Elles suivaient obéissantes tel grand, tel maître temporaire, parfois aux durs voyages, aux guerres chez les barbares, comme la Lycoris de Virgile. On voit que cette belle qui inspirait à Gallus tant d'amour et de désespoir, était un esprit délicat, capable de sentir les tendres adieux de la Muse [1].

« Quand je partis, Délie consulta tous les dieux. » (Properce.)

Les dieux, à coup sûr, de Chaldée, d'Égypte, de Syrie, les dieux de l'Orient. Elles étaient fort superstitieuses. L'ennui de leur situation, le dégoût d'elles-mêmes, leur faisait désirer, chercher les purifications. Elles fuyaient volontiers leur dur métier pour se faire, dans je ne sais quelle chapelle, leur liberté à elles. La plus chère, c'était de pleurer.

Sainte chapelle !... À la lueur fumeuse des vieilles huiles dont le Chaldéen, le Juif, alimente sa lampe, Délie, sous la voûte noircie, n'est pas seule à prier. La noble et fière matrone, de costume emprunté, sous la coiffure gauloise, est près de l'humble fille. La beauté de louage, la grande dame, puissante (qui sait ? la femme de César ?), à elles deux, changeront le monde.

À Rome, les mœurs se rient des lois. La femme est pauvre par écrit; en fait, elle est très riche, elle agit et

---

[1] *Pauco meo Gallo, sed quæ legat ipsa Lycoris!* – Combien cette dixième églogue est pure, et cent fois, s'il faut le dire, plus amoureuse que le Cantique des cantiques ! Lycoris n'eût pas eu besoin certes d'user de l'aiguillon impur, de l'âcre cantharide de Loth et de Myrrha. J'en dis autant de la Délie de Properce et de Tibulle. Dans ces charmants petits poèmes de l'amour mélancolique, on oublie parfaitement qu'ils s'adressent aux infortunées qui ne disposent pas d'elles-mêmes. Des mots admirables rappellent les plus douces affections domestiques. « Quel bonheur ! elle est tout ! je ne suis rien chez moi ! » – Et encore : « La tenir tendrement ! Écouter avec elle les vents déchaînés dans la nuit ! » – Humble vœu, si touchant, plein de tendresse et d'innocence.

gouverne tout. Tullie, Volumnie, Cornélie, Agrippine, nous montrent assez qu'ici elles sont reines, tout comme les Marozia, les Vanozza du Moyen Âge.

Ce sont elles qui par deux fois minèrent Rome en dessous. Au moment où celle-ci frappait Carthage, repoussait l'Orient, elles lui défaisaient sa victoire, introduisaient la nuit, dans la ville endormie, l'orgie orientale (*Bacchus Sabasius*), y mettaient le cheval de Troie.

Maintenant, second coup. L'orgie s'est épuisée. Mais les dieux de la mort, tous les dieux de l'Égypte arrivent. La funéraire Égypte, ennemie de la mer, s'est embarquée pour Rome, menant avec Isis son dieu mêlé, nouveau, Sérapis au boisseau sacré. Cet Osiris d'en bas, ce Pluton, à lui seul engloutit, enterre trente dieux. Il guérit, tue, ensevelit. Son chacal Anubis, l'aboyant croquemort, est avec lui, – le *bambino* Horus dans les bras de sa mère, et le blême Harpocrate qui suit d'un pied boiteux. Procession bizarre, qui descend du vaisseau avec flambeaux, torches et lampes. Spectacle amusant et lugubre. Cela arriva sous Sylla qui faillit mettre tous ces dieux de la mort sur ses Tables de mort. Ils sont plus forts que lui. La femme n'a pas peur et les défend. César les maintiendra, comme ami d'Isis-Cléopâtre. Antoine aussi. Tous deux pour leur malheur. Tibère les proscrit, mais en vain. Si Rome adopta tous les dieux, pourquoi pas la Mort même, le dieu dont l'amour, dont le culte grandit, fleurit de plus en plus ?

L'Égypte est encore trop vivante. On ira plus loin qu'elle dans le royaume sombre. On trouvera des ombres plus défuntes et plus mortes encore.

Le combat de la Femme
et du Stoïcien,
de la Loi
et de la Grâce

Le fier génie de Rome semblait prédestiné à continuer l'œuvre grecque, pour défendre le monde de l'engloutissement oriental des dieux d'Asie, qui venaient, cruels ou pleureurs, enterrer l'âme humaine. Que Moloch l'attaquât de ses cornes de fer, qu'Adonis l'inhumât dans la myrrhe des noces éternelles, l'Orient c'était le sépulcre.

Immense et énorme combat. Rien de pareil aux guerres Puniques dans toute l'histoire du monde. Ce n'est pas là cet Alexandre, qui va, léger coureur, à travers un empire détruit. Ce ne sont pas les guerres obscures de César aux forêts désertes où il tue cent nations. Ici, tout s'est passé en pleine lumière. Hannibal fut réellement bien autre chose que tout cela, bien autre l'armée d'Hannibal. Grand fut le jour où le dieu *Innommé* de Carthage, avec la machine terrible de cette armée *sans nom*, avec ce fort génie de guerre (et le plus fort qui fut jamais), fondit sur l'Italie, le jour où l'Orient et l'Afrique lui tombèrent des Alpes. On sut alors tout ce que l'Italie, la mère féconde, avait en ses entrailles. Ce que n'eût jamais pu la Grèce, elle trouva une masse rurale, profondément épaisse, deux millions de soldats. Masse honnête, docile, indomptablement résignée, infatigable pour mourir. Rome enseigne la mort, dans ces jours, à toute la terre. Et à la longue, c'est le monstre qui meurt. – Merci, grande Italie ! cela reste éternel.

« *Salve, magna parens frugum, Saturnia tellus ! Magna virûm !* »

Le vieux *genius* italique a eu une grande science qui vaut bien des philosophies, celle du foyer et de la tombe. Les pénates époux, gardiens de la famille, les grands dieux *Consentes,* mariés deux à deux, qui plus heureux que nous naissent et meurent le même jour, cela est doux et vénérable. Les tombes étrusques et italiques n'accablent pas, comme les nécropoles d'Égypte. Elles relèvent, elles consolent. Elles parlent, d'homme à homme, nous enseignant le cours du temps, les grands âges du monde, le retour régulier des choses[1]. Sens profond de l'histoire que ce pays eut seul, qui vivifie la mort, fait fleurir les tombeaux. *In urnâ perpetuum ver.*

Le respect des limites, de la propriété, de la terre consacrée par le travail et par les tombes, préparait admirablement ce peuple à devenir, sous l'inspiration de la Grèce, le Maître universel de la Jurisprudence. Nul ne poussa plus loin l'attachement aux droits, même imaginaires, du passé. La patience infinie du plébéien qui combat tant de siècles pour la Cité si dure qui toujours le repousse, ne s'explique que par la douceur infinie de l'agriculteur italien. Nulle révolte que l'Aventin, la *seccessio* pacifique. Le résultat fut grand. Il en sortit trois choses : le faisceau italique, où se brisa Carthage ; la conquête du monde et l'organisation du plus bel empire qu'ait vu le soleil ; enfin une œuvre immense (en tant de parties immuables), le colossal *Corpus juris.*

Je sais tout ce qu'on dit : « Les Romains firent la guerre », – ainsi que tous les peuples. « Rome avait des

---

[1] Voir mon *Histoire romaine* et surtout Vico.

esclaves », – ainsi que tous les peuples. « Les proconsuls romains abusèrent du pouvoir », – comme il se fait toujours. Verrès était-il pire qu'Hastings, absous par les Anglais ? Était-il pire que les premiers gouverneurs espagnols qui ont dépeuplé l'Amérique ? Ou pire que les chrétiens qui marquent cette année de la mort de trois peuples ? (1864) [1].

Rome fit-elle la décadence ? Non, elle en hérita. C'est un monde fini qui tomba dans ses mains. On oublie trop la dépopulation, le chaos, les bacchanales militaires, que l'humanité subissait depuis Alexandre le Grand. L'orgie se concentra et expira dans Rome ; mais pouquoi l'appeler romaine ? quand ce n'est plus qu'une ombre, même au milieu de Rome ; c'est l'orgie d'Asie, d'Orient.

Rome admit tous les dieux, maintint toutes les lois des vaincus (ne se réservant que l'appel). Elle rendit hommage à leur génie. Rien n'est plus honorable à ses magistrats souverains que la déférence infinie qu'ils témoignèrent au génie grec, y reconnaissant hautement l'autorité de la lumière, avouant qu'ils tenaient tout de lui.

« Vous allez à Athènes, écrit Cicéron à Atticus. Respectez les dieux ! »

Jamais les Grecs eux-mêmes n'ont parlé de la Grèce comme l'a fait le romain Lucrèce dans ses vers solennels, si émus, d'accent si profond. Le grand génie sacré de l'Italie, Virgile, s'il parle de la Grèce, descend humblement du trépied, dépose les lauriers de sa tête, se fait disciple, enfant d'Hésiode, et le suit. Belle tendresse, aimable et touchante ! Il ne sait pas combien ce maître est au-dessous.

Par trois fois Rome même fut aux genoux de la Grèce,

---

[1] Pologne, Danemark, Caucase.

pour la langue, la philosophie et l'inspiration du droit même.

Tout Romain eut un maître grec, apprit à fond la langue d'Homère et jusqu'à négliger la sienne. On ne parlait que grec à Rome, et dans les moments les plus vifs où le cœur même échappe, dans l'accès de l'amour (Juvénal), sous le coup de la mort. Quand César est frappé, *il crie en grec* « Hellénisti » (Plut.).

Aux Grecs on demandait la règle de la vie. La philosophie grecque, en toutes ses écoles, régnait, trônait à Rome. Et je ne parle pas des idées théoriques, de la spéculation. Je parle de l'action, des mœurs, de la conduite. Le philosophe grec, dans chaque grande maison romaine, était le conseiller, à qui on demandait force et lumière aux moments troubles de la vie. Les héros de la résistance, les Thraséas, avaient *leur philosophe* pour les assister à la mort. Les empereurs mêmes avaient leur Grec qui modérait, adoucissait, calmait. Auguste, sans le sien, n'aurait été qu'Octave.

Dans cette noble antiquité, rien de plus noble et de plus grand que la simplicité de Rome, toute-puissante, maîtresse du monde, qui demande secours à la Grèce, à cette vieille Grèce ruinée, déjà presque déserte, à la solitude d'Athènes. Opprimée de sa grandeur même, elle s'adresse à la pauvreté, à la sobriété grecques. « Le Grec eut de la muse le génie, la parole, *l'âme au dessus de tout désir* » (Horace).

Mais la Grèce elle-même comment vit-elle encore ? Après l'horrible choc des armées d'Alexandre, brisée, rebrisée, désolée, quand les Romains eux-mêmes ont emporté ses dieux (peut-être un million de statues), quand chaque autel est vide, quand les héros qui décoraient les places, les rues et les portiques, s'en vont captifs en Italie, qu'a-t-elle la pauvre Grèce encore ?

Là on doit admirer la force des dieux helléniques. En

eux resta la base sur laquelle la Grèce soutint Rome et l'humanité. La Grèce s'appuya sur Hercule.

Un portique à Athènes lui était consacré, le Cynosarge. C'est là qu'à la mort de Socrate s'établit son disciple fidèle, Antisthène, qui seul poursuivit la vengeance du maître et punit les accusateurs. Dans cette décadence qui suivit les Trente tyrans, il fit la vaillante entreprise de poser sous les yeux du peuple le type même de la Liberté. Hercule fut éminemment libre, put avoir tout, ne voulut rien. Avec sa peau de lion, sa massue d'olivier (la force pacifique), il était plus roi qu'Eurysthée. Ce fut le modèle d'Antisthène, de Diogène son disciple. Diogène qui n'était nullement le fou qu'on dit, fit ce que Solon avait fait (ainsi que les prophètes hébreux). Tout un siècle durant, il prêcha par ses actes, joua la comédie d'Hercule. Exagération calculée : « Les maîtres de chœurs, disait-il, forcent le ton pour y ramener leurs élèves. » Le *ton*, la *tension*, dans le relâchement général, c'est la philosophie d'Hercule [1]. Ainsi, dans la main d'Apollon, s'étaient *tendus* l'arc et la lyre. Un monument nous montre Hercule, jeune encore, qui, dans son amour héroïque du beau et du sublime, prend la lyre, la dispute à Apollon lui-même. Cette *tension* n'est qu'harmonie, douceur. Diogène en donna le solennel exemple. Esclave, et chargé par son maître d'élever un enfant, par la plus douce éducation, il en fit un homme admirable.

Le grand mythe des *Douze travaux* fit la philosophie nouvelle, *glorification du Travail.*

« Le Bien, Dieu, c'est Nature. Nature, c'est la Raison, qui *peine et travaille* le Monde. »

« Travail, c'est le souverain Bien. »

---

[1] En tout ceci, je suis les textes grecs, si bien interprétés par MM. Ravaisson (*Aristote*, 11), Vacherot (*Introduction à la philosophie d'Alexandrie*, 1), et Denis (*Histoire des idées*, 1).

Le travailleur, *l'esclave, est réhabilité.* Hercule est celui d'Eurysthée. Diogène, vendu par hasard, veut montrer qu'en plein esclavage on peut se garder libre. Il refuse d'être racheté. Des hommes nés esclaves (Ménippe, Monime, etc.) sont admis au Portique d'Hercule et ils en font l'honneur.

Tout cela est-ce un jeu? On aurait pu le croire. Mais les circonstances terribles, les affreux coups du sort, la barbare orgie militaire et l'incarnation du Tyran, mirent en demeure le Sage pour prouver qu'il était le Fort. La *Passion* de Callisthène crucifié par le fou cruel qui avait la terre à ses pieds, pour avoir défendu l'honneur et la raison, ce solennel événement pose l'École sur le champ de bataille devant la mort et les supplices.

De cette croix s'entend le mot du *Prométhée:* « Ô Justice, ô ma mère! » – le mot de l'*Euthyphron* qui est le dernier de Socrate: « Rien n'est saint que le Juste. » Cela constitue le Portique. Zénon, Chrysippe, enseignent que *Justice est sainteté.* « Thémis ne siège pas, comme on dit, près de Jupiter. Elle est Jupiter même, dieu des dieux et souverain Bien. »

« Le Bien fait le bonheur. Le Sage est seul heureux. Le Juste est heureux dans la mort, la douleur, la torture. » Vains mots? Non. L'acte y répondait. La force en soi trouvait un sublime alibi. Écrasé et pilé, un stoïcien disait au tyran qui le mit dans un mortier: « Écrase! pile et tue... Tu n'atteins pas l'âme. »

Le grand rôle de la résistance que prirent les stoïciens au début de l'Empire, les fait considérer par un aspect trop spécial. Ce qu'Horace appelle *Atrocem animum Catonis* nous obscurcit le stoïcisme, le fait croire plus étroit et cache en partie sa grandeur. On ignore généralement qu'à côté du Devoir, du *Juste,* son principe, il en admet un autre que la vraie Justice enveloppe, à savoir, celui de l'*Amour.* Notez que ce n'est pas un adoucissement tardif du temps de Cicéron ou de celui de Marc Aurèle. Cinq cents ans avant Marc Aurèle, au temps d'Alexandre le Grand, Zénon, le premier stoïcien, exposant la Cité universelle du monde, dit déjà : « L'Amour est le dieu qui sauve la Cité. »[1] L'Amour, autrement dit l'amitié mutuelle et la fraternité humaine. Du premier coup apparaît nettement la trinité sacrée : *La Liberté* de l'âme, – la liberté *égale* (et qui s'étend même à l'esclave), – l'*Amour* (de tous pour tous), la grande unité fraternelle.

Que l'heureux *aime* et fraternise, c'est chose aisée, ce semble. Mais que le misérable, dans les durs travaux, monotones, ingrats, qui sèchent l'âme, *aime* encore, fraternise, c'est beau, c'est grand. Zénon eut le bonheur de trouver ce miracle en Cléanthe, son disciple. La nuit, il travaillait (tirait de l'eau pour les jardins), le jour il méditait, philosophait. Zénon, charmé de lui, l'appela *le second Hercule*. Il avait l'âme même du héros, bonne et tendre. Et c'est lui qui posa la grande, l'immuable formule. « L'Amour commence avec la mère, le père. De la famille à la bourgade, à la cité, au peuple, il s'étend, il devient le saint amour du monde. L'homme dès lors, par cela qu'il est homme, n'est plus pour l'homme un étranger. » (300 ans avant J.-C.)

Ils ne s'en tinrent pas au principe. Ils en portèrent l'esprit dans une infinité de questions pratiques qui touchaient le terrain de la jurisprudence. De Paul Émile à Labéon, jurisconsulte stoïcien, les Grecs, surtout ceux du Portique, préparent à la fois les hommes et les idées. Le droit de l'équité adoucit, modifie la barbarie antique. C'est le fait du Prêteur. Mais le Prêteur, qu'est-il ? L'élève d'un

---

[1] M. Denis (*Histoire des idées*) relève avec une juste raison l'erreur (volontaire ?) de ceux qui tâchent de faire croire que ces grandes idées du stoïcisme primitif n'apparaissent qu'aux temps chrétiens.

philosophe grec, le plus souvent d'un stoïcien (V. Meister, Orloff, surtout Laferrière, 1860).

Qui arrêta l'œuvre du philosophe, de la sagesse grecque ? Qui rendit inutile la grande expérience du politique et juriste romain ? qui empêcha enfin la restauration de l'Empire ?

Les vices de la toute-puissance incontestablement, mais surtout la fatigue, l'incroyable fatigue du monde à cette époque. La fin de la guerre de *Trente ans,* l'épuisement de l'Europe après les Waldstein, les Tilly, les longs ravages des mercenaires d'alors donnent une faible idée de l'état des peuples anciens après les *Trois cents ans* où les successeurs d'Alexandre, les Pyrrhus, les Agathocles et les Mercenaires de Carthage mirent partout la mort, la ruine. Ajoutez par-dessus Marius et Sylla, l'atroce combat de l'Italie elle-même, divisée aux soldats. Divisée sans profit. Car la culture cessa. Même aux portes de Rome commençait le désert. « *Rarus et antiquis habitator in urbibus errat* » (Lucan).

Les Pères nous trompent étrangement en voulant nous faire croire que les temps de l'orgie païenne continuaient dans l'Empire. Elle était concentrée dans Rome avec l'excès des vices et l'excès des richesses. Ailleurs tout était morne et pauvre. La Grèce était déserte et l'Orient vieilli. Sauf Alexandrie, Antioche, villes nouvelles de quelque mouvement, un grand silence, un grand apaisement était partout, disons plutôt torpeur, somnolence et paralysie.

Autre sujet de lassitude, que cachent aussi les Pères. En trois ou quatre siècles, des dieux divers avaient paru, passé, se succédant comme des ombres. Les beaux dieux grecs, Apollon, Athéné (vers 400-500), ont fait place à Bacchus, l'engloutisseur de tous, qui dévore jusqu'à Jupiter. Bacchus orientalisé par Adonis-Sabas, perd tout son caractère, mêle et fond ses mystères aux mystères ambulants de Phrygie et d'Égypte, d'Attis, d'Isis, etc. Misérables parades. Derrière marche Mithra, le rénovateur impuissant. Donc, trois âges de dieux depuis feu Jupiter. Les Pères nous ressuscitent tous ces dieux pour faire croire que le dieu nouveau, leur vainqueur, eut en face à combattre la fureur de l'orgie antique, le vrai Bacchus aux cornes de taureau, les lions rugissants de Cybèle. Mais tout cela était dans le tombeau. Jupiter et Bacchus, dès longtemps marbres froids [1], au Panthéon de Rome, étaient hors des affaires, et désintéressés purent contempler à l'aise la lutte de Mithra et Jésus.

Ce monde usé, une force le minait en dessous. Quelle ? Chose singulière, c'était son progrès même d'humanité et d'équité, l'équité vaste et généreuse du Droit, qui donnait prise aux mortels ennemis de la raison, ténébreux destructeurs du Droit et de l'Empire.

Toute nation peu à peu vient dans Rome. C'est la patrie commune. Quand l'Italie a rompu la barrière, lorsque *le bon tyran* César, *le bon tyran* Antoine, amants de Cléopâtre, ouvrent la porte à l'Orient, l'humanité entière arrive et se présente. Tous admis peu à peu. Car enfin ils sont hommes. L'indulgence du nouveau Bacchus (César), qui *marche sans ceinture* (à l'imitation de son Dieu) [2], s'accorde en ce point tout à fait avec son ennemi, le Stoïcien, avec la vaste humanité des doctrines du Portique. Rome regarde, admire ses nouveaux fils. Elle se voit des Romains de Libye tout noirs, et jaunes de Syrie, des Romains aux yeux verts, des marais de la Frise. Les plus incohérents mélanges se font d'hommes ébauchés, des barbares (ours ou phoques ?) avec les cadavres et squelettes de l'impur Orient, résidus des empires, sépulcre de sépulcres et *caput*

---

[1] Ceci est admirable dans Quinet.
[2] « *Daphnis et Armenias curru subjungeve tigres* », etc. (Virgile).
Les glossateurs anciens entendent ceci de Jules César.

mortuum. Et il arrive, ainsi qu'en tout mélange, que la saine verdeur est absorbée, gâtée, par la pourriture envieillie.

Hélas ! la pourriture, la mort est dans l'esclave, tous les vices du libre et les siens. Relevé par le stoïcien, le juriste et la loi romaine, replacé près du libre, peut-il défaire en lui la trace de sa longue misère ? Notez que ce n'est pas l'innocent travailleur, le nègre d'Amérique. L'esclave antique est l'égal de son maître en culture, en malice, en perversité. Presque toujours c'est l'humble, le gracieux fils de l'Orient, qui vient, comme enfant-femme, qui par l'amour, l'intrigue, en tout palais de Rome, fait circuler ses dieux d'Asie.

Le suave Tyron est bien plus qu'un esclave pour Cicéron. C'est un ami, le plus soumis, partant le plus puissant, et maître de son maître. Croit-on aussi que Lycoris, la poétique, la virgilienne, pût vraiment être esclave ? Ces belles, dès que l'âge venait, se rachetaient et restaient riches. De retour en Asie, en Grèce, honorables matrones, libres d'aimer alors, elles aimaient les rêves, les fables, les dieux d'Orient.

Autre n'est guère l'esprit de la vraie dame, de la libre Romaine, épouse indépendante d'une ombre de mari, ou veuve, et mère régnante, absolue, d'un enfant. Si elle n'est tutrice, elle a le vrai de la tutelle, *la garde* de son fils, administre ses biens. On le voit dans Horace. On le voit dans Sénèque. Mais bien plus. Les excès précoces, mortels aux mâles plus qu'à la femme, à Rome, comme en Grèce, concentrèrent les biens dans la main féminine. Tout y aide, et la Loi, généreuse et humaine, et la Nature, de plus en plus puissante. Le cœur parle, et toujours au profit de la fille. La charmante formule des lois du Nord (*Marculf*), si elle n'est encore *écrite* en droit romain, n'est pas moins partout vivante : « Ma douce fille, un droit sévère te privait de mes biens. Moi, chère enfant, je t'égale à tes frères, etc. »

C'est justement l'élan du cœur que sentit notre France de la Révolution, quand d'un coup sans préparation, humanisant le droit civil, elle fit de la Française la femme la plus riche du monde. Et le résultat fut le même. Lui donnant la fortune sans lui donner l'éducation, la faisant riche sans la faire éclairée, sans la mettre au niveau de la lumière du temps, la Loi lui mit en main des armes pour détruire la Loi. Jamais le retour obstiné des fautes et des malheurs n'a été plus frappant. Aujourd'hui comme alors, alors comme aujourd'hui, la Révolution réussit à s'étouffer elle-même. Paula et Métella, par dot ou héritage, armées de fortunes immenses, bâtirent à Sérapis, à Mithra, à Jésus, ces chapelles et ces temples, dont nos villes aujourd'hui se sont de nouveau couronnées, les forts et citadelles de la contre-révolution.

Bizarre spectacle. À qui la Loi remet-elle ces sommes énormes ? À la faible personne, à la main maladive, au cœur chimérique et troublé, que l'on prendra si aisément. Qui les sauvera d'elles mêmes ? Cette Paula, dans son vaste palais, a peur. Les riches affranchies, les Chloé, Phœbé de Saint-Paul, celle de Magdala, devenues si fameuses, tremblent, hantées d'esprits inconnus. Au lendemain de l'orgie antique, quand tout a pâli, défailli, elles courent au sombre Chaldéen (astrologue, *mathematicus*), qui hérita des mages, qui calcule le ciel, les étoiles et les destinées. Il n'était jusqu'au Juif, maigre et sale, couchant en plein air au Champ-de-Mars dans un panier, qui ne fût consulté par la femme inquiète. De grands changements allaient venir, elle en était sûre, le sentait ; elle les avait en elle qui se débattaient dans son sein. Quels ? Des choses terribles qu'on disait et ne disait pas, que l'on faisait entendre... La fin du monde d'abord, la mort universelle, suprême catastrophe qui emporterait à la fois nos vies et nos souillures, cette immense nausée nous délivrait de nous-mêmes.

Elle a pâli pourtant... Elle veut et ne veut pas mourir.

Elle est près de demander grâce... Il la tient. Il lui fait espérer (acheter?) un grand secret. « Le monde, en mourant, ne meurt pas. Un *âge* passe, un *âge* vient. L'Égypte, l'Étrurie, n'eurent pas d'autre mystère au fond de leurs tombeaux. Le *circulus* des choses, le chœur des *heures du monde*, dans sa route éternelle, de mille ans en mille ans, ramènent le couchant et l'aurore. Une vivante aurore va venir, recommencer tout. L'aube blanchit déjà, le mystère s'accomplit, et le berceau est prêt... Attendons le divin enfant... »

Incipe, parve puer, risu cognoscere matrem!

L'Italie expirante se soulevait encore en son Virgile pour faire ce vœu, et tâchait d'espérer. Son poëte, aux longs cheveux de femme, infortunée sibylle dont on étouffait les soupirs, put cette fois parler, prophétiser. Ses maîtres, les cruels politiques, espéraient que sa voix sacrée allait unir le monde sur le berceau d'un fils d'Auguste.

Le *circulus* des âges, l'attente universelle, devaient ramener un enfant, un petit dieu sauveur. La *perdita* ou Proserpine, le *bambino* Bacchus exposé sur la mer, le doux Adonaï, blessé, ressuscité, – ces trois enfants avaient charmé le monde. Attis l'avait ravi, dans l'émouvant spectacle où, d'un arbre plein de soupirs, jaillissait l'enfant retrouvé. Tout cela ingénieux, charmant, mais bien usé. On ne savait pas trop dans le palais des empereurs si l'on devait refaire ou proscrire les Messies. La mère d'Auguste y avait échoué, et chacun rit de son serpent, imitation servile de l'incarnation d'Alexandre. Mécène était d'avis de ne plus essayer, ni souffrir ces machines, de proscrire les Sauveurs, dangereux pour l'Empire. Homme de tant d'esprit, il ignorait pourtant que toute royauté est un Messianisme. L'individu dont l'âme immense contient, dépasse l'âme d'un peuple, est nécessairement un miracle, une incarnation.

La dernière forme populaire avait été Attis, image vraie de l'épuisement du monde. Après l'orgie féconde et priapique, la fureur d'impuissance éclata dans ce mutilé, fille-garçon, et nul en ces deux sexes. Plus de mâles. Attis (dans Catulle) en se pleurant, pleure l'humanité même. La nature semble atteinte de la stérilité de l'homme. Le soleil blême n'échauffe plus. L'arbre sèche, et l'herbe a jauni.

Mais si l'on ne crée plus, on peut se souvenir, on peut parler, répéter les paroles. Ce qui reste de vie, c'est surtout la voix, c'est l'écho. Le dieu-parole survit à tous les dieux. Plus de *cité*. Mais subsiste l'*école*. Le nouveau Sauveur est *le maître*. Un doux maître à voix basse qui mette la sourdine aux notes élevées du passé, qui n'apporte nul changement, n'oblige à nul effort pour savoir du nouveau. Les anciens maîtres Apollon et Orphée ont chanté. Pythagore a enseigné par le silence. Le silence en dit trop. Plus douce est la douceur de ces vagues paroles murmurées vers le soir à la femme, à l'enfant qui veut, ne peut dormir. La voix qui vient alors, on ne saurait trop dire si c'est du dehors, du dedans. Est-ce un moi hors du moi, l'âme aimée, ou soi-même ? Mais le charme est trop grand pour vouloir l'éclaircir. On y tient paresseusement on craint de s'éveiller et d'être trop lucide, de reprendre la vie d'effort et de raison. « Surtout point de raison ! Dorme la conscience ! Passivité complète ! Que l'âme ne soit qu'un instrument. » C'est ce que recommande Philon, le contemporain de Jésus et, comme on l'a nommé, son frère pour la doctrine. Il exprime très-bien la molle somnolence de cet âge passif où se coucha le monde sous la fatalité de l'Empire éternel.

Quant au pédantesque débat qu'y joignaient les rabbi sur le prochain Messie qui allait tout finir ; quant à leur barbouillage du Logos, de la Sophia, du « Fils de l'homme qui vient sur les nuées » (Daniel), cela n'avait guère prise. La foule tenait bien autrement à la tradition de Syrie, l'incarnation de la Colombe, à la tradition juive, l'Esprit saint descendant chez une mère stérile pour faire un grand Nazaréen.

Ces miracles bibliques, lus et relus aux fêtes, rendaient la femme bien rêveuse, quand elle en revenait le soir. De l'Orient, l'étoile d'or la voyait, la suivait, lançait son scintillant regard. Les Sauveurs de l'Asie sont les *Fils de l'étoile*. Qui ne l'a vu descendre parfois, laisser ici sa traînée lumineuse, comme un flux de la vie du ciel?... La chaleur en vient à la face... et moins encore suffit, la plus légère *aura*, l'Esprit dont parle Élie : « D'abord c'était tempête, et ce n'était pas lui. Puis un vent fort passa ; ce n'était pas lui encore. Mais enfin un vent tiède, un vent doux... C'était lui ! »

Triomphe de la Femme

C'est très-logiquement que le christianisme, conçu, né de la Vierge, a fini par l'Immaculée. Marie le contient et l'embrasse, et la mère de Marie, leurs mères en remontant. Une longue incubation féminine, un enfantement continué, amena cette création, qui ne doit rien à l'homme, comme on le dit en toute vérité, sortant uniquement de la Femme.

Jusqu'en 369, dans l'Église grecque, orientale, qui est l'Église mère la *Femme a été prêtre*. Et il n'y eut jamais sacerdoce plus légitime. Elle est le vrai prêtre chrétien. Qui mieux qu'elle peut expliquer, faire sentir, adorer ce qu'elle a fait elle-même ? C'est dans ces premiers siècles, et par cet enchantement, que fut vaincue l'idole antique. Aucune divinité de marbre ne put tenir debout quand la Grâce vivante officiait elle-même à l'autel.

Marie fut ajournée, mais pour revenir plus puissante. Elle règne à la fin. On lui fait cet aveu, qu'elle est tout le christianisme. Saint Dominique déclare qu'en son sein il a vu le ciel, plus que le ciel. Il y voit les trois mondes, purgatoire, enfer, paradis.

Les scolastiques sont ridicules, lorsque, voulant délirer sagement, ils gâtent la *Folie de la croix,* l'élément féminin, la Grâce, par un alliage impossible de Raison mâle et de Justice.

Comment n'ont-ils pas vu qu'à chaque pas qu'ils font hors de la Grâce pour masculiniser Jésus, ils sortent de sa religion, sont des raisonneurs, des juristes ? Saint Thomas, qui usa sa vie dans cette impossible entreprise (un triangle sans angle), se repentit mourant, se remit à la Grâce, et ne se fit lire à ses derniers moments que le Cantique des cantiques.

La femme solitaire a de son chaste sein vu surgir son génie, son ange et sa jeune âme, âme parlante qui en naissant enseigne, qui apprend à sa mère tout ce qu'elle savait elle-même. Il est son doux reflet qui n'est distingué d'elle que pour être aimé davantage. À douze ans, embelli, il est tout à fait elle, et cependant son maître, sa leçon, son petit docteur. Elle le pose devant elle, afin de se mettre à ses pieds.

Eh ! que le voilà grand, beau, un noble adolescent, avec de longs cheveux qu'on dirait de sa mère, avec un regard triste et grave. Est-ce son fils ? Le sait-elle encore ? Elle aimera bien mieux qu'il soit toute autre chose, un maître charmant et sévère, un peu craint, mais si doux ! Quelle volupté d'être enseignée, d'obéir, d'avoir non pas peur, d'être timide seulement. C'est plus ou c'est moins que l'amour. L'amante du Cantique a l'air de le savoir, quand elle dit ce mot pénétrant et fin : « *Docebis* ».

Effet de blonde lune, où se mêle un reflet affaibli du Couchant. Plusieurs, dès ce temps-là, y voyaient un mirage, comme si ce n'eût été que l'âme de Marie, se mirant elle-même, se parlant, s'enseignant, s'aimant et se créant hors de soi pour pouvoir s'aimer. Cela avait pour les cœurs tendres l'avantage de leur laisser croire qu'il n'avait pas souffert et que la Passion fut un mirage aussi. Les Docètes le crurent, pensant que Dieu compatissant n'avait pu torturer son fils, qu'il n'avait pu livrer qu'une ombre aux férocités de la Mort. Question curieuse, que rien n'éclaircira, qui sera débattue, incertaine éternellement.

Si l'on insiste, si l'on veut, comme mon ami M. Renan, qu'il ait vécu, souffert, le point essentiel pour l'établir dans le réel, pour solidifier ce qu'a vaporisé Strauss, c'est de le replacer en sa mère, de lui redonner le sang chaud, le lait tiède, de le suspendre au sein de la rêveuse de Judée. On s'étonne de voir que l'ingénieux galvaniseur, de fine et caressante main, en refaisant l'enfant, lui refuse sa mère. Mais, sans Marie [1], point de Jésus.

Les premiers Pères, Origène, Épiphane, Grégoire de Nysse, n'ont nullement rejeté l'*Évangile de Marie,* écrit par Jacques, fils de Joseph (*Protevangelium Jacobi*) [2]. Ils l'appellent *le premier de tous,* et il en est en effet l'introduction naturelle. Pourquoi l'Église d'Occident, robuste de foi certes et qui admet tant de miracles, rejette-t-elle ce petit livre parmi les apocryphes ? Ses aînées, les Églises antiques d'Orient, l'acceptent sans difficulté et l'ont traduit en syriaque, arabe, etc. Nos savants du seizième siècle ont dit nettement que c'était la base de tout, « la vraie préface de saint Marc ». Il est innocent, amusant. Il n'est pas monstrueusement doctrinal et gnostique, comme l'Évangile de Jean.

---

[1] Renan lui doit beaucoup. Et ce livre charmant qui donnera peut-être à ce qui meurt le répit que demandait Ézéchias, il a beau discuter, ce livre, il croit, fait croire. Il a beau dire qu'il doute ; on s'attendrit. Quel est cet enchantement ?... Le talent ? La puissance des souvenirs d'enfance et de famille ?... Et quelque chose encore. Il n'a pas que ses livres en ce voyage ému. On le voit (et toujours l'avenir le verra), entre la vie, la mort, entre l'ange et la sainte... Le désert refleurit des fleurs qu'il n'eut jamais, le figuier reverdit, l'eau murmure, et gazouillent les oiseaux de la parabole.

[2] Thilo, Codex apocryphus Novi Testamenti, Lipsiae, 1832.

Postel dit que c'est une perle. Et il est sûr que c'en est une pour qui veut un Jésus vivant. Sans cette base maternelle, il semble une ombre transparente.

Les romans juifs ont une grande portée. Le roman d'Esther (calculé, très-significatif) donne la clef de l'histoire des mœurs. Du fond de l'Orient, du sérail, il éclaircit tout. Le roman de Marie (si l'on veut l'appeler ainsi avec l'Église latine) n'est pas moins instructif. On y sent l'éternelle Marie qui était dans l'âme juive.

Nous l'avons dit plus haut, la singularité de ce peuple, c'est que derrière les formes si mâles de *la Loi* et ses tables de pierre, l'aspect rébarbatif des *chérubins* affreux à face de taureau, – il a en lui les féminins soupirs, les vœux du *Salut gratuit,* et l'attente de la délivrance par la grâce imprévue d'en haut.

Les peuples ne se classent nullement, – pas plus que les cristaux, par leur forme extérieure, mais bien par leur noyau. Ici sous l'enveloppe hérissée, sous les angles, les pointes, vous trouverez au fond la Grâce, l'élément féminin. C'est Marie simulant la barbe d'Aaron.

L'Orient était très-usé. Les Juifs faisaient illusion. Mais eux-mêmes, on le voit, par leur Néhémias, se dévoraient d'usure dans Jérusalem en ruine. La razzia que Ptolémée en fit pour son Égypte, l'immonde barbarie d'Épiphane qui souilla tout, aplatirent nombre d'âmes et moralement les Macchabées ne les relevèrent pas. Le règne des Iduméens, confirmés, appuyés de Rome, de la Rome éternelle, les scellait à jamais sous la pierre du sépulcre. Dans les esprits malades, le démon *Légion* s'agitait, sévissait. Partout des possédés. Cela même attirait. Nombre de Juifs d'Égypte et d'Orient, et des non-Juifs aussi, affluaient à Jérusalem. L'orgueil et la hauteur du Temple repoussaient. Les Pharisiens, le parti de la Loi, de la patrie, de la liberté juive, parti sincère, mais violent, n'offraient que dureté, sécheresse, à ceux qu'ils voulaient convertir. On aimait mieux entendre dans les petites synagogues les rabbi, faciles, indulgents, doublement populaires par les dispenses de la Loi, et leurs satires des hauts docteurs. Tel était le rabbi Hillel, un prédécesseur de Jésus. Tel son cousin saint Jean-Baptiste. Les leçons de ces maîtres n'étaient nullement nouvelles. Ils disaient ce que les prophètes (Isaïe) avaient dit à merveille : Le cœur fait tout. « Eh ! que me font vos sacrifices ? » etc. (Identique au Râmayana, ch. 61).

Le précepte « d'aimer son prochain comme soi-même » (précepte de Confucius, des Stoïciens) est très-spécialement donné chez les Juifs par le Lévitique ; et pour l'étranger même, dont les idées, les rites, répugnaient tant aux Juifs, « le Juif l'aimera *comme lui-même* » (Lév. XIX, 34). Le précepte « de rendre le bien pour le mal » est partout, surtout dans Manou, VI, 92.

Le maître populaire paraît guider, il suit. Il est bon gré mal gré l'écho de la pensée du peuple. Celui-ci trouvait lourd le joug des Pharisiens, qui faisaient des vertus mosaïques la condition du salut, qui imposaient *les œuvres* (œuvres dans les deux sens, les œuvres de la Loi, et les œuvres de Charité). Le rabbi n'imposait, n'exigeait rien, disait : « Aimez, croyez... Tous vos péchés vous sont remis. »

Mais qu'aimer ? mais que croire ? Ici, nulle formule précise. Aimer le maître, et croire le maître [1]. Pour symbole

---

[1] Aurait-il pu enseigner autrement les foules auxquelles il s'adressait ? Difficilement. Le roide esprit de la Judée, la Galilée grossière, auraient été fermés et sourds aux fines déductions morales. C'est une moquerie de confondre leur courte *sophia* qui ne va que par aphorisme, ne peut analyser, déduire, – avec le *logos* grec, onduleux, déductif et d'infinie circulation. Les distinctions même les plus élémentaires sont impossibles en hébreu. Nos modernes hébraïsants, plus nets que les rabbins, et qui ont percé à jour cette langue, la disent obscure, confuse, au point que *crime* ou *injustice* y sont indiscernables de *malheur, châti-*

et credo prendre la personne elle-même, credo vivant. C'est le sens très-exact de tout ce qu'a écrit saint Paul, qu'on a traduit par un mot à merveille : « Jésus n'enseigna que lui-même. »[1]

Le rabbi s'enseignait. Vous auriez demandé à ces troupeaux de femmes, de simples : « Que crois-tu ? » Ils auraient répondu : « Je crois le maître Hillel. Je crois Paul, ou je crois Jésus. »

La personnalité est un mystère étrange. Le génie, la beauté, souvent y font bien moins que certaines effluves inexplicables. Rien ne donne une plus vive impulsion aux grands courants de fanatisme. Le Messie polonais, vrai saint, qui de nos jours entraîna les plus grands esprits, avait cela. Un Messie russe de notre temps l'eut aussi, – du reste homme nul ; il n'eut pas moins cet effrayant succès de se voir malgré lui suivi de dix millions de serfs.

Dans la brillante polémique de 1863, où le livre de M. Renan donna un si grand mouvement, je regrette deux choses :

1° Qu'on se soit tenu tellement dans l'histoire en parlant peu de la doctrine[1]. Mais la doctrine est tout. Tant

---

ment, souffrance. C'est pour le traducteur un obstacle à chaque pas, une difficulté énorme de se refaire assez barbare pour garder à ces mots leur immorale obscurité. – Les Juifs n'acceptèrent que très-tard le dogme qui, chez tant de peuples, fut la sanction de la morale, le croyance à l'immortalité. Voir l'excellente brochure de M. Isidore Cahen sur ce sujet, et ce qu'il en dit en tête de *Job* dans la Bible de son père.

[1] Le mot est de Renan. – M. Havet, dans un article admirable et selon mon cœur, a jugé ce chef-d'œuvre littéraire de Renan avec une candeur jeune, éloquente et sympathique, qui n'exclut nullement la très-ferme critique.

vaut-elle, tant vaut le docteur.

2° Je regrette qu'en se tenant dans la biographie on en ait écarté les petits Évangiles populaires, qui, tout grossiers qu'ils sont, donnent plus que les officiels le réel état des esprits. Je n'y supléerai pas, ce n'est pas mon affaire. Je remarque seulement combien le *Primitif Évangile* (Protevangelium), en y joignant tels mots de la *Nativité* et de la *Vie du charpentier,* caractérise fortement ce monde de femmes.

Trois femmes commencent tout ; Anne, mère de la Vierge ; – Élisabeth, sa cousine, mère de saint Jean, – et une autre Anne, prophétesse et femme du grand prêtre.

L'avant-scène se passe évidemment autour du Temple, et sous sa direction. Les familles dont il s'agit lui sont soumises. Les femmes croyaient les temps venus, croyaient qu'une grande merveille viendrait d'elles, étaient malades de leur rêve, en étaient comme enceintes, et brûlaient d'enfanter. Le Temple, dans sa politique, voyant les choses mûres, espérait, désirait que rien ne se fît que par lui.

La condition messianique (d'être âgée, jusque-là stérile) précisément se trouve dans les cousines Anne et Élisabeth. Stérilité voulue ? et calculée ? selon la petite prudence que conseille l'Ecclésiastique. Les gens du Temple en font honte à Zacharie et à sa femme Anne, qui devient mère de Marie.

La petite Marie, riche héritière, donnée au Temple, y reste de trois ans à douze. Ne pouvant alors la garder parmi les filles des prêtres, près du fils du grand prêtre à qui on la destine, ils forcent un homme à eux, Joseph, un

---

[1] M. Patrice Larroque, savant, digne et austère, y a suppléé fortement, avec une franchise et une gravité courageuse qu'on ne peut assez admirer. M. Peyrat a épuisé la question biographique, et l'a tirée à clair, avec une ferme et impartiale logique, dans un livre définitif qui devrait clore ce grand procès.

charpentier du Temple, de la recevoir. Il a des fils, mais des filles aussi. Sa femme meurt, ses enfants se marient, sauf un grand fils Juda et un petit Jacques que la bonne petite Marie console, adopte, élève.

Marie, qu'on ne perd pas de vue, travaille pour le Temple. Elle a une besogne de confiance de tisser la pourpre (matière fort chère) pour le grand voile du Saint des saints. Là un gentil tableau de sa vie d'ouvrière. Elle prie le matin, aux heures pures ; elle prie le soir, aux heures mystérieuses. Elle travaille dans la chaleur (de neuf à trois), mange à peine le soir. On croit lire la vie d'une petite béguine de Flandre. Ces pieuses ouvrières, dans la nuit de leurs caves, versaient leur cœur trop plein en petits chants d'enfance (appelés les chants de *lolo*). La pauvre fille de Judée, chantant moins, gardant tout, par moments « éclatait, comme neige, de blanche lumière, qu'à peine soutenait le regard ».

On peut deviner ses pensées. Sa vieille cousine Élisabeth, qui n'eut jamais d'enfants, depuis six mois, était enceinte. D'un prophète? d'un Précurseur? on pouvait bien le supposer. On ne parlait que de miracle, de Messie et d'incarnation. L'air en était chargé et lourd.

À l'heure ardente où cessait le travail, aux longues heures de l'après-midi, ces heures malades (où languissent les moines, dit Cassien), que rêvait cette enfant (déjà seize ans étaient venus), que voyait-elle ? La céleste colombe ? L'éclair divin ? Ou le soir l'ange qui lui portait la nourriture ? Tout cela est pur et touchant dans les petits Évangiles. En certains points, ils ont le signe du peuple plus que les officiels, plus de nature et de cœur.

Ils ont bien soin de dire que Joseph et Marie ne sont pas mariés. Ils écartent l'idée d'adultère. Très sage prévoyance qui aurait rendu la légende moins dangereuse, prévenant les risées indécentes, les Noëls bouffons qui pendant tout le Moyen Âge avilissent le mariage.

Autre eût été le sort, la féconde portée de cette religion de la femme, si, au lieu de sevrer sèchement et brusquement Jésus, comme ils font tous, ils lui avaient donné le lait de la nature. Il eût été plus homme. Que de belles et utiles fables on aurait pu faire là-dessus ! Il eût fallu du cœur, *de la bonté,* de la tendresse. Et c'est là ce qui manque. Il y a *de l'amour,* ce qui est autre chose. *Amour* n'est pas *bonté.* C'est souvent ardeur sèche, parfois violente et colérique.

Rien de plus vraisemblable que le voyage d'Égypte, dit très-bien M. Munk. L'Égypte est à deux pas ; par mer on y allait sans cesse. Philon[1], le juif Égyptien, avait sous forme plus savante la doctrine de Jésus, de Paul. Moïse, on le disait expressément, s'était formé en Égypte. De là, la précocité de Jésus qui à douze ans enseigne et fait taire les docteurs (comme Daniel enfant fait taire les juges). Sa mère, après l'avoir sans doute animé et lancé, s'efface

---

[1] Né peu avant Jésus, mort un peu après lui sous Claude, Philon représente fort bien le chaos de sottes sciences qui, dans les cervelles juives, brouillaient Platon, Moïse, avec les Apocalypses d'Ézéchiel, Daniel. – La très-obscure époque des précédents messianiques (entre Daniel, Jésus fils de Sirach, Philon, etc.) a été éclaircie autant qu'elle peut l'être par un des plus fermes critiques de ce temps, M. Michel Nicolas. Esprit robuste, hardi dans une admirable mesure, qui méprise l'éclat, touche au fond et atteint le tuf. Dans son article sur I. Ménars se trouve posé à merveille le grand principe : « Le cœur a fait la foi, la Grèce a fait ses dieux avant qu'ils ne la fissent eux-mêmes. » – La grande question du génie sacerdotal, où le pauvre Benjamin Constant soutint la vérité contre l'Eckstein avec si peu d'encouragement, est aujourd'hui tranchée par Michel Nicolas de la grande épée de la science (*Essais,* p. 76). Si les Grecs n'avaient échappé (dit-il) à la théocratie, Hérodote eût été un *Vincent de Beauvais,* Platon *Duns Scot.* Homère aurait fait *Fier-à-bras.* Le Prométhée d'Eschyle eût été de la force des *Mystères de la Passion,* Michel Nicolas, *Essais,* p. 76.

alors, voudrait l'arrêter. Pauvre mère !... Et pourquoi lui dire des mots durs ?

Sa mère, sa sœur, désormais c'est la foule. Il est suivi par la sœur de sa mère (Marie, femme de Cléophas). Il est suivi avec enthousiasme par des dames qu'il charme et console. Elles sont fort intéressantes, les unes femmes de magistrats, associées, hélas ! bon gré mal gré, à mille choses injustes et cruelles. Elle se jettent et se donnent à ce jeune rabbi, à la douce doctrine qui lave, efface tout cela. Elles le suivent, ne peuvent le quitter, le nourrissent. Plus ardemment encore il est suivi de dames misérables, malades de leur vie impure, de leurs péchés, agitées, *possédées*, en qui la vie désorganisée semble démoniaque. Telle fut l'infortunée Marie de Magdala, qu'on appelait la courtisane, et qui, comme il arrive alors (et comme celles que je vais nommer), doit être une affranchie rachetée, retirée de ce cruel métier. Sa vive effusion de cœur et de reconnaissance, ses parfums dont vivant elle l'embaume d'avance et qu'elle essuye de ses cheveux, c'est une très-belle histoire, – passionnée, et qui fait contraste avec la froideur dont la Vierge est l'objet dans les Évangiles.

Suite logique, du reste, de toute la tradition juive, où les préférences sont moins pour le juste et l'irréprochable que pour celui qui, ayant péché beaucoup, a beaucoup à faire pardonner et fait mieux éclater la Grâce.

Selon saint Jean, la Madeleine fut l'unique témoin de la résurrection. Elle vit seule, des yeux de son cœur. Le monde a cru sur sa parole.

Les docteurs violents passent vite à la crédulité. Les hommes soi-disant *positifs*, par un revirement très fréquent, sont volontiers visionnaires. Paul, juif de Tarse, et fabricant de toiles, homme fier et violent, dans ses voyages de commerce, montrait un grand zèle pharisien. Il eut le malheur d'avoir part à la lapidation de saint Étienne. La figure du jeune martyr dans toute sa navrante douceur resta sans doute empreinte en lui et ne le quitta plus. Un orage, une chute, une lueur (accidents si communs), le bouleversent. Autant il était furieux zélateur de la Loi, autant il est ardent, colère, impérieux dans la Grâce.

Un tel homme appartient aux femmes. Et en effet les Actes et les Épîtres le montrent toujours avec elles. Elles semblent le garder à vue. Thécla le suit comme une sœur, et remplit près de lui l'humble devoir de Marthe, sinon ceux de Marie.

Dans toute cette histoire la personnalité de cet homme fougueux est curieuse par ses variations. Son unique combat est contre l'esprit grec, et comme il le dit bravement, contre la Raison. Dans ses manifestes aux Grecs (I et II, Corinth.), il fait précisément comme David dansant devant l'arche, se vantant de folie et se disant fou pour Jésus (ch. IV, v. 10), « car la folie de Dieu est plus sage que l'homme » (ch. I, v. 25). Tout cela emporté, éloquent, fort naïf, montrant tout l'intérieur, les difficultés très réelles d'un homme honnête et pur dans une société de femmes ardentes et passionnées.

En Macédoine où il écrit, il est entre deux femmes, Lydda, chez qui il loge, et la *Pâle* (Chloè), chez qui s'assemblait la petite Église. Ce sobriquet la *Pâle* semble d'une affranchie retirée, et sans doute riche (comme fut Marie de Magdala). Au début il se vante, en conseillant la continence (I. ad. Cor., c. VII, v. 7, 8), d'être au-dessus de tout cela. À tort. Il confesse plus tard qu'il a dans la « chair une épine. Que l'ange de Satan, pour qu'il ne soit pas fier, le soufflète parfois. » Aveu touchant, et qu'on n'attendrait pas. On regrette de ne pas savoir ce que furent ces personnes charmantes et dangereuses au point de faire obstacle à un si grand élan. On ne sait rien de cette Lydda. Elle paraît être de Syrie, de la terre des séductions. Elle était commerçante, et sans doute avisée, comme celle qui, dans Salomon, mène si bien, enrichit sa maison, fait et vend des tissus, etc. Celle-ci vendait de la pourpre, fine et chère marchandise, qu'achetaient les Romains, surtout les magistrats, prêteurs, procurateurs. Une telle marchande était dame et peut-être de haute volée.

La suite est singulière. Il dit qu'en ces tentations trois fois il pria le Seigneur de se retirer de lui. « Mais le Seigneur m'a dit : *"Ma grâce te suffit. Ma vertu manifeste sa force dans l'infirmité."* Je me *glorifierai* donc très volontiers plutôt dans mes infirmités, afin que la vertu de Christ habite en moi » (II. ad. Cor., c. XII, v. 7). Parole de portée dangereuse qu'on ne mesurait pas sans doute en cette pureté primitive. Les mystiques l'ont traduite : « Par le péché on monte. En péchant on glorifie Dieu. » Propre expression de Molinos.

Paul, je crois, cependant, lui-même, s'indignait de ses fluctuations. On croit le sentir aux paroles violentes qu'il adresse à la femme pour l'humilier, lui recommandant durement le silence, la soumission, lui rappelant qu'en l'homme est l'image de Dieu, et qu'elle n'est créée que pour lui, qu'elle ne doit prier que voilée, que ses longs cheveux ne lui ont été donnés que pour cela, etc., etc. (II. ad Cor.)

Cette violente sortie ferait croire que la femme sera tenue loin de l'autel. Mais le contraire arrive. *Elle est prêtre,* officie, consacre. Cela pendant quatre cents ans.

Paul lui-même se dément. Arrivé à Corinthe, il voit bien que la femme grecque, avec la beauté noble, la bouche d'or, éloquente et subtile, sera son grand auxiliaire. La *Brillante,* Phœbé (autre nom d'affranchie), est déjà le *ministre* actif, le factotum de l'Église de Corinthe. Elle est *diacre* pour commencer. Les premiers compagnons de Paul, Barnabas, Thécla, ne sont plus avec lui. C'est Phœbé qui est tout. Elle le loge. Elle écrit pour lui[1], sous sa dictée. On n'en sait pas la cause. Est-il malade ? Et qu'écrit-elle ? Le plus violent écrit de saint Paul.

Ici on dit expressément ce que nous aurions deviné : que cette fougueuse éloquence, vive, mais décousue, qui va par sauts, par bonds, tellement outrageuse pour la logique et la raison, n'est pas écrite. Un Juif d'Asie Mineure, du lieu où se mêlaient les langues, voyageur de commerce, marchand de Cilicie (la Babel des pirates qu'écrasa Pompée), devait parler un grec fort mêlé d'hébraïsmes, de patois gréco-syriens. Mais l'ardeur et l'audace, le violent esprit qui l'emportait ne s'arrêtait guère à cela. Il parlait, tonnait, foudroyait. Ses Grecs, de main rapide, ses dames, si zélées, recueillaient, écrivaient au vol. Le plus souvent on dut traduire, et on le faisait sans scrupule (tous ils vivaient de la même âme) mais non pas sans péril ; car des choses pensées en hébreu, lancées en mauvais grec, au hasard de l'inspiration, n'arrivaient guère à un grec tolérable qu'à travers de graves changements, des mutilations, des coupures qu'on ne sent que trop bien aux chocs, aux soubresauts, comme d'une course bride abattue sur un terrain très-raboteux.

Œuvre complexe et collective. Cette Épître aux Romains, *La Marseillaise* de la Grâce, la risée de la Loi, a bien l'air d'être faite par toute l'Église de Corinthe. Saint Paul y mit l'éclair, Phœbé la plume ingénieuse. Un tiers put influer, l'important personnage, dont saint Paul envoie le salut à la maison de l'Empereur, Éraste, trésorier du fisc

---

[1] Supprimé dans le latin. Supprimé dans le grec de l'édition Didot (1842), dédiée à M. Affre. – Le grec dit : Ἐγράφη διά φοίβης. L'ancien traducteur français de l'Église Réformée traduit honnêtement et littéralement que Phœbé *a écrit* sous la dictée de saint Paul. Si le mot grec voulait dire seulement qu'il *l'envoie* par Phœbé (comme veut Jowett, *Oxford*), ce serait un double emploi. Paul a déjà parlé de l'envoi de Phœbé, l'a recommandée, etc.

au port qui concentrait alors tout le commerce de la Grèce.

Une révolution profonde avait lieu dans l'Empire. Au Prêteur, l'homme de l'État, l'Empereur presque partout substituait son *Procurateur,* son agent, l'homme de sa maison, de ses intérêts propres, – qu'il fût Romain ou non, n'importe, – souvent un de ses affranchis. Tel put être, avec son nom grec, cet Éraste, ami de saint Paul. Créé d'hier par Claude ou par Néron, ce représentant du gouvernement personnel, de la faveur et de la Grâce, était fatalement, comme saint Paul, *l'ennemi de la Loi* et l'adversaire né du Juriste.

Toute l'Épître est en ce mot: La Loi seule faisait le péché. La Loi morte, le péché est mort (C. VII, v. 7)[1].

Parole à plusieurs sens. Ce mot Loi chez les Juifs veut dire *loi mosaïque,* dans l'Empire *loi romaine,* et selon l'esprit Grec *la loi de conscience* et la naturelle équité.

Mais est-il donc certain que, les tables de pierre et les tables d'airain brisées, l'interdiction du Mal étant biffée, le Mal ait disparu du monde, qu'on ait aussi biffé la Justice éternelle ?

Reine dans Eschyle et Socrate, dans Zénon, Labéon, la Justice redevient servante. Que dis-je? Elle a péri dans l'amour et la foi, dans la divine ivresse et l'orgie de la Grâce.

On voit avec quelle force la révolution administrative et la révolution religieuse concordaient; à quel point l'agent du bon plaisir, l'intendant de César, devait s'entendre avec Phœbé, avec l'apôtre d'Orient. Leur manifeste à Rome, à la cité du Droit, a ce sens précis: « Mort au Droit! »

Phœbé ne se fie à personne pour porter cette lettre *au*

---

[1] Même sophisme dans l'épître aux Corinthiens, c. XV, v. 54.

palais de Néron, aux amis de Narcisse. Cela est dit expressément.

Je dis Néron, et non pas Claude. Car Claude avait chassé les Juifs. On n'eût guère pu sous lui envoyer cette ambassade d'une secte qu'on croyait alors toute juive.

Phœbé n'allait pas désarmée. Elle emportait deux clefs qui bien facilement devaient ouvrir la Maison de l'Empereur.

Les vrais maîtres de la maison, les Narcisse, les Pallas, ce peuple d'affranchis, fort souillés, n'en étaient que plus livrés aux idées d'Orient. Tous les dieux étaient là, et les petits cultes cachés, mystères de toute sorte, expiations et purifications, une épaisse vapeur de vices et de remords, de paniques et de mauvais songes. Les flagellants d'Attis y étaient certainement, et déjà peut-être l'immonde Taurobole (lavage de sang). Quelle force pour Phœbé d'arriver avec le mot simple qui renvoie tout cela et le rend inutile : « Bonne nouvelle !... Le péché est mort ! »

Autre clef pour ouvrir, Jésus, le maître, a dit : « Rends à César, etc. » (Matthieu, XXII, 21). Paul le disciple a dit : « Sois soumis aux puissances. Qui résiste, résiste à Dieu. » – « Acquittez le tribut aux princes, les ministres de Dieu, qui s'appliquent toujours aux fonctions de leur ministère » (Rom., XIII). – Et Pierre dit franchement : « Obéis même aux mauvais maîtres » (Pierre, I, II, 18-20).

Il ne s'agit pas d'obéir de fait et d'action, mais aussi de pensée. Il ne s'agit pas d'obéir en faisant la réserve juive : « Les princes se multiplient par les péchés du peuple », sont des fléaux de Dieu (Prov., XXVIII, 2). Nulle réserve. Il faut se dompter et obéir en conscience, servir de cœur, aimer, – aimer Tibère, aimer Néron. Esclavage nouveau, creusé sous l'esclavage, grand et ingénieux approfondissement de toutes les servitudes antiques, qui, au Moyen Âge et depuis, a fait de tous les princes de très-zélés chrétiens.

Le grand fait du moment, le règne personnel du César, dégagé de l'idée de magistrature, du César maître de la Loi, *devenu la Loi même* en son procurateur, recevait du dogme nouveau une consécration merveilleuse. Ne devait-il pas accueillir cette voix d'Orient, ce Messie qui voulait qu'on obéit du fond de l'âme ? Néron, à son avènement, quoique docile encore à ses maîtres romains, était déjà entouré en dessus des affranchis qui régnaient jusque-là, d'un monde fort mêlé qui amusait sa fantaisie d'artiste, les uns poëtes et déclamateurs, les autres charlatans, ministres de tout dieu. Néron était pour eux une proie naturelle par sa vaste imagination désordonnée. Sa tête était pleine et crevait. Il roulait des choses énormes et dans mille sens divers. Serait-il le César de Rome et des jurisconsultes, – l'artiste suprême, l'empereur de la poésie, – ou le restaurateur du génie d'Orient, un Mithra, un Messie ? Il ne le savait pas encore.

Il voulait être aimé. Élevé par Sénèque (généreux stoïcien qui dînait avec ses esclaves), il avait pris en main la cause des affranchis. Il méditait une immense utopie, l'abolition d'impôts. L'idéal stoïcien se fût réalisé ; aux termes de Zénon : « L'Amour, salut de la Cité. »

Mais qu'il est vague, obscur, ce mot d'Amour ! L'Amour sans la Justice, l'amour de caprice et faveur peut devenir l'enfer, *nullement le salut,* mais le fléau de la Cité.

L'un des grands débats qui aient eu lieu au monde, c'est celui qu'on devine, qui sans nul doute eut lieu, *de la Femme et du Stoïcien,* à ce moment suprême, au palais de Néron, et qui sait ? devant lui peut-être.

Nous l'avons dit, la Femme, aux quatre premiers siècles (jusqu'à l'an 369) *est prêtre,* le vrai prêtre chrétien. À elle de défendre la foi qui sortit de la Femme.

Mais combien différent est le rôle des deux adversaires !

Le Stoïcien remonte la pente universelle du monde. Et elle à plaisir le descend. Le Stoïcien (chose odieuse qui doit le faire haïr), à ce monde épuisé, fatigué, commande l'*effort,* ordonne le *travail...* Oh! qu'aisément Phœbé répondra méprisante: « Le lis ne travaille ni ne file. Il est mieux vêtu que César. »

Juristes ou Stoïciens, magistrats, philosophes, ils demandent une chose énorme, insupportable, à un monde malade qui s'arrange si bien pour dormir, de vouloir veiller, vivre encore! Qu'il aime mieux cette voix de nourrice invitant au sommeil, voix suave de femme et non sans volupté, qui dit: « Quelle douceur de mourir! »

Mourir, être affranchi des liens de ce corps! heureuse perspective (*Quis me liberabit vinculis corporis hujus*). Ce corps, c'est le travail, le souci de l'impôt, c'est le poids de la Loi. Ce corps, c'est la milice, la guerre chez les barbares, l'exil au Rhin glacé, c'est la défense des frontières.

Là, le juriste est fort. Il croit arrêter la Chrétienne, il croit l'embarrasser. Mais elle, souriante: « Quoi! repousser nos frères du Nord qui viennent au-devant du Salut? Il faudrait bien plutôt les prier de venir, ouvrir nos portes, abattre, renverser les murs de nos villes... »

Mais l'Empire, mais nos lois, nos arts? – Pourquoi des arts? – Mais la Patrie sacrée, la Cité, cette vaste harmonie de sagesse et de paix? – Point de paix ici-bas. Nulle Cité que celle d'en haut.

À bas, vaine Sagesse! baissez les yeux, Raison! Faites amende honorable par-devant la Folie de Dieu... Toi, Justice et jurisprudence, c'est toi qui es l'ennemie. Je te reconnais orgueilleuse, mère hautaine des vertus humaines, descends de ton prétoire... Plus haut que ton faux juste désormais siège le pécheur. Son péché est le champ où triomphe la Grâce.

Quelle risée, quel mépris Phœbé fera de la loi Julia, de

cette glorification officielle du mariage[1] ! Quoi ! se lier encore, engendrer pour un monde qui va mourir demain, perpétuer cette chose basse, le corps, que Dieu veut abolir !... Grâce à lui le désert se fait, s'étend. Dans nombre de provinces, déjà, l'Empire est épuré. Encore quelques fléaux, tous seront délivrés... Époux, fuyez l'épouse... Qu'on s'éloigne et s'isole. « D'autant plus promptement va le Siècle à son terme, et s'emplit la Cité de Dieu. » (Augustin.)

La mort est l'argument suprême et sans réplique. Phœbé prêche sa cause sur la tombe de cent nations. Leurs dieux, au Panthéon, déjà froids, les yeux vides, dans l'apparent combat, sont des lutteurs commodes pour cette prêtresse de la mort. S'ils avaient pu répondre, ils auraient dit peut-être que la nouvelle foi, triomphante par la Femme, suivait (malgré Paul même) le chemin de l'Antiquité. Paul l'a voulue voilée, muette et dépendante. Je la vois à l'autel qui prêche et sibyllise, enseigne l'homme, lui dit, lui fait son dieu. Moyen puissant, charmant (tout naturel au fond), dont les cultes antiques n'avaient pas abusé. La sombre Iphigénie, la sibylle écumante, eurent moins d'attrait que de terreur. Obéissante, silencieuse, la vestale fut une statue. Celle-ci est vivante, elle parle, officie sur la tête du peuple, le bénit, prie pour lui ; elle est sa voix près de Jésus.

Tant que les déesses de l'art, filles du ciseau grec, ne furent point abattues, pendant quatre longs siècles, à leur morte beauté l'on opposa la vie, la Sophia visible, le pon-

---

[1] Contre le mariage, on citait un mot terrible de Jésus. « Salomé disait au Seigneur "Jusqu'à quand mourra-t-on ?" – "Jusqu'à quand accoucherez-vous ?" – "Ah ! dit-elle, j'ai donc bien fait de ne pas avoir d'enfant !" – "Salomé, Salomé ! mange de tout, dit-il, mais ne mange pas de l'herbe amère." » Clem. Alex, *Strom.*, III, 345.

tificat de la Femme[1]. La muette Cérès ne put lutter beaucoup quand la Cérès nouvelle charmait l'agape antique, donnait le pain sacré. Pallas, la vierge austère, dut finir tout à fait lorsque la Madeleine dramatisait l'autel, le baignait de ses pleurs.

Que dit-elle à ce monde mourant?... « Mourons ensemble ! » Tendre et doux mot de sœur, trop sûr d'être écouté !... Que serait-ce pourtant si l'on restait toujours suspendu sur ce mot, ne pouvant plus vivre encore, ni mourir tout à fait ?

---

[1] Comme tout autre prêtre, la femme était sacrée solennellement, recevait le Saint-Esprit par l'imposition des mains (Concile de Chalcédoine, 4ᵉ œcuménique). Le concile de Laodicée, de 366 ou 369, lui interdit le sacerdoce (cap. XII, *Collection de Denys le Petit,* Mayence, 1525. Labbe et Mansi ont omis ce concile). – Le concile de Carthage, en 391, lui défend de catéchiser, de baptiser, d'étudier même, sinon avec un mari. Jusque-là elle présidait, prêchait, donnait les ordres, officiait. Attou remarque qu'alors elle en était très digne « par l'instruction qu'elle avait reçue dans les temps païens ». On comprend aisément quelle devait être la puissance de la femme (de trente ans ? belle encore, éloquente et subtile, comme elles étaient en Grèce, en Orient), dans ces hautes fonctions qui presque la divinisaient. Intronisée à l'autel même, admirée, et l'amour de tous, elle avait un véritable règne et certainement le plus complet. Le sombre Tertullien s'en indigne. Le farouche Athanase, exalté de monachisme Égyptien, craint l'effet trop sensible du moment où elle consacrerait, faisait l'hymen du ciel et de la terre, où tous communiaient avec elle, et d'elle, de sa douce main. Si elle consacre, il veut que ce soit à huis clos et pour elle seule. Mais souvent elle n'avait pas la force de se clore ainsi tout à fait. La porte ne fermait pas bien fort ; les zélés, restés en dehors, la surprenaient au moment décisif, dans un trouble touchant de pudeur et de sainteté. Là nouvelle fureur d'Athanase qui lui défend de se laisser surprendre. Il voudrait bien la rendre repoussante, lui interdit de se laver. – Par un scrupule plus fin, plus élevé, la secte des Gallydiniens craignait que l'amour de Jésus ne troubla trop la femme, qu'elle ne s'égarât dans les rêves de la Noce spirituelle. Chez eux, elle était prêtre, mais *seulement de Marie.* – Dans l'Occident, les femmes, beaucoup plus ignorantes, n'eurent jamais la prêtrise, mais seulement le diaconat, les soins matériels de l'Église. Au cinquième siècle, trois conciles d'Occident, deux papes éloignent décidément la femme des choses saintes.

Défaillance du monde

L'écrasement du Moyen Âge

Supposons qu'un matin nos papes, l'Observatoire, l'Académie des sciences nous apprennent qu'à tel mois, tel jour, la terre va traverser une comète d'aérolithes ignés, une pluie de fer et de feu. Grande stupeur. On veut douter d'abord. Mais la chose est certaine, calculée et prouvée. Toute activité cesse, tout plaisir, tout travail. On se croise les bras. Cela tarde pourtant ; on s'est trompé d'année. N'importe. Nul travail ne reprend. La langueur est de même. Tout le monde s'était arrangé pour cela.

La mort ! rien de plus doux pour qui n'a plus d'activité. Aux premiers temps chrétiens, cette attente simplifia tout. Un silence, une paix étrange se fit des passions humaines. Plus de procès. Le tien, le mien devinrent indifférents. On ne disputait guère sur ce qui périrait demain [1]. Tout com-

---

[1] On se débarrassait volontiers des esclaves quand on croyait que le Jugement était si près et allait tout finir – Le christianisme n'avait nullement aboli l'esclavage. Le texte de saint Paul (Gal., III, 28), que Wallon et tant d'autres ont cité, n'y a aucun rapport. Despois l'a solidement prouvé dans ses articles (*Avenir,* 2-16-23 décembre 1855), d'inébranlable force, et qui sont restés sans réponse. Bossuet ici soutient Despois : « Condamner l'esclavage, c'est condamner le Saint-Esprit (*Avertiss. aux prot.*). Despois a encore pour lui l'enseignement actuel des séminaires, lequel « condamne le nègre qui s'enfuit » (Bouvier, év. du Mans, 6ᵉ édit., VI, 22-2). Le Coran, au contraire, déclare libre l'esclave qui embrasse l'Islamisme. Il dit : « Qui affranchit un homme, lui-même s'affranchit des peines de cette vie et des peines éternelles. »

mun entre frères et sœurs. Le sexe est oublié. L'épouse même n'est qu'une sœur. Le foyer est froid et éteint.

La mort est espérée. Oh! puisse-t-elle venir tout à l'heure! Ignace écrit : « J'en ai faim, j'en ai soif. »

Nature, c'est la malédiction. Nature, c'est la damnation. Au second mot de la Genèse, le Créateur « se repentit ».

« *Sortir bientôt de la nature*, s'en aller au plus vite », comme dit Tertullien, c'est le véritable but de l'homme (Adv. gent., 5, 2). Saint Cyprien fait des vœux pour la peste et pour la famine (Ad. Dem.) Celui qui a des enfants doit prier Dieu (Tertullien) « pour qu'ils sortent de ce siècle impie ». C'est ce que fit saint Hilaire pour sa fille, et il l'obtint. Puis il pria pour sa femme, et il eut encore cette grâce (Fortunat).

Mais la vie, ses devoirs, ses activités nécessaires au moins pour qu'elle dure un jour, comment les continuer ? Comment obtenir quelques actes indispensables de ce grand peuple inerte ?... Et si l'on n'y parvient partout, le monde infailliblement cesse. Du moins si l'on pouvait trouver à ces malades une passion, un vice même ? Ils seraient sauvés. Mais que faire ? que tirer de la perfection désolante de ces blêmes amants de la mort, qui, frappés, sourient, remercient ?

Nous voyons aujourd'hui dans l'Inde les plus faibles des hommes, qu'on bat impunément ; nous voyons des femmes timides, de vieilles femmes qui n'ont que le souffle, se jeter sur les roues du char de Jagernath qui sur eux passe lentement. Cette horrible torture n'en tire pas un soupir. Pour la moindre action, ils en sont incapables. Rien de plus ordinaire, surtout à la naissance des grandes épidémies religieuses, que cette faim de la mort, cette facilité du martyre, cette joie d'affranchissement. Là, le plus méprisé, le plus humble a pourtant ce bonheur d'orgueil, de briser, de fouler aux pieds l'ordre et la loi, d'être sa Loi à lui.

L'exemple était contagieux. Quelques chrétiens périrent[1]. Mais des masses immenses qui n'imitaient par leur martyre, n'imitèrent que trop bien leur refus de porter les fardeaux de la vie civile, la milice surtout[2]. Si dure par elle-même, elle l'était bien plus par les voyages immenses des légions (de la Seine à l'Euphrate), bien plus par leurs travaux de maçons, d'ouvriers, bien plus par la misère d'une solde très-faible dans l'enchérissement de toute chose. Tacite a peint cela avec génie. Que faisait le soldat? La guerre à l'Empire même, il créait un César, qui augmentait la solde, bientôt insuffisante. Enfin, découragé, il laissait là le Rhin et le Danube se garder, s'ils pouvaient, il jetait son épée, disait: « Je suis chrétien. »

Donc le barbare passait. Troupeaux désordonnés, dont Marius, Tibère, firent de si grands carnages, masses confuses de femmes, enfants, de bœufs, de chariots, rien n'était plus facile que de les arrêter. Rien de plus sage aussi. Quoi qu'ait pu dire Tacite dans son roman de la *Germania*, quoi qu'aient pu ajouter nos extravagants Teutomanes, ils n'apportaient guère à l'Empire que désordre et ruine. En accepter l'élite pour la disséminer et la romaniser, c'est ce qu'on pouvait faire. Mais fraterniser follement, leur ouvrir les barrières, les admettre en tribus, c'était accepter le chaos. Les grands enfants blondasses étaient à cent lieues de pouvoir comprendre une telle société. Ils cassaient tout, faisaient rage un moment. Puis ces hommes très mous sous leur forte apparence fondaient à la chaleur du Sud, aux vices et aux excès. De cette neige

---

[1] Dodwell, *de Paucitate martyrum*. Ruinart même avoue qu'on a exagéré.

[2] Le texte était précis : « Qui se sert de l'épée, doit périr par l'épée », Matth., XXVI, 52. Tertullien ordonne expressément de déserter. Lactance défend même la marine et le commerce.

restait de la boue, où l'Empire s'embourbait, tombait plus bas encore, bien loin de se régénérer.

Le peu qui restait d'Italiens, de Grecs, le Celtique et l'Espagne, les races dures, indestructibles, de Ligurie, de Dalmatie, conservaient à l'Empire, même dans sa dépopulation, des ressources bien plus réelles. Le génie manquait-il au monde qui produisait encore Tacite et Juvénal, qui produisait un Marc Aurèle, les maîtres de la jurisprudence, les Gaïus, les Ulpien, le grand Papinien son oracle ? On pouvait soutenir que si le monde antique baissait par un côté depuis Aristote, Hippocrate, il s'élevait par l'autre, par *le Droit et l'intelligence du juste.*

Cette croyance banale « que l'Empire mourait sans remède », vient de ce qu'on assimile légèrement la vie des nations à la vie de l'individu. Rien de plus différent. Elles ont dans leur sein des renouvellements qu'il n'a pas. Mais pour revivre, il faut croire à la vie ; pour vaincre, croire à la victoire. Que faire avec des gens qui sont atteints... à l'âme ? « Que vous reste-t-il ? – *Moi* », disait Médée. S'il reste *moi*, c'est tout. Mais s'il ne reste pas ? s'il est ébranlé et malade ? Croire qu'on meurt, et le dire, c'est déjà mourir en effet.

Les grandes colonies de Trajan, si fortes et si durables (une existe de six millions d'hommes, Roumanie et Transylvanie), semblaient consolider l'Empire. Mais ni le grand chef militaire, ni l'empereur des jurisconsultes ne suffisaient dans l'état des esprits. L'énervation orientale gagnait toujours, et ses dieux féminins, la maladie fiévreuse de Syrie, de Phrygie. Les Césars furent forcés d'imiter leurs rivaux, les rois de Parthes qui étaient *rois-soleils,* comme les anciens Phra de l'Égypte, les Nabi de Babel et les Mithras d'Iran. Les Grecs de Bactriane avaient porté ce titre, et l'immortel Mithra du royaume de Pont, l'indomptable roi Mithridate.

La chose parut folle d'abord. Mais Néron y songeait, et c'est ce qui sans doute le fit cruel pour les chrétiens, leur Ante-Christ [1]. L'enfant Hélagabal, le petit pontife de Syrie, l'essaya, se perdit. Tous deux, immondes femmelettes, grotesques Adonis, furent prodigieusement ridicules. Cependant leur folie fut plus tard imitée par le sage et brave Aurélien dans les nécessités suprêmes. Il gagna vingt batailles et se fit *Soleil* incarné.

Tout dieu mourant se déclarait *soleil*, Sérapis, Attis, Adonis, Bacchus, tout finissait par là. L'Empire, ce vieux malade, regardait vers l'astre du jour pour avoir un peu de chaleur. De Mithra, du *Sol invictus*, on crut un moment faire le dieu des armées, le culte des légions [2].

Mithra avait tiré un grand renom du dernier ennemi de Rome, Mithridate, et de l'empire mystérieux que Pompée écrasa, l'association des pirates qui un moment furent maîtres de toute la Méditerranée. Association mithriaque, dont on n'eut pas tout le secret. Ce que l'on voit fort bien c'est que, chez ces désespérés, Mithra fut *l'énergie*, énergie solaire et humaine. Leur initiation à la milice de Mithra se faisait dans les antres. Des antres ténébreux, le dieu naissait et éclatait, jeune et fort, terrassant, égorgeant un taureau. Très-ingénieusement les pirates, pour représentation ordinaire de Mithra, prirent une belle sculpture grecque d'une vierge (c'est la Victoire) qui tue l'énorme bête. Seulement ils la coiffent du bonnet phrygien, en font un jeune Attis, mais non mutilé, celui-ci, au contraire d'un bras sûr, qui d'un coup abat le taureau.

Soldats, Lions, Coureurs du soleil (pour courir la terre le

---

[1] Voir Réville sur l'Apocalypse.
[2] Voir tous les textes réunis dans Preller, *Römische Mythologie*, 1858.

fer à la main), c'étaient les degrés de l'initiation. On offrait au novice l'épée et la couronne, et il ne prenait que l'épée, disant : « Mithra est ma couronne », je serai un roi d'énergie.

Cela eut un succès très-grand dans les légions. On croyait que le sang du taureau, cette rouge, fumante cataracte, tombant sur l'énervé, lui versait sa force et même sa vaillance amoureuse. Mithra fut quelque temps la vraie religion de l'Empire. Lui-même, Constantin, hésitait d'y toucher.

L'effet n'en dura pas. Mithra atteint lui-même, loin de guérir les autres, languit et défaillit. Comme tant d'autres dieux, lui Soleil, lui Victoire, il devint un dieu pénitent.

Pour bien savoir le néant de l'époque, en mesurer la chute, il suffit de connaître la pâle littérature d'alors. Un souffle de mourant, un dernier radotage de faibles et vagues paroles. Profonde pauvreté, et définitive impuissance. Tout est flasque, mou, vieux, – et, qui pis est, enflé à vide, gonflé d'air et de vent, bizarrement exagérateur.

Rien, en aucune langue, de comparable à ces lettres étranges où saint Jérôme, conseillant le célibat religieux à une vierge chrétienne, conte ses tentations, la furie de ses vieux désirs. En revanche, rien de froid, de pâle, comme les récits des martyrs, si faibles en ce brûlant sujet. Mais la perle est le Manuel universel et populaire que tous citent et admirent pendant deux ou trois siècles, Irénée, Clément, Athanase, Jérôme, Eusèbe, etc., l'insipide *Pasteur d'Hermas*, libretto des petits mystères où l'on admettait les novices. Il resta à la mode tant que les femmes furent prêtres, probablement parce qu'il présente beaucoup de rôles de femmes, pour les vieilles et les jeunes, où toutes pouvaient à plaisir montrer leurs grâces apostoliques.

Triste production trop semblable aux œufs pâles que le mâle n'a pas fécondés. Et cependant qui le croirait ? ce n'est pas vraiment de la femme. Sa mollesse et sa grâce, ses charmants défauts sont absents. Voilà ce que c'est que de croire qu'on peut se passer de l'amour, de l'enfant, de la maternité, cette puissante initiation. L'enfant ne paraît guère dans les monuments juifs (sauf l'orgueil de succession), et il ne paraît point du tout aux monuments chrétiens. Jésus semble un enfant et ne l'est pas. Il prêche. La mère n'ose y toucher. Pour elle il est stérile, ni allaité, ni élevé. Qu'arrive-t-il ? La femme est triste et sèche, d'aspect ingrat et pauvre. L'impuissance de l'homme sans doute est lamentable. Mais la femme impuissante, atrophiée, *fruit sec!* C'est (pis que mort) *désolation!*

Voyez aussi l'air sot, la figure idiote des gens du Nord qui vont à cette école. Ostrogoths, Visigoths, un nom proverbial pour la décrépite ineptie. Les voilà sur les bancs de la vieille d'Hermas, disant : « *musa,* la muse ». Derrière un autre arrive, un cruel magister (et son fouet de fer), Attila.

Notez que les rois goths ont encore figure d'hommes auprès des fils de Dagobert qui vont venir. De même leurs chroniques auprès de Frédégaire. Et celui-ci vaut mieux que les moines carlovingiens, bêtes muettes qui peuvent à grand'peine bégayer, bêler quelques mots.

Dans le terrible voyage de Kane aux mers polaires, rien ne fait plus impression que de voir des chiens de Terre-Neuve ou Esquimaux, « très-sages » et de tête excellente, qui par l'atroce rigueur du froid sont devenus fous. J'ai même tristesse et même effroi, s'il se peut dire, à voir dans les légendes le lion, le chien, les oiseaux, ces êtres jadis sages, de les voir imbéciles. Les bêtes sont devenues des sottes. Tel animal qui dans l'Inde fut l'ami de Râma, tel qui eut dans la Perse son Férouer ailé, son génie [1], chez saint Antoine et saint Macaire, etc., est un pénitent ridicule. Le lion devient frère lai de l'ermite, porte son bagage. L'hyène écoute ses sermons et promet de ne plus voler.

Légendes illusoires. Dans la pensée chrétienne, l'animal est suspect, la bête semble un masque. Les *velus*, nom sinistre que les Juifs donnent aux animaux, sont des diables muets. Et toute la nature devient démoniaque. L'arbre en ses feuilles sombres est plein de terreurs et de pièges. N'est-il pas le coupable où le serpent s'enroule pour capter, tromper Ève, et pour perdre le genre humain ? Si ce n'est le serpent, c'est l'oiseau, c'est le rossignol (démon de mélodie), qui de là chante encore pour troubler, égarer les cœurs. Par ces arbres enchantés, la magie du désert s'opérait, la nue y venait, les eaux ; de là les fleurs, les fruits et toutes les tentations de l'homme... À bas ! arbres funestes ! Que la plaine s'étende, âpre, nue, désolée. La Terre fit trop l'amour ; qu'elle fasse aujourd'hui pénitence [2].

---

[1] Beau sujet, la *Cité des bêtes*, leur grandeur et leur décadence. Il appartient au très-charmant esprit qui a trouvé ce titre et seul le remplira, Eugène Noël. – Il contient une part énorme des affaires humaines. On voit par l'Avesta que nous n'avons vécu que par l'alliance du chien contre le lion. La terreur du lion réunit. Où il manque, on s'isole. Le lion fit les sociétés.

[2] Les trois *peuples du Livre*, le Juif et ses deux fils, le Chrétien et le Musulman, cultivant la Parole et négligeant la vie, riches en mots, pauvres d'œuvres, ont oublié la Terre. *Terra mater*. Impies !... Voyez la nudité du vieux monde gréco-byzantin. Voyez les maussades déserts, âpres, salés de la Castille. Voyez tous les canaux de l'Inde abandonnés par les Anglais. La Perse, ce paradis de Dieu, qu'est-elle ? Un cimetière musulman. De la Judée à Tunis, au Maroc, et d'autre part d'Athènes à Gênes, toutes ces cimes chauves qui regardent d'en haut la Méditerranée, ont perdu leur couronne de culture, de forêts. Et reviendra-

Ainsi commença ici-bas ce phénomène étrange, la haine de la création, et la persécution, l'exil de Dieu le Père. Le Verbe seul régna. Jusqu'à l'an 1200, pas un autel, pas une église au Père, pas même de symbole qui le rappelle au moins. Il ne tint pas à l'homme (chose énorme !) que Dieu ne fût mis *hors la nature*, hors de la grande Église dont il est la vie, l'âme, qui naît incessamment de lui !

Le Père ! mot cher, sacré, l'amour de l'ancien monde. La famille y avait son ferme appui, son *genius* auguste, le foyer sa solidité. Tout flotte au Moyen Âge. L'époux est-il l'époux ? le père est-il le père ? Je ne sais. La famille, idéale et mystique, calquée sur la légende, a son autorité ailleurs. Nul chef de la famille. *Nul père* au sens ancien. Ce nom qui voulait dire créateur et générateur, un tiers l'a maintenant. Le père lui dit : « Mon Père ! » Qu'est-il dans sa propre maison ?

Écartons l'idée qui pourtant revient partout au Moyen Âge, écartons l'adultère. Supposons la famille respectée, pure et sainte. La chose est toujours triste. C'est le mépris de l'homme, c'est l'époux ravalé. Pour lui l'épouse est vierge. Car elle a l'âme ailleurs, et, donnant tout, ne donne rien. Autre est son idéal. Si vous la voyez mère, c'est qu'elle a conçu de l'Esprit. Le fils est à elle. À lui non. Voilà la maison à l'image de la société extérieure. La mère et le fils sont un peuple, l'homme un peuple inférieur. Il est le serf, la bête. L'écrasement du monde se reproduit ici justement au refuge où l'infortuné eût voulu refaire son pauvre cœur.

Quel est cet enfant qui grandit, fleurit d'une grâce précoce sous l'œil complaisant de la mère ? L'homme en est

---

t-elle ? Jamais. Si les antiques dieux, les races actives et fortes, sous qui fleurissaient ces rivages, sortaient aujourd'hui du tombeau, ils diraient : « Tristes *peuples du Livre*, de grammaire et de mots, de subtilités vaines, qu'avez-vous fait de la Nature ? »

fier lui-même, il le préfère aux autres. Et pourtant comme il en diffère ! On le sent trop bien par moments. Fluctuation amère ! incurable tristesse ! L'homme ne saura pas s'il doit ou ne doit pas l'aimer. Il l'aime, en attendant. Mais nulle sécurité. Nulle joie vraie et complète. Il a perdu le rire, et ne l'aura plus ici-bas.

Dans le *Primitif Évangile* (Protevangelium), livre cité des premiers Pères, la touchante figure de Joseph est déjà posée, sa compatissante bonté, mais son chagrin profond, ses larmes.

Beaucoup plus explicite est l'*Évangile du charpentier* (Fabri lignarii). Livre fort et naïf, qu'on semble avoir détruit tant qu'on a pu. On ne l'a retrouvé que dans une version arabe. Mais il n'est point arabe, il n'en a pas les sottes fleurs. Il est grec ou hébreu. Avec une force prophétique, ce pauvre petit livre a peint en Joseph, en Jésus, toute la situation des mille ans qui suivirent, la cruelle plaie de la famille.

Joseph dès l'origine a été admirable pour la pauvre orpheline, fort durement rejetée du Temple, qui la donne, compromise et pauvre. Peu engagé, et simple fiancé, il lui ouvre les bras, la sauve. Il n'en est pas moins triste, et reste tel tout sa vie. À sa mort c'est bien pis. Son âme, affaiblie de chagrins, se trouble, désespère. Il pleure sa destinée, il maudit sa naissance, croit que sa mère l'a fait dans un jour de mauvais désir (selon le mot du psaume), dit enfin : « Malheur à mon corps ! et malheur à mon âme ! Je la sens déjà loin de Dieu ! » Cri amer. Il n'a eu ni la terre, ni le ciel. Il a vécu près d'*elle,* avec *elle* et sans *elle* ! Et, au bout de cette vie sombre, il voit « les lions d'enfer ». Il craint Jésus lui-même pour les pensées mauvaises que lui Joseph eut de Marie. Il a tort. Jésus a un cœur. Il pleure lui-même abondamment, le calme, le rassure, lui ôte les terreurs de la mort. « Rien ne mourra de toi, n'aie peur ! Ton corps même restera, ne se dissoudra pas, demeurera intact, jusqu'au grand Banquet de mille ans. »

Ainsi, de si bonne heure, on peignit à merveille ce qui allait venir, se répéter partout. Ce qu'on ne prévit pas, c'est que, dans cet enfer, les damnés du mariage aigriraient leurs douleurs en se moquant les uns des autres. La cruelle poésie des Noëls les suit dans tout le Moyen Âge. Il faut en rire, il faut les chanter, être gai. Il n'est pas permis d'être triste. Et c'est le plus triste qui chante, pour n'être un objet de risée. Cela le suit partout. Quelque part qu'il se tourne, aux chants de veillée, aux Mystères qu'on joue aux portes des églises, aux Mystères figurés de pierre, même légende partout et toujours. Aux Noëls le Roman succède, douceâtre délayage qui mondanisa la légende. Une littérature tout entière étend et remue le poison, le versant dans la plaie, ne donnant rien au cœur que la blessure aiguë du doute, au plus sensible point... l'amour !

L'amour au moins subsiste de l'enfant à la mère. « Dans ce culte, l'objet aimé semble l'enfant ? » On le croirait. À tort.

Dès les Juifs, la famille est dure. « N'épargne la verge à ton fils » « Bats-le assidûment » (Prov., XIII, 24 ; XXIII, 13 ; XXIX, 15 ; Eccl. XXX, 1, 9, 10). « Ne souris jamais à ta fille, et garde son corps pur » (Eccl., VII, 26). Choquant précepte ! étrange ! D'autant mieux il ira aux casuistes. Ils s'en emparent, en font de honteux commentaires ; tel défend à la mère de regarder son fils !

Qu'est-il donc, cet enfant ? La Chair, le péché incarné. Plus elle est belle et riche, cette Chair, et de lis et de roses, plus elle représente l'amour, le moment de l'amour où Nature la damnée parla. Hélas ! sur ses genoux, dans ses bras, sur son sein, que tient-elle sinon le Péché?... Aussi qu'elle est triste et craintive! Osera-t-elle aimer? Oui et non... Si elle aimait trop?... Quelle limite?... Oh! cruelles doctrines, qui, brisant le foyer, rendent l'amour amer, glacent jusqu'à l'amour maternel.

« Donc, nul amour qu'en Dieu. Dieu aima tout le monde... Il peut exiger tout, quand il a donné tout, son Fils! » – Énorme sacrifice dont la Bonne Nouvelle semblait l'infini du Pardon, montrait le péché mort, la justice impossible, l'enfer vaincu, éteint. Mais comment donc subsiste encore la vieille idée barbare, la *Prédestination,* qui fait des réprouvés de naissance, créés pour l'enfer? Idée désespérante qui plane obscure sur l'Ancien Testament, – qui, dans les Évangiles, durement se détache d'un fond doux en éclairs sanglants [1], – qui, forte dans saint Paul, se fait homme, un cruel docteur, – et dans Augustin, un bourreau.

Que l'Amour est terrible! La porte des enfers chez Dante porte ce mot: « C'est l'Amour qui me fit. » L'Amour fait la fureur, la férocité d'Augustin. Âme africaine, en son ardeur pour Dieu, il blâme, il damne les Pères grecs qui avaient quelques doutes sur l'enfer éternel, osaient croire

---

[1] « À vous il fut donné de savoir les mystères du royaume des cieux. À eux, cela n'est pas donné » (Matth., XXII. Voir aussi Jean, XII, 40). – Pourquoi parler en paraboles? « Pour qu'ils voient sans voir, entendent sans entendre » (Marc, IV, 11; Luc, VII, 10). Et Marc ajoute: « De peur qu'ils ne se convertissent, et que leurs péchés ne leur soient remis » (Marc, IV, 12). – Ce qui est plus étrange, c'est que, conformément à l'ancien esprit juif, *« Dieu tente l'homme. »* (Ne nous induis pas en tentation...) Je voudrais me tromper. J'ai mal compris peut-être?... Quoi de plus cruel pour le cœur?

que le bienheureux, regardant le damné, pourrait avoir compassion[1].

Et qui le damne ? Tout le monde. On voit par Augustin qu'en cette doctrine de l'Amour, l'aimé est introuvable, l'élu est rare, presque impossible... Grand Dieu ! quoi de plus dur aurait eu donc la Loi ? Rendez-moi la Justice.. Près d'elle, j'aurais eu du moins des circonstances atténuantes. Mais nulle avec la Grâce. Mon sort est fait d'avance... Oh ! délivrez-moi de l'Amour !

« Si vous avez voyagé quelquefois dans les montagnes, vous aurez peut-être vu ce qu'une fois je rencontrai.

Parmi un entassement confus de roches amoncelées, au milieu d'un monde varié d'arbres et de verdure, se dressait un pic immense. Ce solitaire, noir et chauve, était trop visiblement le fils des profondes entrailles du globe. Nulle verdure ne l'égayait, nulle saison ne le changeait ; l'oiseau s'y posait à peine, comme si, en touchant la masse échappée du feu central, il eût craint de brûler ses ailes. Ce

---

[1] La terrible stérilité du moyen âge a jugé ces doctrines. Il semble que le feu ait passé. Que de siècles en vain ! Une érudition patiente retrouve bien ceci et cela. Mais vraiment, comment n'en rougir ? Quoi ! si peu pour mille ans !... Mille ans ! mille ans ! vous dis-je, et pour cette société de tant de peuples et de royaumes !... Comme on traîne jusqu'en 1200 !... Et, depuis 1200, état plus lamentable, on ne peut vivre ni mourir. En six cents ans, avec tant de ressources, on ne peut créer rien qui ne soit de la haine, qui ne tourne en police. – Vers 1200, les ordres Mendiants, leur charité brûlante, le culte de Marie. Et tout cela police, celle (grand Dieu !) de l'Inquisition. – Vers 1500, la croisade d'Ignace, chevalerie, et pourtant police, un réseau d'intrigue infinie. – Aujourd'hui, saint Vincent de Paul, philanthropie dévote. Le public et l'État n'y ont vu que police encore.

sombre témoin des tortures du monde intérieur semblait y rêver encore, sans faire la moindre attention à ce qui l'environnait, sans se laisser jamais distraire de sa mélancolie sauvage...

Quelles furent donc les révolutions souterraines de la terre, quelles incalculables forces se combattirent dans son sein, pour que cette masse soulevant les monts, perçant les rocs, fendant les bancs de marbre, jaillît jusqu'à la surface !... Quelles convulsions, quelles tortures arrachèrent du fond du globe ce prodigieux soupir !

Je m'assis, et, de mes yeux obscurcis, des larmes, lentes, pénibles, commencèrent à s'exprimer une à une... La nature m'avait trop rappelé l'histoire. Ce chaos de monts entassés m'opprimait du même poids qui, pendant tout le Moyen Âge, pesa sur le cœur de l'homme, et dans ce pic désolé, que du fond de ses entrailles la terre lançait contre le ciel, je retrouvais le désespoir et le cri du genre humain.

Que la Justice ait porté mille ans sur le cœur cette montagne du Dogme, qu'elle ait, dans cet écrasement, compté les heures, les jours, les années, les longues années... C'est là, pour celui qui sait, une source d'éternelles larmes.

Ce qui m'a percé le cœur, c'est la longue résignation, la douceur, la patience, c'est l'effort que l'humanité fit pour aimer ce monde de haine et de malédictions sous lequel on l'accablait.

Quand l'homme qui s'était démis de la liberté, défait de la Justice, comme d'un meuble inutile, pour se confier aveuglément aux mains de la Grâce, la vit se concentrer sur un point imperceptible, les privilégiés, les élus, et tout le reste perdu sur la terre et sous la terre, perdu pour l'éternité, vous croiriez qu'il s'éleva de partout un hurlement de blasphème. – Non, il n'y eut qu'un gémissement...

Et ces touchantes paroles : "S'il vous plaît que je sois **damné**, que votre volonté soit faite, ô Seigneur !"

Et pourtant quelle tentation constante de désespoir et de doute !... Que le servage ici-bas, avec toutes ses misères, fut le commencement, l'avant-goût de la damnation éternelle ! D'abord, une vie de douleur, puis, pour consolation, l'enfer !... Damnés d'avance !... Pourquoi alors ces comédies du Jugement qu'on joue au parvis des églises ? N'y a-t-il pas barbarie à tenir dans l'incertitude, toujours suspendu sur l'abîme, celui qui, avant de naître, est adjugé à l'abîme, lui est dû, lui appartient ?

Avant de naître !... L'enfant, l'innocent, créé exprès pour l'enfer !... Mais que dis-je, l'innocent ? c'est là l'horreur du système : il n'y a plus d'innocence.

Je ne sais point, mais j'affirme, hardiment, sans hésiter : Là fut l'insoluble nœud où s'arrêta l'âme humaine, où branla la patience...

L'enfant damné ! Plaie profonde, effroyable, du cœur maternel... Celui qui la sonderait, y trouverait beaucoup plus que les affres de la mort.

C'est de là, croyez-le bien, que partit le premier soupir... De protestation ? nullement... Et pourtant, à l'insu même du timide cœur de femme qui le laissa échapper, il y avait un *Mais* terrible dans cet humble, dans ce bas, dans ce douloureux soupir.

Si bas, mais si déchirant !... L'homme, qui l'entendit la nuit, ne dormit plus cette nuit... ni bien d'autres... Et le matin, avant le jour, il allait sur son sillon ; et alors, il trouvait là beaucoup de choses changées. Il trouvait la vallée et la plaine de labour plus basses, beaucoup plus basses, profondes, comme un sépulcre ; et plus hautes, plus sombres, plus lourdes, les deux tours à l'horizon, sombre le clocher de l'église, sombre le donjon féodal... Et il commençait aussi à comprendre la voix des deux cloches. L'église sonnait : *Toujours*. Le donjon sonnait : *Jamais*... Mais en même temps, une voix forte parla plus haut dans son cœur... Cette voix disait : *Un jour !*... Et c'était la voix de Dieu !

Un jour reviendra la justice ! Laisse là ces vaines cloches ; qu'elles jasent avec le vent... Ne t'alarme pas de ton doute. *Ce doute c'est déjà la foi.* Crois, espère ; le Droit ajourné aura son avènement, il viendra siéger, juger, dans le dogme et dans le momde... Et *ce jour* du Jugement s'appellera la Révolution. »[1]

---

[1] Michelet, *Histoire de la Révolution,* t. I, Introd., p. XLI (31 janvier 1847).

Conclusion

J'aurais voulu que ce livre sacré qui véritablement n'a rien de moi, qui est l'âme du genre humain, – n'offrît pas un mot de critique, que tout y fût bénédiction.

Et voilà qu'aux derniers chapitres la critique nous ressaisissait. Ce n'est pas notre faute. Comment parler de la pensée moderne, de son heureux accord avec la haute Antiquité, sans expliquer les longs retards, la halte de stérilité, que nous subîmes au Moyen Âge ?

On la subit encore. Pour dire vrai, le retard, l'arrêt trop souvent recommence. Par moments nous traînons. Avec des puissances immenses, de pas en pas nous semblons essoufflés. Pourquoi ? rien n'est plus clair, nous traînons une chose morte, et d'autant plus pesante. Si c'était notre peau, nous viendrions à bout d'en sortir, comme fait le serpent. Plusieurs se secouent fort. Mais le mal est au fond.

Il est en nos amis autant que dans nos ennemis. Par un million de fils (souvenirs, habitudes, éducation, affections), chacun est lié au dedans. Les grands esprits comme les autres. Elle-même, la Fantaisie qui se croit libre et reine, voltigeant du Droit à la Grâce, a ses servitudes intérieures. La très-vive sensibilité des artistes, si concentrée, sent d'autant moins les maux des hommes. Dante paraît n'avoir rien dit de la grande Terreur Albigeoise, de l'éclipse d'un monde, du fait épouvantable qui ouvre en

1300 le culte de Satan. Il plante son drapeau non dans l'Évangile éternel (la haute conception de ce temps), mais en arrière, dans saint Thomas. Shakespeare, le roi des magiciens, va cherchant du ciel aux enfers. Mais la terre? mais son temps? Sous la tapisserie il ne sent que Polonius, et non la taupe noire qui prépare la guerre de Trente ans et la mort de dix millions d'hommes. Rousseau, à l'étourdie, par un mot de l'*Émile*, lance un siècle de réaction.

Tels génies de nos jours (qui, je pense, ne rougiront pas de se trouver en si haute compagnie) croient pouvoir encore concilier l'inconciliable. Par pitié, par bon cœur, ou par vieille habitude, ils gardent un lambeau du passé. La tendre souvenance des mères, les pensées du berceau, et, que sais-je? l'image flottante de chaque bon vieux précepteur, – ces choses restent devant leurs yeux et leur cachent le monde, l'immensité des maux prolongés indéfiniment, les Spielberg et les Sibéries, – les Sibéries morales, je veux dire, la stérilité, le refroidissement progressif, qui s'opère en ce moment même.

Il faut faire volte-face, et vivement, franchement, tourner le dos au Moyen Âge, à ce passé morbide, qui, même quand il n'agit pas, influe terriblement par la contagion de la mort. Il ne faut ni combattre, ni critiquer, mais oublier.

Oublions et marchons!

Marchons aux sciences de la vie, au musée, aux écoles, au Collège de France.

Marchons aux sciences de l'histoire et de l'humanité, aux langues d'Orient. Interrogeons le *genius* antique dans son accord avec tant de récents voyages. Là, nous prendrons le *sens humain*.

Soyons, je vous prie, *hommes*, et grandissons-nous des nouvelles grandeurs, inouïes, de l'humanité.

Trente sciences attardées viennent de faire éruption, avec une optique nouvelle, une puissance de méthodes, qui sans nul doute les doublera demain.

Trente siècles de plus ajoutés à l'Antiquité, je ne sais combien de monuments, de langues, de religions, plusieurs mondes oubliés qui reviennent juger celui-ci.

Une énorme lumière et de rayons croisés, terriblement puissante (plus que la lumière électrique), foudroyant le passé en toutes ses sciences de sottise, a montré à la place l'accord victorieux des deux sœurs, Science et Conscience. Toute ombre a disparu. Identique en ses âges, sur sa base solide de nature et d'histoire, rayonne la Justice éternelle.

C'est le sujet du présent livre. Grand sujet et facile. Tout était si bien préparé que la plus faible main a suffi pour l'écrire, mais l'auteur, c'est le genre humain.

Le vœu qu'un grand prophète faisait au seizième siècle est la chose accomplie. *Ici, la Foi profonde.* Qui pourrait l'ébranler, et d'où viendrait l'attaque ? Science, Conscience, se sont embrassées.

Tel cherche, ou fait semblant. Il tâtonne en plein jour. Faux aveugle qui veut un bâton, lorsque la voie est plane, si merveilleusement éclairée.

Voici le genre humain tout entier qui se met d'accord. Que voulez-vous de plus ? Quel intérêt avez-vous à douter ?

De l'Inde jusqu'à 89, descend un torrent de lumière, le fleuve de Droit et de Raison. La haute Antiquité, c'est toi. Et ta race est 89. Le Moyen Âge est l'étranger.

La Justice n'est pas l'enfant trouvé d'hier, c'est la maîtresse et l'héritière qui veut rentrer chez elle, c'est la vraie dame de maison. Qui était avant elle ? Elle peut dire : « J'ai germé dans l'aurore, aux lueurs des Védas. Au matin de la Perse, j'étais l'énergie pure dans l'héroïsme du travail. Je fus le génie grec et l'émancipation par la force d'un mot : "Thémis est Jupiter", *Dieu est la Justice même.* De là Rome procède, et la Loi que tu suis encore. »

« Je voudrais... Je vois bien... » – Mais il faut vouloir tout à fait.

Pour terminer, trois mots, mais pratiques, et du père au fils : Épuration, Concentration, Grandeur.

Soyons nets, purs des vieux mélanges. Ne pas boiter d'un monde à l'autre.

Se garder en deux sens, – fort contre le chaos du monde et des opinions, – fort au foyer par l'unité du cœur.

Le foyer est la pierre qui porte la Cité. S'il n'est un, tout périt. Aux vains systèmes qui le diviseraient, la réponse est terrible : L'enfant ne vivra pas. L'homme en sera réduit, et le citoyen impossible.

Ils crient : Fraternité ! Mais ils ne savent guère ce que c'est. Elle veut une sûreté et de mœurs et de caractère, une austérité pure, dont ce temps a peu l'idée.

Si le foyer doit être étendu, c'est d'abord en y faisant asseoir toute l'humanité héroïque, la grande Église de Justice, qui, entre tant de peuples et d'âges, s'est perpétuée jusqu'à nous.

Il redevient alors ce qu'il était, *l'autel.* – Un reflet l'illumine de l'Âme universelle des mondes, qui n'est que Justesse et Justice, l'impartial et l'immuable Amour.

C'est le ferme foyer, que ce livre voudrait vous faire, ou du moins commencer. Il croit vous y donner ce qu'à moi-même il donnait si souvent en ce très long labeur qui me tenait le jour et m'éveillait la nuit : Un grand apaisement de toute épreuve humaine, une joie grave et sainte, la profonde paix de la lumière.

TABLE

INTRODUCTION
QUE MA JOIE DEMEURE
par Claude Mettra III

PRÉFACE 9

PREMIÈRE PARTIE

LES PEUPLES DE LA LUMIÈRE

L'INDE

Le Râmayana 19
   La Bible de la bonté. Mystère caché du génie indien.
Comme on retrouva l'Inde antique 23
   Anquetil et les indianistes. Apparition des Védas.
L'art indien. Exposition de 1851 26
   Le cachemire. Domestication de l'éléphant.

Primitive famille indienne. Le premier culte 33
Chant de l'aurore. Monogamie. La *dame*. Elle coopère au sacrifice, à l'hymne. L'homme de plain-pied avec les dieux.

Les profondes libertés de l'Inde 49
Le Râmayana est une émancipation.

Rédemption de la nature 56
L'animal réhabilité, humanisé. Le pardon infini.

LA PERSE

La terre, l'Arbre de vie 69
Agriculture héroïque. Vie de lumière dans la justice. Faire justice au Feu, à la Terre, à l'animal. Évoquer l'eau, et féconder la terre. L'Arbre de vie. Hôma, arbre-lumière-parole. L'homme, par la Parole soutient et engendre le monde.

Combat du Bien et du Mal. Le Pardon définitif 75
Iran contre Touran. Le dragon d'Assyrie. Travail, ordre, justice. Juste distribution des eaux. Combat universel d'Ormuzd contre Ahrimane. Tous les bons aident Ormuzd à vaincre et réconcilier Ahrimane.

L'âme ailée 83
Honorer son âme. Inquiétude pour l'âme qui passe à l'autre vie. Le soleil absorbe le corps, l'oiseau vient cueillir l'âme. Elle est accueillie par un ange (sa vie transfigurée).

L'Aigle et le Serpent 89
Le règne du dragon. Le forgeron libérateur. L'aigle envahit Babylone. Il reste l'âme de l'Asie.

Le Shah Nameh. La Femme forte 94
Culte des sources. Firdousi, l'Homère de la Perse. Traditions de familles. Mères. Amour conjugal. Vie et malheurs de Firdousi.

LA GRÈCE

Rapport intime de l'Inde, de la Perse et de la Grèce 105
Elle sauve le monde à Salamine, le relève à la Renaissance. Son génie de transformation, d'éducation.

Terra mater, Dè-méter ou Cérès 108
Le saint mystère pélasgique, *l'âme de la terre*. Douceur indienne, horreur du sang. La *Passion* maternelle. Pureté de

la légende de Cérès. Fête des fleurs. Fête des lois. Cérès crée la Cité, enseigne l'Immortalité.

Légèreté des dieux ioniques.

La force de la famille humaine 121
La Grèce est anti-sacerdotale. Gamme des dieux (Feu, Terre, Eau, Ciel). Éducation des dieux, de mythe en mythe. Vie haute, légère et pure de la Grèce. La famille originaire y diffère peu de celle des Védas. La femme égale de l'homme, arbitre des disputes.

L'invention de la Cité 132
Sévérité de la Grèce, son sourire héroïque. La guerre pure gymnastique ; nul esclave. La Grèce est assombrie par les guerres doriques, les dures servitudes des Hilotes, Clérotes, etc. Le destin, Moira, Némésis. Le Prométhée sauveur fut la Cité.

L'éducation. L'enfant. Hermès 141
Athènes forme à la fois le citoyen, le héros, l'*homme.* Éducation de liberté, d'énergie, de bonheur. Hermès donne à l'enfant l'aile et le rythme. Le miracle de la langue grecque.

Apollon. Lumière. Harmonie 149
Delphes. Son élysée de statues. Comment Apollon fut humanisé, divinisé. Guerre de la lyre contre la flûte barbare. Jeux pacificateurs de Delphes. Amphictyons. Haute harmonie de la Grèce en Apollon.

Hercule 158
Hercule est pour la lyre contre la flûte et Bacchus. Les Travaux et le Travailleur. Hercule dompte, façonne la terre. Combien ce mythe est au-dessus des poëmes homériques. Bâtard, cadet, esclave ; victime et bienfaiteur du monde. Il met la paix en Grèce, dompte les brigands et les fleuves. Il fonde par toute la terre le droit de l'hospitalité. Jalousie des dieux. Bacchus arme les Centaures. On l'oblige d'aller aux enfers. Il ramène Alceste. Crimes involontaires. Esclavage. Mort. Il laisse le type de la *Passion* active et héroïque.

Le Prométhée 173
Eschyle soldat, censeur, prophète. Dans la haute gloire d'Athènes, il est plein de pressentiments. L'art nouveau. Règne de Bacchus. Eschyle contre les *jeunes dieux* et la tyrannie imminente. Eschyle évoque l'anti-tyran, Prométhée, fils de la Justice contre le tyran, Jupiter-Bacchus. Prométhée prépare le Stoïcien et le Jurisconsulte. La Grèce ne périt ni par la guerre, ni par l'esclavage, ni par les mauvaises mœurs mais par l'affaiblissement de la famille, l'isolement de la femme (exemple Sapho) et par l'invasion énervante des dieux d'Orient.

Deuxième partie

Les peuples du crépuscule, de la nuit et du clair-obscur

L'Égypte. La mort 203

Immense monument mortuaire. Fleuve de vie.
Harmonie grandiose. Tous l'ont copiée.
Bonté d'Isis. La Famille sur l'autel.
Mort d'Osiris, deuil d'Isis (histoire réelle, éternelle).
L'amour plus fort que la mort. Osiris revient pour elle.
Amour exclusif et tout individuel, qui s'attache aux restes de l'objet aimé.
Isis adopte et allaite Anubis, fils du meurtrier.
Anubis crée les arts, guide, rassure les morts.
Dure condition de l'Égyptien ; sa vie prodigue.
Sa terreur des mauvais Esprits.
L'arbre s'attendrit pour lui, reçoit en dépôt son cœur.
Histoire de Satou (roman des temps de Moïse).

Syrie. Phrygie. Énervation 223

Idéal luxurieux. La femme-poisson-colombe.
Astarté et Moloch ; prostitution, mutilations.
La légende d'inceste : Sémiramis, Loth et Myrrha.
Sémiramis ; Mages de Babel, la mère-épouse.
Furie orgiastique des enterrements. Naissance d'Adonis, incestueuse et funéraire.
Mort d'Adonis ; évanouissements de la force mâle.
Hospitalité de Babylone. Les reines mages.
L'idole *Mère* et l'impure unité de Dieu.
Le clergé de Cybèle ; ses papes ; ses Mendiants, capucins de l'Antiquité.

Bacchus-Sabas. Son incarnation. Le Tyran 239

Invasion des dieux d'Orient.
Belphégor, l'âme bachique et priapique.

Bacchus-Sagreus, et sa *Passion*.
Il s'empare d'Éleusis, devient *Médiateur*.
Le Médiateur d'amour (Banquet).
Bacchus conquérant, dieu des tyrans et des esclaves.
Orgies féminines et bacchanales.

Suite. Incarnation de Sabas
L'Orgie militaire 251

Olympias prétend avoir conçu du serpent Sabas Alexandre le Grand.
Alexandre eut l'extérieur et le caractère barbares.
Son expédition était dès longtemps préparée.
Il joue Achille, il joue Cyrus, etc.
Insolence et ingratitude ; il se fait adorer.
Résistance de Callisthène (*philosophie de l'énergie*).
Le retour ; l'orgie du nouveau Bacchus.
Son histoire donne l'essor aux idées Messianiques.
Les Mages organisent le cérémonial monarchique imité depuis.

Le Juif. L'Esclave 267

La parenté du Juif, Syrie, Phénicie, Carthage.
La Judée attira à tout prix des habitants.
Preuves qu'elle fut un *asile* ouvert à l'étranger et à l'esclave.
Caractère du Juif, pacifique et spéculateur.
Il a la gloire d'avoir éternisé le soupir de l'esclave.
Les chants de nuit.
L'Esprit du désert, le vengeur Jéhovah.
Les deux religions de la Bible, Élohim et Jéhovah.
Efforts du prophète pour épurer ces deux cultes.
Le Juif se croit un *élu* ; Dieu lui pardonnera tout.
Dieu aime l'indigne et le pécheur.
Le mâle aspect de la Loi couvre le dogme féminin de la Grâce.
Jérémie, Ézéchiel réclament pour la Justice contre l'*hérédité du crime*.
La Captivité. Maximes de la petite prudence.
La Bible témoigne d'une grande expérience.
Beaux récits. Massacres imaginaires. La flamme sèche.
Sécheresse des pharisiens. Sécheresse de la Cabale.

(Note. Mérites divers du Juif. Il est *le meilleur esclave*, se relevant par le sentiment de la liberté intérieure).
Adoration de l'alphabet, étrangement mêlée de mysticisme.

Le monde Femme 287

Le Cantique des cantiques.
Son caractère de luxure syrienne.
– de finesse et d'âpreté juives.
Toute-puissance de la fille aux Sept démons.
La Syrienne propre aux affaires autant qu'au plaisir.
Prudence timide de l'homme. Énervation générale.
L'avènement du Roman. Les romans juifs.
Esther donne l'histoire générale des Syriennes, Juives, Gréco-Phéniciennes, répandues alors partout.
On les vend et on les loue.
Leur attachement aux dieux d'Orient qu'égalent les matrones romaines.
Les dieux de la mort (Égyptiens, etc.) envahissent Rome.

Le combat de la Femme et du Stoïcien, de la Loi et de la Grâce 305

Le génie Italique. Il repousse d'abord l'Orient, détruit Carthage.
Le Stoïcisme. Essor de la jurisprudence.
Elle trouva un monde usé et affaissé.
Elle travailla pour ses ennemis, pour la Femme, mère et agent du Messianisme.

Triomphe de la Femme 321

Le christianisme est né de Marie.
Jusqu'à l'an 369, la Femme fut prêtre.
Comme de Marie naît Jésus.
Le Protevangelium, *Évangile primitif* (de Marie).
Lutte du Temple et de la Synagogue. Les rabbi.
Jésus n'enseigna que lui-même.
Trois femmes commencent la légende.

Vie de Marie d'après le Protevangeliumv.
Les femmes qui entourent Jésus. La Madeleine.
Les femmes qui entourent Paul. Thécla, Lydda, Phœbé.
L'Épître aux Romains, manifeste de la Grâce contre la Loi.
Phœbé la porte à Rome, au palais de Néron.
Doctrine d'obéissance illimitée.
Double caractère de Néron.
Lutte que Phœbé dut soutenir contre les Stoïciens et les Juristes.
Puissance de la Femme-Prêtre pendant quatre siècles.

DÉFAILLANCE DU MONDE
L'ÉCRASEMENT DU MOYEN ÂGE 343
    Attente de la mort. Inertie.
    L'Empire ouvert aux Barbares.
    L'Empire oppose Mithra à Jésus.
    Énervation littéraire. *Hermas.*
    Haine de la Nature, mépris du Père. Douloureux évangile de Joseph (*Faber lignarius*).
    Prédestination et prédamnation.
    Écrasement du Moyen Âge.

CONCLUSION 361

    Ne plus critiquer, mais (pour le moment) oublier le Moyen Âge.
    Marcher vers l'avenir, prendre le *sens* vraiment *humain.*
    La *Foi profonde* est fondée, car la Science et la Conscience se sont entendues.
    Comment s'affirmer dans la voie nouvelle.

Bibliothèque Complexe

Don Juan
Mythe littéraire et musical
Textes de Barbey d'Aurevilly, Baudelaire, Da Ponte, Hoffmann, Lenau, Mérimée, Molière, Pouchkine, Tirso de Molina
Réunis et présentés par Jean Massin

Voltaire
Dictionnaire de la pensée de Voltaire par lui-même
Textes choisis et édition établie par André Versaille
Préface de René Pomeau
Introduction d'Emmanuel Le Roy Ladurie

Jean de La Fontaine
Œuvres
Sources et Postérité d'Ésope à l'Oulipo
Édition établie et présentée par André Versaille
Préface de Marc Fumaroli, de l'Académie française

Le Fantastique féminin
D'Ann Radcliffe à Patricia Highsmith
Nouvelles choisies et présentées par Anne Richter

Histoires de doubles
D'Hoffmann à Cortázar
Récits choisis et présentés par Anne Richter

Victor Segalen
Voyages au pays du réel
Œuvres littéraires
Édition présentée et annotée par Michel Le Bris

Amours coloniales
Aventures et fantasmes exotiques
de Claire de Duras à Georges Simenon
Récits choisis et présentés par Alain Ruscio
Préface de Madeleine Rebérioux

Alain Ruscio
Le Credo de l'homme blanc
Préface d'Albert Memmi

Assassins, hors-la-loi, brigands de grands chemins
Mémoires et histoires de Lacenaire, Robert Macaire, Vidocq et Mandrin
Édition présentée par Michel Le Bris

La Belgique artistique et littéraire
Une anthologie de langue française (1848-1914)
Édition présentée par Paul Aron

Camille Lemonnier, Georges Eekhoud,
Maurice Maeterlinck, Georges Rodenbach,
Émile Verhaeren, Charles Van Lerberghe
La Belgique fin de siècle.
Romans. Nouvelles. Théâtre
Édition présentée par Paul Gorceix

Maurice Maeterlinck
La Vie de la nature : La Vie des abeilles,
L'Intelligence des fleurs, La Vie des termites, La Vie des fourmis
Préface de Jacques Lacarrière
Postface de Paul Gorceix

Regard littéraire
collection dirigée par André Versaille

1. OSCAR WILDE
LE DÉCLIN DU MENSONGE
Préface de Dominique Fernandez

2. JULIEN GRACQ
PROUST CONSIDÉRÉ COMME TERMINUS
suivi de STENDHAL, BALZAC, FLAUBERT, ZOLA

3. JULES BARBEY D'AUREVILLY
CONTRE DIDEROT
Préface de Hubert Juin

4. LÉON BLOY
SUR J.-K. HUYSMANS
Préface de Raoul Vaneigem

5. MAURICE BLANCHOT
SADE ET RESTIF DE LA BRETONNE

6. CHARLES BAUDELAIRE
POUR DELACROIX
Préface de René Huyghe,
de l'Académie Française

7. THOMAS MANN
TRAVERSÉE DE DON QUICHOTTE
Préface de Lionel Richard

8. GUY DE MAUPASSANT
POUR GUSTAVE FLAUBERT
Préface de Maurice Nadeau

9. MARCEL PROUST
SUR BAUDELAIRE, FLAUBERT ET MORAND
Préface d'Antoine Compagnon

10. JOHN RUSKIN
SÉSAME ET LES LYS
Traduit de l'anglais par Marcel Proust
précédé de
SUR LA LECTURE
de **MARCEL PROUST**
Préface d'Antoine Compagnon

11. HENRY JAMES
SUR MAUPASSANT
précédé de
L'ART DE LA FICTION
Préface d'Evelyne Labé

12. HENRI-FRÉDÉRIC AMIEL
DU JOURNAL INTIME
Préface de Roland Jaccard

13. JEAN PAULHAN
PAUL VALÉRY OU
LA LITTÉRATURE CONSIDÉRÉE COMME UN FAUX
Préface d'André Berne-Joffroy

14. JEAN PAULHAN
LE MARQUIS DE SADE ET SA COMPLICE OU
LES REVANCHES DE LA PUDEUR
Préface de Bernard Noël

15. LOUIS-FERDINAND CÉLINE
LE STYLE CONTRE LES IDÉES
Préface de Lucien Combelle

16. MAURICE BLANCHOT, JULIEN GRACQ, J.-M. G. LE CLÉZIO
SUR LAUTÉAMONT

17. MAURICE BARRÈS
GRÉCO OU
LE SECRET DE TOLÈDE
Préface de Jean-Marie Domenach

18. GEORGES SIMENON
L'ÂGE DU ROMAN
Préface de Jean-Baptiste Baronian

19. WITOLD GOMBROWICZ
CONTRE LES POÈTES
Préface de Manuel Carcassonne et Christophe Guias

20. MARCEL PROUST, ANDRÉ GIDE
AUTOUR DE LA RECHERCHE
- Lettres -
Préface de Pierre Assouline

21. ROGER VAILLAND
LE SURRÉALISME CONTRE LA RÉVOLUTION
Préface d'Olivier Todd

22. OSCAR WILDE
LA CRITIQUE CRÉATRICE
Présentation et traduction de Jacques de Langlade

23. PAUL GAUGUIN
NOA-NOA - SÉJOUR À TAHITI
Préface de Victor Segalen

24. ALEXANDRE DUMAS
VOYAGE EN CALABRE
Préface de Claude Schopp

25. PROSPER MÉRIMÉE
LETTRES D'ESPAGNE
Présentation de Gérard Chaliand

26. GUSTAVE FLAUBERT
VOYAGE EN BRETAGNE
PAR LE CHAMPS ET PAR LES GRÈVES
précédé de
SOUVENIRS
par **MAXIME DU CAMP**
Présentation de Maurice Nadeau

27. JEAN-BAPTISTE LABAT
VOYAGE EN ITALIE
Préface de Paul Morand

28. ALEXANDRE ZINOVIEV
MON TCHÉKHOV

29. KENNETH WHITE
LE MONDE D'ANTONIN ARTAUD

30. PIERRE MERTENS
L'AGENT DOUBLE
SUR DURAS, GRACQ, KUNDERA, ETC...

31. EMILE ZOLA
DU ROMAN
SUR STENDHAL, FLAUBERT ET LES GONCOURT
Préface d'Henri Mitterand

32. EMILE ZOLA
POUR MANET
Préface de Jean-Pierre Leduc-Adine

33. EMILE ZOLA
FACE AUX ROMANTIQUES
Préface d'Henri Mitterand

34. EMILE ZOLA
L'ENCRE ET LE SANG
LITTÉRATURE ET POLITIQUE
Préface d'Henri Mitterand

35. BENJAMIN FONDANE
RIMBAUD, LE VOYOU
PRÉFACE DE MICHEL CARASSOU

36. EMILE VERHAEREN
SUR JAMES ENSOR
suivi de
PEINTURES
par **JAMES ENSOR**
Présentation de Luc de Heusch

37. ANTOINE BLONDIN
DEVOIRS DE VACANCES
- *Baudelaire, Cocteau, Musset, Rimbaud... et Ulysse* -

38. ALEXANDRE DUMAS
SUR GÉRARD DE NERVAL
NOUVEAUX MÉMOIRES
Préface de Claude Schopp

39. JULES BARBEY D'AUREVILLY ET CHARLES BAUDELAIRE
SUR EDGAR POE
Présentation de Marie-Christine Natta

40. JACQUES TOURNIER
À LA RECHERCHE DE CARSON McCULLERS
RETOUR À NAYAK

41. HIPPOLYTE TAINE
À ROME
- *Voyage en Italie I* -
Présentation d'Emile Zola

42. HIPPOLYTE TAINE
D'ASSISE À FLORENCE
- *Voyage en Italie II* -

43. HIPPOLYTE TAINE
À VENISE
- *Voyage en Italie III* -

44. PIERRE LOTI
CONSTANTINOPLE FIN DE SIÈCLE
Préface de Sophie Basch

45. GUSTAVE FLAUBERT
LA BÊTISE, L'ART ET LA VIE
- *En écrivant Madame Bovary* -
Présentation d'André Versaille

46. HENRI DE RÉGNIER
ESQUISSES VÉNITIENNES
Présentation de Sophie Basch

47. EDMOND ET JULES DE GONCOURT
L'ITALIE D'HIER
Présentation de Jean-Pierre Leduc-Adine

48. FRANCIS SCOTT FITZGERALD
DE L'ÉCRITURE
Textes réunis et présentés par Larry W. Phillips
Préface de Franz-Olivier Giesbert

49. EUGÈNE FROMENTIN
RUBENS ET REMBRANDT
- *Les Maîtres d'autrefois* -
Préface d'Albert Thibaudet

50. N. AVRIL, F.-R. BASTIDE, J. CHESSEX, B. FRANK, J.-M. G. LE CLÉZIO, J. D'ORMESSON, R. SABATIER, PH. SOLLERS
LES HUIT PÉCHÉS CAPITAUX
Présentation de Jérôme Garcin

51. PIERRE MAC ORLAN
TOULOUSE-LAUTREC
PEINTRE DE LA LUMIÈRE FROIDE
Préface de Francis Lacassin

52. LUC DE HEUSCH
CECI N'EST PAS LA BELGIQUE
- *Sur Alechinsky, Dotremont, Ensor, Magritte, Reinhoud, Vélasquez, etc...* -

53. A. BORER, N. BOUVIER, M. CHAILLOU, J.-L. COATALEM, A. DUGRAND, J. LACARRIÈRE, G. LAPOUGE, M. LE BRIS, J. MEUNIER, G. WALTER, K. WHITE
POUR UNE LITTÉRATURE VOYAGEUSE

54. ROBERT LOUIS STEVENSON
À TRAVERS L'ECOSSE
Préface de Michel Le Bris

55. GEORGE SAND
PROMENADE DANS LE BERRY
- *MOEURS, COUTUMES, LÉGENDES* -
Préface de Georges Lubin

56. GUY DE MAUPASSANT
SUR L'EAU
Préface d'Henri Mitterand

57. GUY DE MAUPASSANT
EN SICILE
Préface d'Henri Mitterand

58. GUY DE MAUPASSANT
DE TUNIS À KAIROUAN
Préface d'Henri Mitterand

59. HONORÉ DE BALZAC
A PARIS !
Préface de Roger Caillois

60. GEORGES DARIEN
LA BELLE FRANCE
Préface de Pascal Ory

61. BENJAMIN FONDANE
BAUDELAIRE ET L'EXPÉRIENCE DU GOUFFRE
Préface de Patrice Beray

62. CHARLES DE BROSSES
LETTRES FAMILIÈRES D'ITALIE
Préface de Hubert Juin

historiques : dernières parutions

55. PIN YATHAY
avec la collaboration de Lucien Maillard
L'UTOPIE MEURTRIERE
Un rescapé du génocide cambodgien témoigne
Préface de Jean Lacouture

56. FRANÇOIS CHÂTELET
PERICLES ET SON SIECLE

57. ANDRE MIGOT
LE BOUDDHA

58. JULES MICHELET
L'AGONIE DU MOYEN AGE
Préface de Claude Mettra

59. ERNEST RENAN
LA REFORME INTELLECTUELLE ET MORALE
Introduction de Laudyce Rétat

60. DUC DE SAINT-SIMON
LA COUR DU REGENT
Textes présentés par Henri Mazel

61. TALLEMANT DES REAUX
LE CARDINAL DE RICHELIEU
Introduction et notes d'Emile Magne

62. LAURE ADLER
SECRETS D'ALCÔVE
Histoire du couple de 1830 à 1930

63. RICHELIEU
TESTAMENT POLITIQUE
Préface de Daniel Dessert

64. HENRI MENUDIER e.a.
L'ALLEMAGNE OCCUPEE
1945-1949

65. ROGER PORTAL
PIERRE LE GRAND

66. DANIEL YERGIN
LA PAIX SACCAGEE
Les origines de la guerre froide et la division de l'Europe

67. LEÏLA HANOUM
LE HAREM IMPERIAL AU XIXe SIECLE
Préface de Sophie Basch

68. JACQUES BENOIST-MECHIN
IBN-SEOUD OU LA NAISSANCE D'UN ROYAUME

69. HIPPOLYTE TAINE
L'ANCIEN REGIME
Présentation de Daniel Dessert

70. OLIVIER CARRE
L'ORIENT ARABE AUJOURD'HUI

71. XAVIER DE MONTCLOS
LES CHRETIENS FACE AU MARXISME ET AU STALINISME, 1939-1945
L'Epreuve totalitaire

72. CLAUDE MOSSE
LA FEMME DANS LA GRECE ANTIQUE

73. ROLAND CRAHAY
LA RELIGION DES GRECS

74. GUSTAVE DROYSEN
ALEXANDRE LE GRAND
Traduit de l'allemand par Jacques Benoist-Méchin

75. WILLIAM EAGLETON
LA REPUBLIQUE KURDE

76. PIERRE CHAUNU
L'AVENTURE DE LA REFORME

77. MARIA BELLONCI
LUCRECE BORGIA

78. ELISE MARIENSTRAS
LES MYTHES FONDATEURS DE LA NATION AMERICAINE
*Essai sur le discours idéologique aux Etats-Unis
à l'époque de l'Indépendance (1763-1800)*

79. BARTOLOME BENNASSAR
L'HOMME ESPAGNOL
Attitudes et mentalités du XVIe au XIXe siècle

80. T.E. LAWRENCE
GUERILLA DANS LE DESERT, 1916-1918
Présentation par Gérard Chaliand

81. ANDRE BONNARD
LA CIVILISATION GRECQUE I
De L'Iliade au Parthénon

82. ANDRE BONNARD
LA CIVILISATION GRECQUE II
D'Antigone à Sophocle

83. ANDRE BONNARD
LA CIVILISATION GRECQUE III
D'Euripide à Alexandre

84. FATIMA MERNISSI
LE HAREM POLITIQUE
Le Prophète et les femmes

85. JEAN BOUVIER
LES ROTHSCHILD
Histoire d'un capitalisme familial

86. JULES MICHELET
LE PROCÈS DE LOUIS XVI
Préface d'Alain Boureau

87. GUY CHAUSSINAND-NOGARET
GENS DE FINANCE AU XVIIIe SIÈCLE

88. GERARD WALTER éd.
LE PROCÈS DE MARIE-ANTOINETTE
présenté et commenté par Gérard Walter

89. SAINT-SIMON
LOUIS XIV ET SA COUR
Préface de Daniel Dessert

90. LESLIE A. DAVIS
LA PROVINCE DE LA MORT
Archives américaines concernant le génocide des Arméniens (1915)

91. GUY CHAUSSINAND-NOGARET
LE CITOYEN DES LUMIERES

92. VAHAKN N. DADRIAN
AUTOPSIE DU GENOCIDE ARMENIEN

93. PHILIPPE MONNIER
INTRODUCTION AU QUATTROCENTO

94. AUGUSTIN THIERRY
RECITS DES TEMPS MEROVINGIENS

95. RAOUL GIRARDET
NATIONS ET NATIONALISME

96. PAUL M. MARTIN
ANTOINE ET CLEOPATRE

97. ARLETTE LEBIGRE
LA JUSTICE DU ROI

98. JULES MICHELET
LE TABLEAU DE LA FRANCE
Préface de Georges Duby, de l'Académie française

102. ADELIN GUYOT et PATRICK RESTELLINI
L'ART NAZI
Préface de Léon Poliakov

103. FRANÇOIS BÉDARIDA
LA BATAILLE D'ANGLETERRE

104. ELISE MARIENSTRAS
WOUNDED KNEE
L'Amérique fin de siècle

105. PIERRE ASSOULINE
L'ÉPURATION DES INTELLECTUELS

106. CLAUDE MOSSÉ
LE PROCÈS DE SOCRATE

La photocomposition de cet ouvrage
a été réalisée par Tournai Graphic

Achevé d'imprimer
en juillet 1998
sur les presses
de l'imprimerie Brodard et Taupin
en France (CEE)

Illustration de couverture :
Jérôme Bosch, *Le Jardin des délices* (détail)

© Éditions Complexe, 1998
SA Diffusion Promotion Information
24, rue de Bosnie
1060 Bruxelles

 n° 736